学力・心理・家庭環境の経済分析

全国小中学生の追跡調査から見えてきたもの

赤林英夫・直井道生・敷島千鶴 編著

有斐閣

■■■ はじめに ■■■

　わが国において，「経済格差が広がっているのではないか」，「その結果として，家庭が子どもに与えられる教育においても差が広がり，それが次世代の経済格差をも固定化し，拡大させるのではないか」と盛んに議論されている。このような懸念をふまえ，文部科学省は2012年度以降，「全国学力・学習状況調査」において，随時家庭背景の調査を追加的に行ってきた。その結果，家庭の経済状態と子どもの学力水準の間に正の統計的相関があることが明らかになってきた。さらに，国際学力比較調査であるPISA（Programme for International Student Assessment：OECD生徒の学習到達度調査）によれば，日本における親の社会経済的な格差と子どもの学力テストスコアの相関は，国際的に見ても比較的高い部類に入るとされている。

　家庭の教育環境や経済状態の差が，子どもに与えられる教育に，直接，差をもたらすのであれば，それは子どもが機会の不平等に直面していることを意味する。このような可能性をふまえ，国や自治体の教育政策においても，あるいは民間のボランティア活動においても，困難を抱える家庭の子どもや，そのような子どもが多い学校への支援として，さまざまな施策や活動が提案され，一部が実施に移されようとしている。

　にもかかわらず，家庭の経済状態が，実際にどの程度子どもの教育に影響を与えるのか，そしてそれは発達のどの段階で発生し，どのようなメカニズムで後の成長に結びつくのか，理論的にも実証的にも必ずしも明らかにはなっていない。とくに従来の議論の多くは，「全国学力・学習状況調査」をはじめとする，ある1時点の家庭背景と教育達成度の相関関係に基づいていた。しかしながら，1時点の相関関係からは，その関係がいつどのようなプロセスで発生したのか，どこまで因果関係があるのか，を解明することはきわめて困難である。

　同一の子どもを一定期間にわたって追跡調査し，異なる時点における家庭の状態と，子どもの学力（認知能力）や心理（非認知能力）などの計測結果（アウトカム）の変化が記録されていれば，1時点のデータを使うよりもはるかに多くのことが明らかになる。すなわち，同じ子どもに対して学力と心理，所得な

どの家庭の状況が継続的に調査されていれば，家庭の経済格差に起因する学力の差はどの時点で発生するのか，世帯所得の変化は学力に直接影響を与えるのかなど，家庭環境が子どもの教育に与える影響のメカニズムに関する知見を得ることができる。教育現場の関係者も，同じ子どもと接する毎日の中で，家庭環境の変化が子どもに影響を与えるあり様を日々目にしていることだろう。だが，個別事例を集めるだけでは，そこから政策に結びつけるような一般化を行うことは難しい。そのため，諸外国では，子どもと家庭の追跡調査を通じて，経済格差と教育格差の関連を明らかにしようとする実証研究が大きく進んでいる。しかし，わが国はそのような調査データに乏しく，子どもの教育格差の動態，および家庭の経済格差との統計的関連の実態は，事実上ブラックボックスの中であった。

以上の問題意識により，編者たちは2010年より，慶應義塾大学パネルデータ設計・解析センターにおいて，「日本子どもパネル調査：Japan Child Panel Survey（JCPS）」を立ち上げ，追跡調査を遂行するとともに，そこで得られたデータを分析してきた。この調査は，全国の小学1年生から中学3年生を対象に，子どもの学力と心理，加えて家庭環境などの詳細な情報を定期的に調査するわが国で初めての試みであり，現在も継続中である。

本書は，JCPSの最初の4年分のデータに基づき，家庭環境は子どもの学力水準や心理・行動といったアウトカムとどのように関連しているのか，家庭の教育投資の差はどこから生まれるのか，などの問いについて子どもの発達段階と家計の変化に注意を払いながら，経済学的視点から定量的に答えようとする研究プロジェクトの最初の成果である。

分野横断的性格をもつ本書の執筆は，JCPSの設計とデータ分析に関わり問題意識を共有する，経済学，教育学，心理学などのさまざまな分野の研究者の参加を得て，経済学に加えて教育学的視点や心理学で用いられる手法も積極的に導入することで，はじめて可能となった。各章は，独立したテーマで分析したものであると同時に，内容面で互いに補完的となるように計画的に執筆された。また，執筆者は各テーマにおいて，経済学のフレームワークをふまえ，可能な限り共通の問題意識に応えるように，綿密な連携をとってきた。その結果，各章を読み進めることで，子どもの学力・心理と家庭の経済状態との連関が，総体として理解できるように執筆されている。その反面，個別のテーマにおい

てより深い分析が可能な場合でも，あえて今後の研究にゆだねた場合もある。その意味で，本書は，「学力・心理・家庭環境の経済分析」という問題設定のもと，今後，一層必要となってくる実証研究の出発点であるといえる。「全国小中学生の追跡調査から見えてきたもの」という副題に，執筆者一同はそのような思いを込めている。

　本書が想定する読者層は，「家庭の経済格差が教育格差をもたらす過程で，いつ，どのようなことが起きているのか」といった問いに関心をもつ政策担当者，研究者，教育関係者，および一般読者である。研究書としての性格上，本書は専門的な知識をある程度前提とせざるをえないが，経済学，統計学，心理学のすべてにおいて知識をもつ読者は必ずしも多くないと思われるため，本書の問題意識や手法を理解するために重要な専門用語については，各章のコラム（**Column**）や巻末の補論として，簡潔な解説を加えることにした。また，各章の分析による推計結果は，本書の中ではその章でとくに中心的に扱うものに絞って簡潔に示すことにした。より詳細な推計結果は本書のウェブ付録として，下記に示したウェブサイトに掲載しているので，本書とあわせて参照してほしい。それにより，多くの読者にこの本を手にとっていただけることになれば幸いである。

　本書が異なる立場の多くの人々に読まれ，批判・異論を含め議論の対象となり，今後の経済格差と教育格差の関係解明と，格差縮小のために効果のある政策作成の出発点となることを願ってやまない。

　2016 年 3 月

赤林英夫・直井道生・敷島千鶴

ウェブ付録は以下の有斐閣書籍編集第 2 部サイト内で公開：
http://yuhikaku-nibu.txt-nifty.com/blog/2016/03/post-0bab.html
（「付加データ　学力・心理・家庭環境の経済分析」で検索）

謝　辞

　まずはじめに，本書の執筆は，2010年以来継続する「日本子どもパネル調査（JCPS）」の実施があって初めて可能となった。そしてJCPSを今日まで継続的に実施できた背後には，調査の意義にご理解をいただき，いつも辛抱強くおつきあいいただいた，延べ2015のご家庭と5915人の子どもたちのご協力があったことを，ここに深い感謝の気持ちとともに記しておきたい。調査に丁寧に回答してくださったご家庭の期待に応え，次の世代の健やかな成長と豊かな未来の実現に資するために，本書に関わる研究者一同，今後も，教育と経済の関係を解明する研究成果を発信し続けなければならないと強く感じている。

　次に，本研究プロジェクトを開始するきっかけを与えてくださった，わが国におけるパネルデータの設計・収集・分析の先駆者である，慶應義塾大学の樋口美雄教授に心からの謝意を申し上げたい。編者の1人の赤林が，キャンパスの道ばたで樋口教授からいただいた「パネルデータに教育データを重点的に加えてみないか？」という一声で，この研究プロジェクトが構想されることになった。さらに，本プロジェクトの過程で，共同研究者もしくは調査票作成とデータ分析支援のために加わっていただいた，篠ヶ谷圭太氏，石井加代子氏，湯川志保氏，上村一樹氏，荒木宏子氏，相澤佐知氏，そしてデータ整備作業に関わっていただいた多くの大学院生・学部生の皆さん，慶應義塾大学パネルデータ設計・解析センターの事務局および学術研究支援本部の方々，内外でのコンファレンスや研究会等で忌憚ないご意見をくださった同僚や研究者の方々に，深くお礼を申し上げたい。また，本書が，専門書でありながら一般読者にとっても読みやすくなっているとすれば，読者の視点で細部にわたり助言をくださった有斐閣の尾崎大輔氏のおかげである。心からお礼を申し上げたい。

　最後に，JCPSの構想とデータ収集，分析手法の開発に加え，過去に行われた数々の分析を経て，本書執筆に至るまでに，以下の研究助成金によるご支援をいただいた。ここにお礼を申し上げる。

・2008-2012　文部科学省　グローバルCOEプログラム「市場の高質化と

市場インフラの総合的設計」（代表　吉野直行）
- 2008-2012　文部科学省「特色ある共同研究拠点の整備の推進事業」（代表　樋口美雄）
- 2008-2011　日本学術振興会　科学研究費基盤研究（A）「ミクロ計量経済学的手法による教育政策評価の研究」（代表　赤林英夫）
- 2012-2014　日本学術振興会　科学研究費基盤研究（B）「教育経済学における実験的手法の適用に関する研究」（代表　赤林英夫）
- 2012-2016　文部科学省　特別推進研究「経済格差のダイナミズム：雇用・教育・健康と再分配政策のパネル分析」（代表　樋口美雄）
- 2014-2015　マツダ研究助成（公益財団法人マツダ財団）「子どもの成長発達とソーシャル・キャピタルの関係に関する実証研究」（代表　山下絢）

なお本書の分析に際しては，慶應義塾大学パネルデータ設計・解析センターによる「日本家計パネル調査（JHPS / KHPS）」および「日本子どもパネル調査（JCPS）」の個票データの提供を受けた。

慶應義塾大学パネルデータ設計・解析センターは，これまで，質の高いデータと質の高い分析により，客観的証拠に基づいた質の高い政策論議が可能になるとの理念から，毎年，調査項目の検討を重ね，パネルデータの更なる拡充を図ってきた。これまで，2004年より慶應義塾家計パネル調査（KHPS），2009年より日本家計パネル調査（JHPS）を実施し，2010年より，両者の付帯調査として，日本子どもパネル調査（JCPS）を実施し，分析結果を公表してきた。同時に，国内外の一般研究者に収集されたデータを公開して利用者を拡大し，我が国の実証研究の質を向上する機会を研究者に提供している。詳細は以下のホームページを参照のこと。

http://www.pdrc.keio.ac.jp/

■■■ 執筆者紹介 ■■■

赤林　英夫（あかばやし・ひでお）　　　　　　　　　　　　【編者，第 1, 3, 5, 6 章】
　　1996 年，シカゴ大学経済学部博士課程修了
　　現　　在，慶應義塾大学経済学部教授，Ph. D.（経済学）
　　主　　著："Can Small Class Policy Close the Gap? An Empirical Analysis of Class Size Effects in Japan,"（共著）Japanese Economic Review, 65（3）: 253-281, 2014.『働き方と幸福感のダイナミズム――家族とライフサイクルの影響（パネルデータによる政策評価分析 4）』（共編）慶應義塾大学出版会，2013 年。"Do Education Vouchers Prevent Dropout at Private High Schools? Evidence from Japanese Policy Changes,"（共著）Journal of the Japanese and International Economies, 25（3）: 183-198, 2011.

直井　道生（なおい・みちお）　　　　　　　　　　　　【編者，第 1, 3, 4, 6 章，補論】
　　2006 年，慶應義塾大学大学院経済学研究科博士課程単位取得退学
　　現　　在，慶應義塾大学経済学部准教授，博士（経済学）
　　主　　著：『都市・地域・不動産の経済分析』（共編）慶應義塾大学出版会，2014 年。"Unemployment Risk and the Timing of Homeownership in Japan,"（共著）Regional Science and Urban Economics, 41（3）, 227-235, 2011.

敷島　千鶴（しきしま・ちづる）　　　　　　　　　　　　【編者，第 1, 2, 3, 5 章】
　　2008 年，慶應義塾大学大学院社会学研究科教育学専攻博士課程単位取得退学
　　現　　在，帝京大学文学部心理学科教授，博士（教育学）
　　主　　著："Genetic Factors of Individual Differences in Decision Making in Economic Behavior: A Japanese Twin Study using the Allais Problem,"（共著）Frontiers in Psychology, 6: 1712, 2015（doi: 10.3389/fpsyg.2015.01712）. "Culture Moderates the Genetic and Environmental Etiologies of Parenting: A Cultural Behavior Genetic Approach,"（共著）Social Psychological and Personality Science, 4（4）: 434-444, 2013.

野崎　華世（のざき・かよ）　　　　　　　　　　　　【第 2, 7, 8 章，補論】
　　2010 年，神戸大学大学院経済学研究科博士後期課程修了
　　現　　在，高知大学人文社会科学部講師，博士（経済学）
　　主　　著："Division of Household Labor and Marital Satisfaction in China, Japan, and Korea,"（共著）Journal of Family and Economic Issues, 34（2）: 211-223, 2013.「乳幼児期における母親の就業が子どもの成長に与える影響」樋口美雄・赤林英夫・大野由香子／慶應義塾大学パネルデータ設計・解析センター編『働き方と幸福感のダイナミズム――家族とライフサイクルの影響』慶應義塾大学出版会：91-111 頁，2013 年。

中村　亮介（なかむら・りょうすけ）　　　　　　　　　　　　　　【第3，8，9章，補論】
　　2013年，慶應義塾大学大学院経済学研究科博士課程単位取得退学
　　現　在，福岡大学経済学部講師，博士（経済学）
　　主　著："Can Small Class Policy Close the Gap? An Empirical Analysis of Class Size Effects in Japan,"（共著）*Japanese Economic Review*, 65 (3) : 253-281, 2014. "An Experimental Study of Intergenerational Altruism with Parent-Child Pairs,"（共著）Keio-IES Discussion Paper Series, DP2014-005, 2014.

佐野　晋平（さの・しんぺい）　　　　　　　　　　　　　　　　　【第7，8章】
　　2006年，大阪大学大学院経済学研究科博士後期課程修了
　　現　在，千葉大学法政経学部准教授，博士（経済学）
　　主　著："Child Poverty as a Determinant of Life Outcomes: Evidence from Nationwide Surveys in Japan,"（共著）*Social Indicators Research*, 99 (1) : 81-99, 2010. "Evaluation by Parents of Education Reforms: Evidence from a Parent Survey in Japan,"（共著）*Education Economics*, 18 (2) : 229-246, 2010.

妹尾　渉（せのお・わたる）　　　　　　　　　　　　　　　　　　【第8章】
　　2004年，大阪大学大学院経済学研究科博士後期課程修了
　　現　在，国立教育政策研究所教育政策・評価研究部総括研究官，博士（経済学）
　　主　著：「単学級サンプルを利用した学級規模効果の推定」（共著）『国立教育政策研究所紀要』142: 161-173頁，2013年。「日本の教育経済学――実証分析の展望と課題」（共著）『経済分析』175: 105-139頁，2005年。

山下　絢（やました・じゅん）　　　　　　　　　　　　　　　　　【第9章】
　　2010年，東京大学大学院教育学研究科博士課程単位取得退学
　　現　在，日本女子大学人間社会学部教育学科准教授
　　主　著：「子どもの生まれ月と親の階層・教育意識」『教育学研究』80 (3) : 322-332頁，2013年。「学校選択制下における学校の特性――統計的手法による品川区の事例分析」『日本教育行政学会年報』35: 148-164頁，2009年。

■■■ 目　次 ■■■

はじめに　i
謝　辞　iv
執筆者紹介　vi

第1章　経済格差の再生産と教育の役割　　1
●子どもと家庭の追跡調査はなぜ必要なのか？
赤林英夫・直井道生・敷島千鶴

1　はじめに：不平等の再生産はなぜ起きるのか ……………… 2
　1-1　経済格差と教育格差の関係：世界と日本の現状（2）
　1-2　子どもの追跡からわかる教育格差発生メカニズムと政策の有効性（8）

2　子どもと家庭の追跡調査の意義 ……………………………… 12
　2-1　これまでの調査と研究（12）
　2-2　日本子どもパネル調査の特徴（15）

3　本書の特徴と概要：子どもの学力・心理・家庭の関係を視覚化する …… 19
　3-1　本書のアプローチ（19）
　3-2　本書の構成と概要（20）

第2章　日本子どもパネル調査の方法　　27
●追跡調査はどのようにして行われるのか？
敷島千鶴・野崎華世

1　はじめに ………………………………………………………… 28

2　JCPS変数の構成 ……………………………………………… 29
　2-1　認知能力（31）
　2-2　非認知能力（39）
　2-3　家庭背景（43）

3　JCPSサンプルの特性 ………………………………………… 48

4　おわりに ………………………………………………………… 51

第3章　親の経済力と子どもの学力　59

●家庭環境は学力形成にどのような影響を与えるか？
中村亮介・直井道生・敷島千鶴・赤林英夫

1　はじめに …………………………………………………………… 60
2　用いるデータ ……………………………………………………… 63
3　世帯所得，父母学歴と学力の関係 ……………………………… 64
　3-1　グラフによる分析（64）
　3-2　クロスセクションデータによる分析（74）
　3-3　パネルデータによる分析（78）
4　おわりに ………………………………………………………… 80

第4章　学力の所得階層内格差　83

●経済要因は学力の個人差にどのような影響を与えるか？
直井道生

1　はじめに ………………………………………………………… 84
2　用いるデータと分析モデル ……………………………………… 86
　2-1　データ（86）
　2-2　分散関数回帰モデル（87）
3　所得水準と学力の階層内格差の分析 …………………………… 89
　3-1　グラフによる分析（89）
　3-2　回帰分析（92）
4　おわりに ………………………………………………………… 101

第5章　親の社会経済的背景と子どもの問題行動・QOL　105

●家庭環境は非認知能力の形成にどのような影響を与えるか？
赤林英夫・敷島千鶴

1　はじめに ………………………………………………………… 106
2　研究の背景 ……………………………………………………… 107
　2-1　子どもの非認知能力形成に関する研究の概観（107）
　2-2　本章の分析の焦点（110）
3　用いるデータと分析の方法 …………………………………… 111
　3-1　対象とするサンプル（111）

3-2　非認知能力を測定する変数（111）
　　3-3　非認知能力を説明する変数と分析モデル（115）
　4　子どもの問題行動と QOL の決定要因 ……………………………… 116
　　4-1　家庭環境が子どもの問題行動・QOL に与える影響（116）
　　4-2　年齢別に見た，世帯所得が問題行動・QOL に与える影響（119）
　　4-3　問題行動・QOL の所得階層格差のダイナミクス（121）
　5　お わ り に ……………………………………………………………… 126

第6章　米国のデータを用いた比較分析　　　　　　131
●世帯所得と学力・心理の関連は日米で異なるか？
赤林英夫・直井道生

　1　は じ め に ……………………………………………………………… 132
　2　経済格差と所得格差の動態の国際比較 ………………………………… 133
　3　用いるデータと変数 ……………………………………………………… 135
　4　教育格差の動態の比較 …………………………………………………… 141
　5　教育格差の決定要因の比較 ……………………………………………… 148
　6　問題行動の決定要因の比較 ……………………………………………… 155
　7　お わ り に ……………………………………………………………… 156

第7章　子どもの発達と出生時の健康　　　　　　159
●出生時体重は教育達成にどのような影響を与えるか？
野崎華世・佐野晋平

　1　は じ め に ……………………………………………………………… 160
　2　分析枠組みとデータ ……………………………………………………… 163
　3　出生時体重の分布と属性の関係 ………………………………………… 165
　4　出生時体重と子どもの発達の関連 ……………………………………… 167
　　4-1　出生時体重と認知能力（167）
　　4-2　出生時体重と非認知能力（169）
　　4-3　出生時体重と教育費支出の関係（169）
　　4-4　頑健性の確認（171）
　5　時系列的変化 ……………………………………………………………… 171

 6 おわりに ……………………………………………………………… 175

第8章 教育投資と経済格差 179
●家庭環境は教育費支出にどのような影響を与えるか？
佐野晋平・妹尾渉・中村亮介・野崎華世

 1 はじめに ……………………………………………………………… 180
 2 用いるデータと変数 ………………………………………………… 184
 3 静学的な分析 ………………………………………………………… 188
  3-1 推計モデル（188）
  3-2 教育投資の水準は家庭背景・学年によって異なるのか（189）
 4 動態的な分析 ………………………………………………………… 193
  4-1 教育費支出の同一個人内での推移（193）
  4-2 過去の学力と現在の教育投資の関係（200）
 5 おわりに ……………………………………………………………… 202

第9章 親の学校参加と子どもの学力 205
●ソーシャル・キャピタルは学力形成にどのような影響を与えるか？
山下絢・中村亮介

 1 はじめに ……………………………………………………………… 206
 2 分析方法 ……………………………………………………………… 208
  2-1 分析課題（208）
  2-2 データ（209）
  2-3 変数（210）
 3 親の学校参加と子どもの学力の関係 ……………………………… 212
  3-1 グラフによる概観（212）
  3-2 クロスセクションデータとパネルデータによる分析（213）
 4 おわりに ……………………………………………………………… 220

補論 回帰分析とパネルデータの基礎 223
直井道生・中村亮介・野崎華世

 1 回帰分析の考え方 …………………………………………………… 224
 2 分析結果の解釈と回帰モデルの特定化 …………………………… 227

  2-1 推定値の統計的有意性と推定式の評価（227）
  2-2 回帰モデルの特定化（228）
  2-3 標準的な回帰モデルの問題点（229）
 3 クロスセクションデータとパネルデータ ················ 231
 4 パネルデータ分析の基本的な考え方 ················ 235

あ と が き 239
付録 調査票：日本子どもパネル調査 243
  お子様に関する特別調査票（244）
  中学2年生　学びについてのPDRC調査（251）
索 引 259

Column 一覧

① 機会の平等と結果の平等（6）
② なぜ家庭は子どもの教育に影響を与えるのか？：経済学のフレームワーク（16）
③ 因 子 分 析（36）
④ 認知能力と非認知能力（55）
⑤ 子どもの貧困（184）
⑥ ソーシャル・キャピタル（218）

第1章

経済格差の再生産と教育の役割
子どもと家庭の追跡調査はなぜ必要なのか？

赤林英夫・直井道生・敷島千鶴

> Overview
> □ 先進諸国では，家庭の経済的不平等と教育の関連，さらには世代間の経済格差の伝播のメカニズムについて，子どもの長期追跡調査に基づく知見が急速に蓄積されている。
> □ わが国でもこれらの問題の深刻化は懸念されているが，問題の所在を見極め，解決に向けた方策を検討するために必要な，同一の子どもと世帯を追跡したデータは不足していた。
> □ 本書の分析で活用する「日本子どもパネル調査（JCPS）」は，全国を代表する世帯を追跡調査しながら，そこで暮らす就学期の子どもの学力や心理，家庭背景などを継続的に調査している。
> □ この調査データを用いれば，わが国における家庭の経済格差と子どもの教育格差のダイナミックな連関と，教育格差発生のメカニズムに光を当てることができる。

1 はじめに

▶ 不平等の再生産はなぜ起きるのか

1-1 経済格差と教育格差の関係：世界と日本の現状

近年，子どもの貧困の増加と，家庭の経済格差から派生した子どもの教育格差が，次世代の経済格差を再生産するのではないか，という懸念が広がっている。

国際的にも，所得の不平等の拡大と，世代を通じた経済格差の固定化に対する懸念が広がっている。2013年12月4日，米国のオバマ大統領はスピーチの中で，「近年の格差の広がりと，世代間の格差の固定化は，われわれの生活を支えている『アメリカンドリーム』に対する根本的な脅威となっている」と憂い，質の高い教育の提供の必要性を訴えた（Obama 2013）。

先進諸国は一様に，所得格差の拡大とその固定化が同時に進んでいることを懸念している。ピケティらによる長期時系列で見た所得不平等の実証研究は，過去30年，米国をはじめとする多くの先進諸国で，所得の不平等が著しく拡大していることを明らかにした（Piketty 2013）。誰にでも豊かになるチャンスが公平におとずれるのであれば，結果としての不平等はやむをえないと受容する人は少なくないであろう。しかし，近年の研究は，そのような幻想を否定しつつある。

図1-1は，横軸に所得格差の指標である「ジニ係数」を，縦軸に所得格差の固定化の指標である「世代間の所得弾力性（Intergenerational Elasticity of Earnings）」[1]をプロットした「グレート・ギャツビー曲線（Great Gatsby Curve）」である（Corak 2013）[2]。これを見ると，米国，英国は所得格差も世代間の格差の固定化も，先進諸国の中では最も著しいグループに属している。その対極に，デンマーク，フィンランド，ノルウェーなどの北欧諸国がある。すなわち，機

---

[1] 「世代間の所得弾力性」とは，親世代の所得水準が1％上昇すると，子ども世代の（成人後の）所得水準が何％変化するかを見たものである。典型的には，父親の所得水準と子ども（主として男子）の所得水準の関連によって求められる（Corak 2013）。

[2] この名称は，フィッツジェラルドの小説『グレート・ギャツビー』の主人公が，貧しい家庭環境から上流階級に駆け上ることからつけられた。

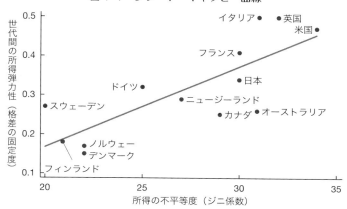

図1-1 グレート・ギャツビー曲線

(出所) Corak (2013), Figure 1, p. 82 を出版元の許可を得て転載。

会の平等と結果の平等はトレードオフの関係にあるわけではない（**Column** ①参照；6頁）。オバマ大統領の演説は，この結果に衝撃を受けてのことである。日本は両者の中間よりやや右上に位置している[3]。もしこの図の通りであれば，日本も，先進諸国の間では世代間の格差の固定化も所得格差も著しいグループに属していると言える。

格差の固定化を阻止するために，多くの国では解決の糸口を公教育の充実に求めている。わが国でも 2013 年に，「子どもの貧困対策の推進に関する法律」が制定され，2014 年には「子供の貧困対策に関する大綱」が閣議決定されている。その中では，「学校」をプラットフォームとした子どもの貧困対策として，「家庭環境や住んでいる地域に左右されず，学校に通う子供の学力が保障され」，「子供に自己肯定感を持たせ」るために必要な学校における支援体制が議論されている。さらには，より幅広い貧困対策として，「地域による学習支援」や「保護者の生活支援・就労支援」などの施策についても記述されている（**Column** ⑤参照；184頁）。

このような現況にありながらわが国では，家庭の経済格差がどの程度子ども

---

3) 利用する統計に依存して，研究者により微妙に異なるグレート・ギャツビー曲線が示される。日本を北欧に近い位置に示した論文もあるが，ほぼすべての図でジニ係数と世代間の所得弾力性には正の相関が見られる。ここでは個別の計測の詳細には立ち入らない。

の教育格差に結びついているのか，どのような政策をいつ実施すれば教育格差の広がりを抑止することが可能なのか，実証的エビデンスが不足している。その結果，学習支援や保護者の支援を実施するにしても，どれほどの規模と期間で実施すればよいのか，客観的に判断する材料が存在しない。基本的な事実をふまえずに実施される教育支援政策に対し，その実効性を期待することは難しい。

もちろんわが国においても，教育や学力の格差に関するデータは豊富になってきたように見える。たとえば，2007 年から文部科学省により実施されている「全国学力・学習状況調査」（以下，全国学力調査）は，その実施と結果の公表が社会的にも注目を浴び，多くの調査分析報告書が作成されてきた。とくに，2012 年度以降，折に触れて全国学力調査のテストを受けた子どもの保護者に対する追加調査が実施され，図 1-2 に示されるような世帯所得と学力の正の相関をはじめ，家庭背景と子どもの学力や行動面の相関関係に関する多くの知見が蓄積されてきた。

さらに，TIMSS（Trends in International Mathematics and Science Study：国際数学・理科教育動向調査），PISA（Programme for International Student Assessment：OECD 生徒の学習到達度調査）といった国際学力比較調査の社会的な認知も教育政策の転換に大きな役割を担ってきた。TIMSS では 1995 年以降 4 年おきに，小学 4 年生と中学 2 年生に対して，算数／数学と理科のテストが実施されてきた。PISA では 2000 年以降 3 年おきに，中学 3 年生に対して，読解力，数学的知識，科学的知識の 3 科目のテストが実施されてきた。これらの調査の結果に基づき，2000 年代には，わが国の学力水準が他の先進国と比べて相対的に低下してきている，家庭間の学力格差が広がっている，さらには，わが国とは異なる教育政策を取り入れたとされる国の学力が大きく向上している，などといった議論が巻き起こった（佐藤・澤野・北村 2009）。一部には，国際テストランキングにおける日本のランクの変動が，あたかもテスト実施までの数年間の政策の成果であるかのような受け止め方もなされた。その結果，こうした調査は，教育関係者や政策担当者を一喜一憂させただけでなく，わが国のみならず，事実上 2000 年代の世界の教育政策の決定に一役買ってきたといえる（志水・鈴木 2012）。

だが，以上の調査だけでは，教育や学力の現状把握は可能であっても，教育

図1-2 2013（平成25）年度全国学力・学習状況調査（きめ細かい調査）に基づく世帯所得と学力の関係

(a) 小学生（国語および算数）

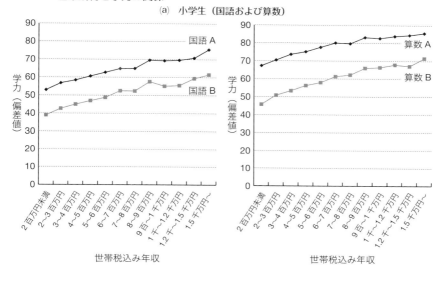

(b) 中学生（国語および数学）

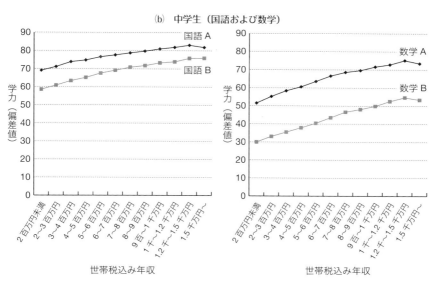

(注) 教科のAは，主として「知識」に関する問題。Bは，主として「活用」に関する問題。
(出所) 浜野（2014）図表2-1-65，40頁，「世帯収入（税込み年収）と学力の関係」に基づき筆者作成。

Column ① 機会の平等と結果の平等

機会の平等と結果の平等は，教育政策のあり方，家庭教育の役割としばしば結びつけて議論されてきた概念である。

以下の表は，岡田 (2013) の概念整理に基づく，機会の平等と結果の平等の比較である。ここでは，機会の平等は，出身階層や経済状態とは無関係に，質が統一された公的な教育機会へのアクセスの保証を意味する。同時に，アクセスさえ保証されれば，それを利用するかしないか，個人の才覚や運不運によって，成人後の経済的格差など，結果の不平等が出るのは仕方がないこととされる。就学前の個人の能力の差は機会の均等で修正できないものであり，能力に応じた選抜は，応募するチャンスさえ阻害されなければ是認される。選択の自由と平等の保証が社会の効率性を向上させるという，経済学の基本原理にも矛盾しない考え方である。

機会の平等と結果の平等の比較

	平等の基準	学校体系・傾向	アファーマティブアクション
機会の平等 (形式的平等)	アクセス (就学)	複線型・分岐型	不支持
結果の平等 (実質的平等)	ゴール (結果)	単線型	支持

(出所) 岡田 (2013, 43 頁, 図表 2-1) をもとに筆者が再構成。

一方，結果の平等は，上記のような形式的なアクセスの平等だけでは，「本来あるべき」実質的平等は目指すことができない，という懸念に対応する概念である。とくに米国では，コールマン報告 (Coleman et al. 1966) に示された，学校よりも家庭の方が子どもの教育達成度に大きな影響を与えているという事実をふまえ (近藤 1992, 209-210 頁；岡田 2013, 25 頁)，貧困家庭に対する就学前支援政策であるヘッドスタートなどの補償教育や，マイノリティの入学を優遇するアファーマティブアクションなどの「積極的格差是正政策」が是認されることになった。

1990 年以降の多くの研究が，就学前に子どもの認知・非認知能力の差が発生していること，ネグレクトなどの虐待を受けた子どもの認知・非認知能力が大きな損傷を受けることを明らかにするにつれ，就学前の家庭環境に介入することも機会均等達成のための手段として認識されるようになってきた。また，ヘックマンを中心とした経済学者が，就学前教育の社会的収益率が中等教育以降の介入の収益率と比

格差が発生するメカニズムと，それを防ぐための方策を提示することは非常に難しい。その理由は，どれも1時点における子どもの学力や家庭背景を調査したものにすぎず，それらの変化を，子どもごとに追跡していないからである。

較して大きいことを示し始めると（Heckman 2013），従来，全国的な幼児教育政策が欠落していた米国においても，機会の平等を進める手段として，幼児教育の保証と質の均等化が政策課題となってきた。しかし，親や家庭の選択の自由を保証しつつどこまで介入できるのか，「本来あるべき」家庭環境の平等とは何を意味するのか，論争となりうる問題である（近藤 1992，211 頁）。

　現実には，結果の平等は，社会における所得や学歴の相対的分布を視覚化するローレンツ曲線と，そこから計算されるジニ係数により議論されることが多い。ローレンツ曲線は，人口を所得の順位に並べたときの最下位（0％）から最上位（100％）までを横軸（x）とし，所得が x よりも低いすべての人口に対して所得の合計（すなわち所得 0 から x までの所得累計値）の社会全体の所得合計値に対する比を計算し，縦軸にプロットした曲線である。仮に，人口のすべての所得が同一であれば，この曲線は原点から 45 度に引かれた直線となる。一方，社会全体の所得を 1 人が独占していれば，この曲線は原点から水平に引かれた直線となる。通常は下の図に示すような曲線を示すことが多く，この曲線と 45 度線との間の面積（グレー部分）と二等辺三角形 OAB との比がジニ係数である。ジニ係数は，所得が完全に平等であれば 0 となり，完全に不平等（すなわち社会全体の所得を 1 人が独占）であれば 1 となる。　　　　　　　　　　　　　　　　　　　　　　　　　　　　【次頁へ】

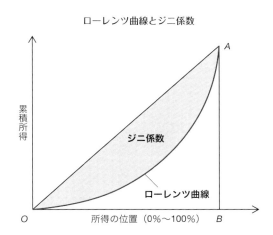

ローレンツ曲線とジニ係数

教育格差発生メカニズムという「ブラックボックス」を開けるためには，家庭の経済状態と子どもの学力・心理などの教育状態の変化を追跡する必要がある。

形式的な機会の平等は公教育などの制度設計の問題といえるが，家庭環境の差も機会の不平等の一部であると考えると，家庭環境と子どもの教育上・経済上のアウトカム（学力，非認知能力，教育達成度，成人後の所得）との相関をとるのが，機会の平等の実証の第一歩となる。本章で述べているように，経済学においては，比較的均質なデータの存在する所得指標を用い，親子間の所得の相関である世代間の所得の弾力性が計測され，機会の不平等の尺度として用いられるようになってきた。本書における実証研究は以上の視点から行われている。

▼参考文献
岡田昭人（2013）『教育の機会均等』学文社。
近藤博之（1992）「教育と機会の平等」柴野昌山・菊池城司・竹内洋編『教育社会学』有斐閣：210-217 頁。
Coleman, J., *et al.* (1966) *Equality of Educational Opportunity*, U.S. Department of Health, Education, and Welfare, Office of Education.
Heckman, J. J. (2013) *Giving Kids a Fair Chance*, (Boston Review Books) MIT Press.（古草秀子訳『幼児教育の経済学』東洋経済新報社，2015 年）

【赤林英夫】

1-2　子どもの追跡からわかる教育格差発生メカニズムと政策の有効性

　社会科学においては，近年，同一の対象を長年にわたり追跡調査し，そこから得られる情報により構成された「パネルデータ」を用いた分析が広く行われるようになってきた（パネルデータについては，巻末補論を参照；231 頁以下）。こうした分析は，調査期間中の家計または世帯構成員それぞれの行動の変化を見ることで，個人や家計を取り巻く経済環境の影響や制度政策の効果を厳密に把握することを可能にする。異なる調査対象の単年の情報のみを含むクロスセクションデータを用いた分析においては，地域環境や政策ではなく，個人や世帯固有の観測できない属性の違いが，行動の変化をもたらしている可能性がある。パネルデータを用いれば，一定の条件のもとで観測できない属性の影響を取り除き，家庭の経済状況が子どもに与える影響をより精密に計測することができる（北村 2009）。

　教育に関しても，同じ子どもを追跡して調査をしなければ，子どもの学力や心理状態がどのように変化し，その背景にはどのようなメカニズムが存在しているのかという，因果関係に踏み込むことはきわめて困難である。そして，追

図 1-3 米国における所得 4 階層ごとの算数の平均点と子どもの年齢の関係

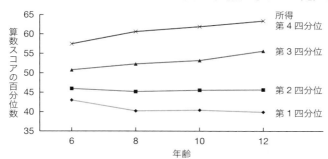

（出所）Heckman, James J., and Alan B. Krueger. edited by Benjamin M. Friedman. introduction by Benjamin M. Friedman., *Inequality in America: What Role for Human Capital Policies?*, figure 2.9a, p. 130, © 2004 Massachusetts Institute of Technology, by permission of The MIT Press.

跡調査を実施しなければ，ある時点で学力や心理状態を調査した子どもが，その後どのような青年期を送り，その後どのような成人になるのか，知ることは不可能である。

欧米では，すでにそのような長期追跡調査の実施をもとに，教育格差を媒介とした世代間の経済格差の伝播のメカニズムが明らかにされ，格差伝播を断ち切るための教育政策が議論されてきた（Ermisch, Jäntti, and Smeeding 2012）。「グレート・ギャツビー曲線」の衝撃を受け，世界各国で所得格差と教育格差の動態変化に関する研究が大きく進展しているが，それを可能にしているのは，過去数十年にわたる子どもの追跡調査の蓄積にほかならない。

たとえば，図 1-3 は，米国の子どもの算数のテストスコアが，4 分割された家庭の所得階層ごとにどの程度差があり，その差が，子どもの年齢の上昇とともにどのように変化するかを示したものである（Carneiro and Heckman 2004）。この図は，Children of the National Longitudinal Survey of Youth（CNLSY）という子どもの追跡調査のデータを用いることで初めて描くことが可能となり，学力の所得階層間の格差が幼少期から現れ，それが年齢とともに拡大することを明らかにしたことから，米国の学界と政策担当者に大きなインパクトを与えた。

図 1-4 は，米国の National Educational Longitudinal Study の中学 2 年生と高校 3 年生時点における(a)読解・数学の学力と，(b)子どもの学習行動スコア（教師による出席・遅刻状況や宿題への取り組みなどに関する評価）・外在的問題行動

図1-4 米国の中学2年生と高校3年生における学力と行動スコアの集団間格差

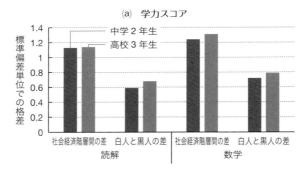

(a) 学力スコア

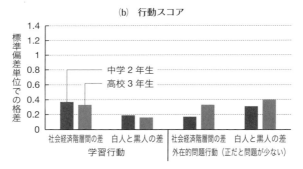

(b) 行動スコア

(注) 社会経済階層間の差は、社会経済階層五分位における最上位階層と最下位階層の差である。
外在的問題行動は符号を反転させ、プラスだと問題が少ないことを示している。
(出所) Farkas (2011) に基づき筆者作成。

(教師による問題行動評価)について、社会経済階層(五分位)の最上位と最下位の間の差を、白人と黒人の差と比較したものである。ここでは、米国において、読解・数学の学力と学習行動スコアに関して、すでに社会経済階層間の格差は、人種間の格差よりも格段に深刻であることが示されている。

こうした欧米での研究の現状に反し、わが国においては、子どもを対象とした追跡調査はほとんどなく、さらに、研究目的で広く提供されるデータは事実上存在しなかった(赤林 2015)。わが国では、政策策定の論拠として、経済格差と教育格差の1時点の相関関係から類推する以外に方法はなく、ある時点の家庭の経済状態が時間を経て子どもの教育にどのような影響を与えるのか、経済と教育の動態的連関はほとんど明らかにされてこなかった[4]。

筆者らを中心とした研究グループは，2010年より，慶應義塾大学パネルデータ設計・解析センターにおいて，子どもの学力と心理，さらに家庭環境のきわめて詳細な情報を親と子から収集し，小学1年生から継続的に追跡調査を実施するわが国で初めての全国調査「日本子どもパネル調査（Japan Child Panel Survey: JCPS）」を設計・実施するとともに，得られたデータを分析してきた（樋口ほか2011，2012，2013）。

　第2章で詳述するように，JCPSは，子どもの学力だけでなく，社会性の発達や生活の充足感（QOL）も視野に入れ，調査対象として義務教育のすべての学年をカバーしている。従来，経済学を含めた社会科学では，発達段階における学力や知識，技能などの認知能力の格差が，その後の社会経済格差の形成にもたらす影響が議論されてきた。しかしながら，近年では，こうした要因に加えて，子どもの性格や社会的能力，動機づけなどの非認知能力が果たす役割がクローズアップされつつある（**Column** ④参照；55頁）。JCPSにおける非認知能力の計測とその分析結果については，本書の第5章で詳しく論じられている。また，本書で用いられているデータは研究者向けに提供されているので，本書を出発点としたさらなる研究に関心のある読者は，自ら研究を行うことができる[5]。

　本書の目的は，JCPSを題材として，子どもの追跡調査に基づくパネルデータを包括的に分析・検討することで，わが国の教育格差の背後に存在する動態を明らかにすることが可能となることを示すことである。同時に，JCPSのようなパネルデータの収集があって初めて，わが国の経済格差と教育格差が次世代に与える影響を深く詳細に明らかにできるという可能性を示すことである。

---

4) もちろん，動態を分析するために，質問票の中に，過去の家族の経済状態や自分の学力を含める場合もある（Hirata *et al.* 2006）。しかし，記憶による回答は，回答者が現在置かれている状態や認識に影響を受ける可能性があり，近年の国際的な比較分析ではあまり利用されていない。

5) 慶應義塾大学パネルデータ設計・解析センターでは，非営利・学術目的での利用に限り，国内外の大学または国公立・民間研究機関に所属する研究者・大学院生等に「日本家計パネル調査」，「慶應義塾家計パネル調査」および「日本子どもパネル調査」の個票データを提供している。詳しくは，同センターのウェブサイト（http://www.pdrc.keio.ac.jp/）を参照してほしい。

2　子どもと家庭の追跡調査の意義

　わが国でも，経済格差と教育格差の関連に関する多くの調査が実施され，それらに基づく研究がなされてきた。しかしながら従来の調査研究の多くは，家庭の経済格差と教育格差の1時点における相関関係か，過去の記憶に基づいて家庭の経済状態と学力や学歴の因果関係を類推していた。近年わが国でも，子どもを対象としたパネル調査が利用され始めているが，JCPSは，他の調査にはない特徴を備えている。もちろん，どのようなデータにも必ず長所と短所がある。本節では，過去の研究で用いられた，対象者の就学時の学力や学校偏差値などの情報を利用した代表的な調査を紹介し，そこでのデータの特徴を，JCPSと比較しながら説明する[6]。

2-1　これまでの調査と研究

(1)　橘木・八木（2009）『教育と格差』

　同書の目的は，インターネット調査に基づき「教育機会格差の実態と教育機会格差をもたらす家庭内における経済的・文化的環境要因を明らかにし，それが格差社会にどのような影響を与えているかを分析」（同書ⅱ頁）することである。とくに，学歴だけでなく，「質で評価してどのランクの高校を卒業したのか，また，大卒者に関してはどの程度の偏差値の大学を卒業したのか」「学校間の質的格差」「高校・大学の名門度」にも注目している。そのうえで，それらを所得のみならず，職業や昇進，男女格差，公立私立格差，文系理系格差などの角度からも分析している。

　これに対し本書が用いるJCPSデータは，進学状況のみならず，学力や心理状態などを直接計測し，その変化を追跡している点が特徴である。ただし，現時点では，JCPSは中学卒業後の状況までは把握できていないことが弱点であ

---

6)　下記以外にも，就学前の子どもを主たる対象とし学力に焦点を当てない追跡調査は，発達心理学分野で複数行われている。代表的な調査として1970年代の「日米幼児教育比較研究」（東・柏木・ヘス 1981），2004年から始まった「すくすくコホート（Japan Children's Study: JCS）」（Yamagata et al. 2010）がある。

る。

(2) 苅谷・志水（2004）『学力の社会学』

同書では，同一の学校を対象に，年月を経た2時点に調査を実施した，学校の定点調査に基づいて分析を展開している。具体的には，関西地区で1989年に調査を実施した小学校16校の5年生，中学校11校の2年生を対象に，2001年に調査を実施した。関東地区では1982年に調査を実施した公立小学校17校の1年生から6年生に対し，2002年に調査を実施した。どちらも，学習指導要領の変化を考慮したうえで，同一の問題を実施している。対象校における回答率は非常に高く，不回答によるデータの偏り（バイアス）はほぼ存在しない。子どもには詳細なアンケート調査を実施するとともに，関東調査においては，担任の教師に授業法等のアンケートを実施している。

本書が用いるJCPSは，学校ではなく世帯を通じて調査しているため，回答率は学校調査よりも低いが，子どもの学校の情報よりも家庭背景の情報が豊富であることが特徴である。またJCPSは，複数年にわたって同一の子どもの追跡を行っているため，観測可能な家庭状況の変化のみならず，時間を追って変わらない観測できない要素についても制御可能である。

(3) 耳塚（2013）『学力格差に挑む』

同書の第1章から第3章は，お茶の水女子大学が中心となって収集した，「青少年期から成人期への移行についての追跡的研究（Japan Educational Longitudinal Survey: JELS）」に基づいて執筆されている。JELSは，関東地方のある市と東北地方のある市の2つの地域の学校の子どもを，2003, 2006, 2009年と，3年おきに追跡した調査である。その特徴は，学齢期から青年期までの追跡調査であること，同じ地域，同じ学校の児童生徒を時系列的に調査した定点観測であること，小学校低学年から高学年へ，小学校から中学校へ，中学校から高校へ，高校から高等教育へ，学校から職業社会へのトランジションの調査であること，多様な学力に加え，学校における学習指導・適応指導・進路指導との関わり，家庭教育や家庭環境との関連，就職支援のあり方などの社会・文化的背景の調査も行っていることである。

回答率は小学校から中学校まではかなり高い。学校内での指導状況などの情

報が豊富であり，中学卒業後の追跡もすでに始めている。ただし，中西・耳塚 (2013) は「難点として，教育委員会と膨大な数の学校の協力が不可欠であり，その交渉が容易ではない」としている。

JELS は，JCPS を除けば最も新しく実施された子どもの学力パネル調査である。しかし，調査手法は非常に対照的であり，両者は子どものパネルデータとして補完的な位置づけにある。JELS と比較した JCPS の特徴は，学校の情報は少ないが家計の情報が豊富であること，全国をカバーするランダムサンプルであること，学校を通じない調査であるため学校との交渉コストは存在しないこと，しかし家計の協力が任意であるため回答率は高くないことである。

(4) Carneiro and Heckman (2004) "Human Capital Policy"

2000年ノーベル経済学賞受賞者であるヘックマンは，教育投資の効果の推計に関して膨大かつ精緻な実証研究を実施しているが，同論文は教育達成度や学力の所得グループ間での格差が，子どもの年齢とともにどのように変化しているかを単純に図示することで，後の研究や政策に大きな影響を与えた文献である（図1-3；9頁）。用いたデータは，JCPS のモデルとなった，Children of the National Longitudinal Survey of Youth (CNLSY) である。本書でも，第6章において，CNLSY を用いた分析結果を提示し，第3, 5章における JCPS を用いた結果との比較を行っている。

(5) Duncan and Murnane (2011) *Whither Opportunity?: Rising Inequality, Schools, and Children's Life Chances*

同書は，米国における教育達成度の所得階層間格差の現状について，学力だけでなくさまざまなアウトカムについて，主として子どもを追跡した複数の大規模データに基づき分析を行った論文集である。米国では長期の追跡データの蓄積を背景として，ライフコースの広範囲にわたり動態分析が展開されており，家族構成，労働市場，地域環境，親の時間配分等が子どもの教育の結果に与える影響までが分析されている。

その意味で，同書は本書のモデルの1つとなっていると同時に，今後も中期的な目標となる研究である。

(6) **Ermisch, Jäntti, and Smeeding (2012)** *From Parents to Children: The Intergenerational Transmission of Advantage*

Duncan and Murnane（2011）での分析を国際的な視野に置き，欧米11カ国（米国，カナダ，ベルギー，ノルウェー，フランス，デンマーク，スウェーデン，オーストラリア，英国，ドイツ，イタリア）間の，所得と教育，そして次世代の所得の格差の関連を，包括的に研究した論文集である。使うデータベースはさまざまであるため，異なる国の分析結果の比較可能性には一定の留保が必要であるが，このような比較研究により，国ごとに異なる教育制度や社会背景が所得と教育の格差にどのようなインパクトを与えているのか，考察可能となっている。

2-2　日本子どもパネル調査の特徴

これら先行する調査をふまえ，日本子どもパネル調査（JCPS）の特徴を以下にまとめておこう。

(1)　同一対象のパネル調査（縦断性）

小学1年生から中学3年生までの対象を，原則2年ごとに追跡調査し，親と子のデータを蓄積している[7]。

(2)　全国をカバーする調査対象（横断的網羅性）

特定の地域に限定せずに，全国からランダムに抽出した家計を対象とし，小学1年生から中学3年生までの子どもとその親に対して，直接調査を行っている。そのため，特定の地域や学校を通じて行われた調査よりも，全国の平均的傾向を反映している。

(3)　家計を通じた調査

家計を通じて調査を行っているため，従来多く見られた学校をベースにした調査（苅谷・志水2004；耳塚2013）と比較すると，設計上は私立進学や転居・

---

7) 現在筆者らの研究グループでは，調査対象となる子どもの年齢層の拡大を準備している。

Column ② なぜ家庭は子どもの教育に影響を与えるのか？ 経済学のフレームワーク

　経済学における，教育の社会的価値と現実の教育行動を説明するための基本仮説は「人的資本理論」である。人的資本理論では，家庭・学校を問わず，子どもに多くの教育を与えると，得られた知識・教養や技能は「人的資本」として将来の労働市場での生産性を向上させ，賃金や所得などの便益を増大させると考える。つまり，教育は現時点で費用を支払い，将来の価値増加を期待する投資である。また，教育の費用も便益も金銭に限定すべきではない。勉強に費やす時間や苦痛も教育の費用だし，金銭的所得と関係のない幸福度や社会的満足度も便益に含まれる（教育の費用と便益には，個人に帰属せずに社会全体に波及するものがあるが，その議論は省略する）。

　教育を施すほど将来の子どもの所得は上昇することが見込まれるが，次第にその上昇幅は減少してくるはずだ。たとえば，大卒と高卒の間の生涯所得の差は大きいが，大卒と大学院卒の差はそれほど大きくない。費やす時間や学費を調整しても，大学院は大学よりも「費用対効果」は低いであろう。つまり，教育の費用と得られる便益の比（これから1を引いたものを「教育の収益率」と呼ぶ）は，教育投資を増やしていくと少しずつ減少する。これを「教育投資の限界収益率の逓減」と呼ぶ。そして子どもが生来持っている能力や家庭環境などは，教育の収益率に影響を与える。能力の高い子どもは，少ない時間と投資で一定レベルに達することができるからだ。

　一方，教育の費用を家計から捻出できなければ外部から借りることとなり，利子などの資本コストが発生する。現実の金融市場は完全ではなく，所得の低い家庭は借入制約に直面することが多い。親が安定した仕事に就いておらず，日々の生活に余裕がない場合，信用がないため借入金利は高い傾向にある。すなわち，世帯の所得と資本コストには負の相関がある。さらに，教育投資水準が上がるにつれて，追加的に必要な費用は上昇する。調達金額が増えると，利子率の高いところからも借りる必要があるからだ。

　Becker（1975）は以上の概念と次頁の図を用い，「家計所得と個人の能力の差により教育格差が生まれ，次世代の経済格差が発生するメカニズム」を提案した。

　横軸は教育投資量を，D_1〜D_3 は各々異なる個人の人的資本投資の限界収益率を表している。右下がりの形状は「教育投資の限界収益率の逓減」を意味し，D_1 から D_3 にシフトするにつれ，生来の能力が高くなることを表す。S_1 から S_3 は経済状況が異なる家計の人的資本投資の資本コストを表す。曲線が右上がりであるのは，

転校によるサンプル対象の脱落を抑止している。それにより，家庭背景に依存する学校選択による脱落がもたらす推計上のバイアスを最小限にすることができる。

資本コスト（利子率）は投資金額が増えるに従い上昇することを意味する。また，所得や貯蓄水準が下がると曲線は S_1 から S_3 にシフトし，資本コストはさらに上昇する。

そのうえで，親は，子どもへの教育投資の限界収益率が資本コストに一致するところまで教育を施すことが合理的になる。たとえば，D_2 の能力の子どもを持ち，S_2 の資本コストに直面する親は，両者の交点である E_2 までの教育投資を行う。それ以上教育を与えても教育の収益率が調達金利を下回り，投資として価値がマイナスになるからだ。

家庭と子どもの状況により異なる最適な教育投資量の選択

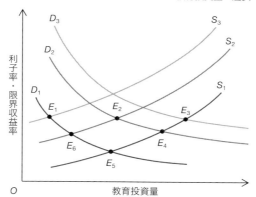

この図から，社会における家庭の経済格差と子どもの能力格差の相関が，次世代の経済格差に大きな影響を与えることがわかる。

もし，豊かな家庭の子どもほど能力が高い傾向にあれば，子どもと家庭の組合せは (D_3, S_1)，(D_2, S_2)，(D_1, S_3) となり，均衡で生じる教育水準の分布は E_3，E_2，E_1 の3点に集中する。すなわち，能力の高い子どもほど多くの教育を受け，能力の低い子どもほど受ける教育は少なくなる傾向が生じる。教育の差が人的資本として所得の格差に直結するのであれば，これは経済格差の再生産や拡大を意味する。

この場合重要なのは，経済格差を生み出しているのは，親の経済状態と子どもの潜在能力の両方であるということだ。親の所得と子どもの能力には最初か【次頁へ】

(4) 多様な「能力」の測定

国語と算数／数学の基礎学力に加え，演繹的論理形式に基づく「推論」の能力を計測している。さらに，社会性や QOL など，子どもの心理に関する国際

ら正の相関が想定できるため，クロスセクションデータに基づき，観測できない子どもの能力の差を考慮せず，親の所得だけで子どもの教育達成度を説明しようとすると，経済格差が教育格差に与える影響を過大評価することになる。

ここで政策的に，すべての子どもが家計状態と関係なく資本コストの低い教育資金（S_1）にアクセスできるようになると，均衡で生じる教育水準の分布はE_3，E_4，E_5となる。低所得家庭向けの奨学金・補助金の充実により，「家庭の経済状況に関わらず家庭が望む教育投資を可能にすることで，教育格差と次世代の経済格差はある程度縮小できるという根拠」がここにある。

この図は，パネルデータによる分析の利点も明らかにする。たとえば，生来の能力がD_1である子どもを追跡調査し，親の所得の変化とともに，子どもに対する教育投資量がE_1，E_6，E_5と増加したことが観測できたとする。これは，所得の変化が資本コストをS_3からS_1にシフトさせたことで生じているため，親の経済状態が教育投資量に与えた因果的効果だと解釈することができるのである。

日本でも，経済格差と教育格差に統計的な相関があることは社会的に認知されてきたが，家庭環境や親の経済状態が子どもの教育に影響を与えるメカニズムや，その影響の大きさを因果的に明らかにする方法について，教育政策の場において議論されることは必ずしも多くはない。経済学的な視点は，経済格差と教育格差に関する議論を意味のあるものにするために必要不可欠である。

▼ 参 考 文 献

赤林英夫（2012）「人的資本理論」『日本労働研究雑誌』第621号：8-11頁。
Becker, Gary (1975) *Human Capital: A Theoretical and Empirical Analysis, with Special Reference to Education*, University of Chicago Press.（佐野陽子訳『人的資本——教育を中心とした理論的・経験的分析』東洋経済新報社，1976年）

【赤林英夫】

的に標準化された測度を導入し，子どもの教育上のアウトカムを認知能力と非認知能力の両側面から計測している。

(5) 豊富な家庭背景・社会背景情報の収集

もともと，子どもの親世帯を対象としたパネル調査の付帯調査として子どもの調査を開始しているため，子どもの家庭の人口学的・社会経済的背景の情報がきわめて充実している。それにより，家庭や地域社会が子どもの発達に与える影響の計量分析を可能にしている。

⑹ **研究者であれば誰でもアクセス可能な研究インフラとしてのデータ公開**

収集されたデータは，あらゆる関連分野の学術研究を発展させるための基礎的なインフラであると位置づけ，原則収集2年後に研究者に向けて公開する。

⑺ **国際比較を可能にするデータ**

JCPSが持つ以上の特徴は，教育を通じた経済格差の世代間の伝播のメカニズム解明とその抑止という，世界的共通課題達成のための基礎データとして必要不可欠な条件である。JCPSは，経済格差の再生産における家庭と教育の役割に関する国際比較研究に日本が貢献することを可能にするはずである（Akabayashi et al. in press）。

一方，2-1項で述べた通り，JCPSが持つ以上の特徴は短所にもなる。とくに，複数の学校を通じた調査に比較すると，家計を通じた調査は調査対象の負担を配慮し，どうしても簡易にならざるをえず，それでもなお，回収率の維持に非常にコストがかかる。しかし，家計の状態を常に詳細に調査し，家計の経済格差と子どもの教育格差とのダイナミックな連関の全国的傾向を詳細に分析するための唯一の方法であり，諸外国でも多くの調査がこの方法に従って行われている。

3 本書の特徴と概要

▶ 子どもの学力・心理・家庭の関係を視覚化する

3-1 本書のアプローチ

本書では，前節で紹介した「日本子どもパネル調査（JCPS）」という共通のデータベースを用いて，さまざまな角度から経済格差と教育格差の関係の分析を行っている。使うデータが共通していることのメリットは，所得や学歴，学力などの主要変数を共通に構築することができるため，同じ計測尺度で異なる変数間の関係を考察できること，その結果，分析に矛盾が出た場合においても，使うデータの差に帰着させることを排除できることである。

その特徴を生かして，本書は，異なる研究者による異なる角度からの分析を各章に配置しつつ，データの図示の方法や変数の構築方法について，可能な限

り統一することにした。それにより，読者がデータの構築方法の違いなどといった細部に気を取られることなく，どの章においても，データから導き出される含意をイメージしやすいように配慮した。

また第2章で詳述するように，JCPSの蓄積は4年分であり，さらに同一の子どもに関する調査は2回ずつしか実施されていない。そのため，本書においては，各章とも，経済格差と教育格差の関係についての「大きなイメージ」を提示することを主眼としつつ，それに加えて比較的簡単な回帰分析により発見可能な統計的な連関を紹介する。したがって，各章におけるほぼすべての分析結果について，現段階で厳密な因果関係を確立することは容易ではない。データの蓄積が進むことで，各章のテーマにそって，今後さらに詳細で厳密な分析が実施可能となることを期待している。

3-2 本書の構成と概要

本書は9つの章から構成されている。以下，各章の内容を簡単に紹介する。

第2章（日本子どもパネル調査の方法——追跡調査はどのようにして行われるのか？）では，JCPSの調査設計とデータの収集方法，調査項目，回収率などを解説したうえで，とくに同調査における子どもの認知能力と非認知能力の計測方法について，詳細な説明を行っている。これらの変数は，第3章以降の分析で共通して用いられるものであるため，本章は，調査概要の紹介であるとともに，以降の各章における分析の導入として位置づけられる。

前述の通り，学校を通じたこれまでの調査には，必ずしも十分に子どもの家庭背景を捕捉できないという限界があった。第3章から第5章の分析は，JCPSの特徴の1つである豊富な家庭背景の情報を利用し，とくに世帯所得水準などに代表される家計の社会経済的背景が，子どもの多様なアウトカムに与える影響を分析している。

第3章（親の経済力と子どもの学力——家庭環境は学力形成にどのような影響を与えるか？）では，世帯の所得水準と両親の学歴に着目し，子どもの学力との関係を分析している。その結果，クロスセクションで見ると，世帯所得と学力の間には顕著な正の相関が観察され，かつその相関の大きさは小学校低学年よりも高学年，中学生段階でより大きくなる傾向が明らかになった。また，2時点の

データから，所得階層と学力の関係は固定化されやすいことも見出された。しかし，パネルデータを用いた回帰分析では，世帯所得と子どもの学力の間に明確な関係は観察されなかった。

第4章（学力の所得階層内格差――経済要因は学力の個人差にどのような影響を与えるか？）では，世帯の所得水準に着目して，階層内の格差が学年に応じてどのように変化するかを分析している。分析の結果，同一所得階層内の格差は，学年が上がるにつれて拡大することが示された。さらに，こうした傾向は相対的に所得水準が低いグループで顕著であった。すなわち，世帯の所得水準が低いほど，学年が上がるにつれて学力の個人間格差が拡大することが明らかにされている。

第3章および第4章の分析では，国語と算数／数学の学力テストに基づく子どもの認知能力を分析対象としたのに対し，**第5章**（親の社会経済的背景と子どもの問題行動・QOL――家庭環境は非認知能力の形成にどのような影響を与えるか？）では，社会性とQOLという，子どもの心理面におけるアウトカムに着目した分析を行っている。結果は，学力と同様，クロスセクションで見ると，世帯所得の増加は子どもの社会性やQOLを改善させる傾向が見られるものの，子どもの固定効果を考慮したパネルデータによる推計では，これらの効果は統計的有意性を失うことが明らかになっている。このような結果は，これまで多くの研究によって示されてきたクロスセクションデータに基づく1時点の相関関係は，必ずしも因果関係を意味しないことを示唆している。

第6章（米国のデータを用いた比較分析――世帯所得と学力・心理の関連は日米で異なるか？）は，JCPSデータと近い構造を持つ，CNLSYを利用して，米国における所得と学力の間の関係と，教育格差の所得階層間での動態について，本書の第3章の手法に可能な限り近い方法で分析したものである。PISAに関しては，学力と所得格差の間の国際的な比較分析は多く行われているが，それらの動態関係の分析は行われていない。先に挙げた Ermisch, Jäntti, and Smeeding (2012) は異なるデータを組み合わせて，不完全ながらも経済格差と教育格差の間の動態関係について比較分析を始めている。以上の現状をふまえ，本章でも，可能な限りJCPSとCNLSYを同じように分析することとした。その結果，計測方法によっては，わが国における所得と学力の間の関係は米国よりも強いという結果が出た。これはPISAとは異なる結果であるが，もし真実であるな

らばわが国にとっては深刻な事実であり，今後のさらなる分析が求められる。

　第7章（子どもの発達と出生時の健康——出生時体重は教育達成にどのような影響を与えるか？）は，近年経済学の分野でも注目されている，低体重出生と子どもの発達の関連を，JCPSを用いて検証したものである。わが国における先行研究は，子どもの認知能力に関する情報がないか，あったとしても成人を対象とした回顧情報に基づくものに限られているため，学齢期の子どもを対象とした本研究は，既存研究を補完する分析になりうる。分析の結果，出生時体重と小中学校時における学力との相関はほとんど見られないことが示された。これに加え，低体重出生児であるほど子どもへの教育投資が多くなる傾向が観察されている。これらの結果は，教育投資によって低体重出生の負の影響を軽減しようというメカニズムが存在する可能性を示唆している。

　世代間の経済格差の伝播を議論するにあたっては，社会経済的格差と子どもへの教育投資の関係を明らかにする必要がある。第8章（教育投資と経済格差——家庭環境は教育費支出にどのような影響を与えるか？）では，教育費支出に対する所得弾力性が，子どもの学年や所得分位によって異なるかを検証している。結果として，世帯所得は子どもへの教育投資，中でも課外活動費に対して統計的に有意に正の影響を与えることが示される。また，JCPSの特色を生かし，こうした教育投資のタイミングについて見ると，世帯所得が高く，両親が高学歴であるような世帯では，より早い段階から教育投資を増やす傾向が見られる。こうした結果は，両親の教育に対する熱意の差が，教育投資の差を生んでいる可能性を示唆している。

　第9章（親の学校参加と子どもの学力——ソーシャル・キャピタルは学力形成にどのような影響を与えるか？）では，学校をベースとしたソーシャル・キャピタルと子どもの学力の関係を定量的に検証している。ソーシャル・キャピタルを表す変数として親の学校行事・PTA活動への参加を用いた分析の結果，クロスセクションで見ると，こうした要因の影響は，国語よりも算数／数学において確認されるとともに，小学校低学年よりも高学年，中学生において確認された。一方で，親の教育熱心さなど，時間とともに変化しないと仮定できる要因の影響を考慮したパネルデータ分析では，PTA活動等への参加と子どもの学力の間に観察される正の相関は全体に弱くなる。ただし，小学校高学年段階の子どもに関しては，クロスセクションによる結果と同様，依然として正の相関関係

があることが確認された。

　本書の第3章から第9章までは，互いに深く関連を持ち合いながらも，それぞれが独立した研究であり，必ずしも順番に読み進めていただく必要はない。しかしながら，できる限り記述の重複を避けるために，調査の方法については第2章で説明を行い，各章内での説明は必要最小限に留めている。専門用語や統計分析の方法についても，必ずしも経済学領域の分析に詳しくない読者にとっても理解が妨げられることがないよう，適所に**Column**，巻末には補論を設け，丁寧に説明することを心がけた。しかし文中においては初出時に解説を行っているため，後続の章内では説明を省略している場合がある。索引等も利用し，前の章に戻りながら理解を深めていってほしい。また推計結果については，各章でとくに分析の対象としているものに絞って簡潔に示している。より詳細な各章の推計結果については，本書のウェブ付録を参照してほしい[8]。

▼ 参 考 文 献

赤林英夫（2015）「わが国における教育経済データの現状と課題」『経済セミナー』2・3月号：27-30頁。

東洋・柏木惠子・R. D. ヘス（1981）『母親の態度・行動と子どもの知的発達――日米比較研究』東京大学出版会。

苅谷剛彦・志水宏吉編（2004）『学力の社会学――調査が示す学力の変化と学習の課題』岩波書店。

北村行伸（2009）『ミクロ計量経済学入門』日本評論社。

佐藤学・澤野由紀子・北村友人編著（2009）『揺れる世界の学力マップ（未来への学力と日本の教育10）』明石書店。

志水宏吉・鈴木勇編著（2012）『学力政策の比較社会学（国際編）――PISAは各国に何をもたらしたか』明石書店。

橘木俊詔・八木匡（2009）『教育と格差――なぜ人はブランド校を目指すのか』日本評論社。

中西啓喜・耳塚寛明（2013）「学齢児童を対象とした縦断的研究の意義と課題――青少年期から成人期への移行についての追跡的研究（Japan Education Longitudinal Study: JELS）から」（「中央調査報」No. 666 より）。

---

[8] 本書ウェブ付録は以下のサイトで公開している（「付加データ　学力・心理・家庭環境の経済分析」で検索）。
　　http://yuhikaku-nibu.txt-nifty.com/blog/2016/03/post-0bab.html

http://www.crs.or.jp/backno/No666/6661.htm
浜野隆（2014）「家庭環境と子どもの学力」『平成25年度「学力調査を活用した専門的な課題分析に関する調査研究」 平成25年度 全国学力・学習状況調査（きめ細かい調査）の結果を活用した学力に影響を与える要因分析に関する調査研究』国立大学法人お茶の水女子大学：16-41頁．
http://www.nier.go.jp/13chousakekkahoukoku/kannren_chousa/pdf/hogosha_factorial_experiment.pdf
樋口美雄・宮内環・C. R. McKenzie／慶應義塾大学パネルデータ設計・解析センター編（2011）『教育・健康と貧困のダイナミズム――所得格差に与える税社会保障制度の効果（パネルデータによる政策評価分析2）』慶應義塾大学出版会．
樋口美雄・宮内環・C. R. McKenzie／慶應義塾大学パネルデータ設計・解析センター編（2012）『親子関係と家計行動のダイナミズム――財政危機下の教育・健康・就業（パネルデータによる政策評価分析3）』慶應義塾大学出版会．
樋口美雄・赤林英夫・大野由香子／慶應義塾大学パネルデータ設計・解析センター編（2013）『働き方と幸福感のダイナミズム――家族とライフサイクルの影響（パネルデータによる政策評価分析4）』慶應義塾大学出版会．
耳塚寛明編（2013）『学力格差に挑む（お茶の水女子大学グローバルCOEプログラム 格差センシティブな人間発達科学の創成3）』金子書房．
Akabayashi, H., R. Nakamura, M. Naoi, and C. Shikishima (in press) "Toward an International Comparison of Economic and Educational Mobility: Recent Findings from the Japan Child Panel Survey," *Educational Studies in Japan: International Yearbook*, No. 10.
Carneiro, P., and J. J. Heckman (2004) "Human Capital Policy," in J. J. Heckman, A. B. Krueger, and B. M. Friedman, eds., *Inequality in America: What Role for Human Capital Policies?* MIT Press.
Corak, M. (2013) "Income Inequality, Equality of Opportunity, and Intergenerational Mobility," *Journal of Economic Perspectives*, 27 (3): 79-102.
Duncan, G. J., and R. J. Murnane (2011) *Whither Opportunity? Rising Inequality, Schools, and Children's Life Chances*, Russell Sage.
Ermisch, J., M. Jäntti, and T. Smeeding (2012) *From Parents to Children: The Intergenerational Transmission of Advantage*, Russell Sage.
Farkas, G. (2011) "Middle and High School Skills, Behaviors, Attitudes, and Curriculum Enrollment, and Their Consequences." in G. J. Duncan and R. J. Murnane, eds., *Whither Opportunity?: Rising Inequality, Schools, and Children's Life Chances*, Russell Sage.
Hirata, J., K. Nishimura, J. Urasaka, and T. Yagi. (2006) "Parents' Educational Background, Subjects "Good-At" in School and Income: An Empirical Study," *Japanese Economic Review*, 57 (4): 533-546.
Obama, B. (2013) "Remarks by the President on Economic Mobility," Washington, D. C.
https://www.whitehouse.gov/the-press-office/2013/12/04/remarks-president-economic-mobility
OECD (2010) *PISA 2009 Results: Overcoming Social Background, Equity in Learning*

Opportunities and Outcomes (Volume II).
http://dx.doi.org/10.1787/9789264091504-en

Piketty, T. (2013) *Le capital au XXIe siècle*, Édition du Seuil.（山形浩生ほか訳『21世紀の資本』みすず書房, 2014年）

Yamagata, Z., T. Maeda, T. Anme, N. Sadato, and Japan Children's Study Group (2010) "Overview of the Japan Children's Study 2004-2009: Cohort Study of Early Childhood Development," *Journal of Epidemiology*, 20 (Suppl 2): S397-S403.

第2章 日本子どもパネル調査の方法
追跡調査はどのようにして行われるのか？

敷島千鶴・野崎華世

Overview
- 「日本子どもパネル調査（JCPS）」は，子ども個人の観測データを豊富な家計情報と連結することにより，子どもの成長と家庭背景との関連を，詳細かつダイナミックに捉えることのできる親子パネル調査である。
- 本章では，本書で分析に用いた測度を確認し，各回調査への協力世帯の属性を比較した。
- JCPSにおいて子どもの認知能力と非認知能力を測定する尺度には，高い信頼性があることが確かめられた。
- 調査対象とする親子を継続して追跡していくことが重要である。

1 はじめに

「日本子どもパネル調査（Japan Child Panel Survey: JCPS）」は，日本家計パネル調査（Japan Household Panel Survey: JHPS），および慶應義塾家計パネル調査（Keio Household Panel Survey: KHPS）の付帯調査として，小学校あるいは中学校に就学する子どもを持つ者（親）とその子どもを対象とし，2010年にスタートした親子パネル調査である。

JCPSの本体となるJHPSとKHPSは，どちらも慶應義塾大学パネルデータ設計・解析センターが実施する家計パネル調査であり，全国に居住する成人期男女が構成する母集団より，層化2段無作為抽出法[1]により抽出されたサンプルとその配偶者を対象としている。JHPSでは成人約4000名，KHPSでは成人約7000名を対象者とし，対象者の世帯を長期間フォローアップすることにより，わが国の経済行動の動態的な変化の解明を目指している（樋口ほか2005, 2010）。調査はJHPSでは2009年以来，KHPSでは2004年以来，同一世帯に対し，毎年繰り返し実施されている[2]。

JCPSは，2010年以来，このJHPSサンプルとKHPSサンプルに対し，隔年に調査を行ってきた（図2-1）。第1回の2010年調査（JCPS2010[3]）ではJHPS2010への，第2回の2011年調査（JCPS2011）ではKHPS2011への，第3回の2012年調査（JCPS2012）ではJHPS2012への，第4回の2013年調査（JCPS2013）ではKHPS2013への回答者の中から，それぞれ義務教育段階である小学校あるいは中学校に就学する子どものいる対象者に対し任意の調査協力を呼びかけ，それに応じた親子を対象とした。

JCPSの調査は，小学1年生から中学3年生の子ども個人を単位とし，調査票2部から構成されている（調査票の一部は巻末付録を参照；243頁）。1部は子ど

---

[1] サンプルを抽出するにあたり，まず，全国を8地域ブロックおよび都市階級で23層に分け，各層から無作為抽出された各調査地点において，住民基本台帳から対象となる個人を系統抽出した。JHPSの標本抽出法は，直井・山本（2010）に詳しい。
[2] 2014年以降，JHPSとKHPSは統合されている。
[3] 2010年調査を「JHPSお子様に関する特別調査」と呼んでいたが，その後，KHPSサンプルも含めた調査へと拡大し，繰り返しのあるパネル調査として継続していくにあたり，「日本子どもパネル調査（JCPS）」へ改名した。

図 2-1 家計パネル調査と子どもパネル調査

も票であり，子どもが回答する学力テストと質問紙である。もう1部は親票であり，JHPS あるいは KHPS 対象者である親が回答する質問紙であり，親は子ども1人につき1部を回答する。これらの調査票は，本体調査である JHPS，KHPS の調査票回収後，調査協力に同意した世帯に調査員が出向き手渡しした後，あるいは郵送した後，各家庭において回答される。

子ども票にある学力テストは，親，あるいは高学年では子ども本人が20分間計測し，子どもが時間内に1人で回答すること，そして，回答した子ども票は，速やかに子ども自身が同封されたシールで4箇所を封緘した後，親に渡すことを協力者に求め，対象者への調査依頼文書と，子ども票のフェースシートにそのことを明記している。子ども票と親票は，返信用封筒に入れ郵送してもらうことで回収する。謝礼は親と子それぞれにつき図書カード500円分であり，子どもにはオリジナルクリアファイルも同封している。

2 JCPS 変数の構成

JCPS が4回の調査において，収集してきた変数の一覧を表 2-1 に掲載する。子ども票では，主に，学力，生活の質（QOL），放課後の過ごし方や学びについての項目が，親票では，通学状況や教育環境，子育て方法，子どもの社会性などの項目が収集されている。

表 2-1　JCPS 変数一覧

調査票		測度	2010	2011	2012	2013
子ども票	学力テスト	算数／数学	○	○	○	○
		国語	○	○	○	○
		推論		○	○	○
	質問紙	帰宅後の過ごし方	小4以上	小4以上	小4以上	小4以上
		家での学習時間	小4以上	小4以上	小4以上	小4以上
		勉強部屋の有無	小4以上	小4以上	小4以上	小4以上
		勉強机の有無	小4以上	小4以上	小4以上	小4以上
		携帯電話の有無	小4以上	小4以上	小4以上	小4以上
		宿題の頻度	小4以上	小4以上	小4以上	小4以上
		学校に関する好き嫌い	○	○	○	○
		友達の有無	小3以下	小3以下	小3以下	小3以下
		学力テストへの取り組み	×	○	○	○
		QOL	×	小3以上	小3以上	小3以上
		市民性	×	小6以上	小6以上	小6以上
		進学希望	×	×	中1・中2	中1・中2
親票	質問紙	子どもとの続柄	○	○	○	○
		学級人数	○	○	○	○
		通学時間	○	○	○	○
		小学校種別	○	○	○	○
		中学校種別	中1以上	中1以上	中1以上	中1以上
		小学校受験経験	○	○	○	○
		中学校受験経験・予定	○	○	○	○
		帰宅後の過ごし方	小3以下	小3以下	小3以下	小3以下
		放課後の活動	○	○	○	○
		学校行事・PTA などへの参加状況	○	○	○	○
		学校の成績（国語・算数／数学）	○	○	○	○
		学校の成績（英語）	中1以上	中1以上	中1以上	中1以上
		家での学習時間	○	○	○	○
		専用の部屋の有無	○	○	○	○
		専用の学習机の有無	○	○	○	○
		携帯電話の有無	○	○	○	○
		宿題の頻度	○	○	○	○
		習い事	○	○	○	○
		子どもへの支出	○	○	○	○
		入学前の通園状況	○	○	初協力者のみ	初協力者のみ
		外出先しつけ	○	○	○	○
		ほめ方	○	○	○	○
		外食利用頻度	×	○	○	○
		社会性	×	○	○	○
		現在の身長・体重	×	○	○	○
		出生時の身長・体重	×	○	○	初協力者のみ
		出産予定日・在胎週数	×	○	○	初協力者のみ

(注)　1)　○印は小学1年生から中学3年生まで全員から収集していることを表す。
　　　2)　学年や調査年によって，尋ね方が異なる場合がある。

　以下では，本書において，主に子どもの結果変数（アウトカム）として扱われる認知能力，非認知能力の各指標の測定方法を説明し，測度の信頼性を検討する（認知能力と非認知能力については，**Column** ④参照；55頁）。さらに子どものアウトカムの説明変数として扱われる子どもと親の属性や家庭背景[4]の各指

標の構成について概説する。

2-1 認知能力

　JCPS では，子どもの学力を測定するために，独自にテストを開発し，第1回目から継続して同一のテスト問題を使用している（テスト問題開発の経緯は，敷島ほか（2011）に詳しい）。測定する科目は，小学1年生から中学3年生まで一律に，算数／数学，国語，推論の3科目である。このことは，JCPS がモデルとする米国の NLSY-Child Assessment が，5〜14歳児を対象に，Peabody Individual Achievement Test（PIAT）から計算（Math），語彙・発音（Reading Recognition），読解（Comprehension）の学力テストを，WISC-R から短期記憶（Digit Span）を測定する知能テストを施行していることに倣っている。加えて，JCPS では郵送で回収を行うという制約より，回答者にあまり負担を課さない程度の時間内で，各家庭内での任意の実施に頼らざるをえないという限界，および採点のしやすさを考慮したうえで，実現可能性を検討した結果でもある。

(1) 算数／数学・国語

　JCPS の学力テストでは，基礎学力を計測することを目的とし，算数／数学の問題は，計算と，数や図形操作に関する文章題から，国語の問題は，語彙と漢字の読み書きから構成した。そして，小学1年生から中学3年生まで9学年，各2科目の学習指導要領に即した異なる問題を用意した。小学1年生から小学3年生までは，学習ドリル製作会社に希望を伝え，オリジナル問題の作成を依頼した。小学4年生から中学3年生までは，都道府県別学力テストより，秋田県・新潟県・岐阜県・香川県が2003年から09年にかけて実施したテスト問題を各自治体から入手し，各学年の算数／数学，国語の問題プールをつくり，その中から適切と思われる問題を選定して利用した。

　作成された小学1年生から中学3年生までのテスト問題は，小学校1校と，中学校1校の協力を得て，2009年12月，予備調査として実施された。各学年

---

4) JHPS／KHPS の変数構成については，慶應義塾大学パネルデータ設計・解析センターホームページ（http://www.pdrc.keio.ac.jp/）を参照のこと。

の収集されたデータから項目ごとに正答率を算出し，正答率が著しく高く，分散がきわめて小さい項目を削除した．単純加算得点の分布を調べ，天井効果[5]のある科目については，問題に修正を加える，あるいは都道府県別学力テストで公表された正答率がより低い新たな問題を挿入するなどの措置を施すことにより，難易度の上昇を試みた．さらに，各学年，科目ごとに内的一貫性[6]を低める項目を削除した．回答者全員から入手した学力テストの回答に要した時間の情報をもとに，各学年の問題量を回答時間20分間に相当すると判断できる分量に調整した．現場の教員のコメントをもとに，問題文のワーディングをその学年に適するよう修正も加えた．こうした改訂を経て，JCPSの学力テスト問題項目は決定された．

この学力テストの信頼性と妥当性[7]は，JCPS第1回目であるJCPS2010データから，詳細に検討されている（敷島ほか2011）．本章では，その後蓄積した4年間分のデータを用いて，この学力テストの信頼性の再確認を行った．

まず，各学年の算数／数学と国語の項目群に対し，確認的因子分析（**Column**③参照；36頁）を行うことにより，テスト項目の因子構造を確認した．カテゴリカル因子分析[8]に依拠し，モデルの当てはまりを評価できる構造方程式モデリングのモデル適合の方法を用いて，算数／数学と国語のテスト項目をあわせて1つの学力指標を構成する1因子モデルと，算数／数学と国語のテ

---

[5] 収集したデータが取りうる範囲の最大値に偏り，「天井」につかえている状態をいう．テスト問題の項目困難度が低く，満点を取るケースが多かったことに起因する．

[6] 同一個人が同様のテスト問題に対し，同じように回答している程度であり，その1つの検討方法として，α係数という反応の整合性あるいは等質性を数値化した指標を用いることが多い．

[7] テストの信頼性とは，そのテストが，測定しているものをどの程度安定し，一貫して測定しているかについての評価である．テストの妥当性とは，そのテストが，目的とする測定すべき構成概念をどの程度正しく反映しているかについての評価である．

[8] 2値データを解析するための1因子のカテゴリカル因子分析は，$z_{ij} = \alpha_j f_i + e_{ij}$の式で表される．この時，$\alpha_j$は項目$j$に対する因子パタン（因子負荷），$f_i$は協力者$i$の共通因子，$e_{ij}$は項目$j$の協力者$i$の誤差因子である．$z_{ij}$は，通常の因子分析では観測変数であるが，カテゴリカル因子分析では潜在変数となる．γ_jを項目jの閾値とし，実際に観測される0か1の2値変数をu_{ij}としたとき，$z_{ij} > \gamma_j$であれば$u_{ij} = 1$が，$z_{ij} < \gamma_j$であれば$u_{ij} = 0$が観測される．最尤法を用いて推定されるパラメータは，因子パタンα_jおよび閾値γ_j（$j = 1, \cdots, n$）の2種類である．構造方程式モデリングによる2値データのカテゴリカル因子分析は，2母数の項目反応理論モデルに相当する（豊田2003）．

表2-2 確認的因子分析モデル適合

		小1	小2	小3	小4	小5	小6	中1	中2	中3
2因子モデル	RMSEA	**0.033**	**0.031**	**0.019**	**0.034**	**0.017**	**0.034**	**0.031**	**0.037**	**0.025**
	CFI	**0.845**	**0.882**	**0.927**	**0.830**	**0.986**	**0.959**	**0.954**	**0.957**	**0.982**
1因子モデル	RMSEA	0.039	0.034	0.022	0.037	0.032	0.044	0.058	0.060	0.035
	CFI	0.785	0.861	0.901	0.799	0.952	0.931	0.841	0.891	0.964
	$\Delta \chi^2$	49.069	17.206	21.119	13.601	44.859	46.746	145.150	155.298	37.497
	Δdf	1	1	1	1	1	1	1	1	1
	p	<.001	<.001	<.001	<.001	<.001	<.001	<.001	<.001	<.001

(注) 太字は最適モデルを示す。

スト項目は，相関し合う異なる構成概念を測定することを仮定した2因子モデルの間で，モデルの適合度を比較した。モデルの評価にはRMSEA (Root Mean Square Error of Approximation)[9]，CFI (Comparative Fit Index)[10]による比較，並びにカイ2乗検定を併用した。

モデル適合は，小学1年生から中学3年生の9学年すべてにおいて，2因子モデルの方が1因子モデルより，RMSEA，CFIの両指標ともに優れた値を示した（表2-2）。カイ2乗検定によっても，すべての学年において1因子モデルは2因子モデルに比べ，有意にモデルのあてはまりを悪くすることが示された。2因子モデルのあてはまりは，全学年においてRMSEAが0.04より小さく，優れていることが示され，とくに小学5年生以上の学年では，CFIも0.95を超え，きわめてよいことが確認された（表2-2）。

2因子モデルで推定した，算数／数学と国語の間の因子間相関は，0.66〜0.90と高かった（表2-3）。これより，算数／数学の項目群から測定される構成概念と，国語の項目群から測定される構成概念は，相関は高いが異なる2つの変数として扱われることが望まれる。

因子構造にもとづいた項目群の信頼性を，テストの内的一貫性の立場から

---

[9] モデルの分布と真の分布との乖離を1自由度当たりの量として表現した指標であり，0.05以下であれば，モデルの当てはまりがよく，0.1以上であれば，当てはまりが悪いと判断される（豊田1998）。

[10] 観測変数間に相関がないことを仮定した独立モデルと比較して，モデルの適合度がどの程度改善されたかで評価される。値は0.0から1.0をとり，1.0に近いほどモデルの適合度は高いと判定される。

表2-3 2因子モデルによる因子間相関（r）

小1	小2	小3	小4	小5	小6	中1	中2	中3
0.72	0.89	0.90	0.89	0.88	0.88	0.66	0.74	0.88

表2-4 各学年の算数／数学，国語，推論テスト項目の内的一貫性

	算数／数学		国語		推論	
	α	項目数	α	項目数	α	項目数
小1	0.84	14	0.94	19		
小2	0.88	17	0.87	12	0.87	4
小3	0.84	17	0.90	17		
小4	0.76	10	0.84	13		
小5	0.88	9	0.90	13	0.84	4
小6	0.87	10	0.87	13		
中1	0.87	10	0.86	13		
中2	0.93	10	0.85	15	0.74	4
中3	0.93	10	0.87	15		
平均	0.87		0.88		0.81	

クロンバックのα係数[11]（Cronbach 1951）を用いて評価したところ，算数／数学で0.76〜0.93（9学年の平均は0.87），国語で0.84〜0.94（9学年の平均は0.88）と高い信頼性が確認された（表2-4）。

本書で分析に用いた算数／数学と国語の学力指標は，各問題項目につき正解を1点，不正解を0点とした2値変数を，学年別に4回の調査分プールし，施したカテゴリカル因子分析から計算した個人の算数／数学，国語の因子得点を，平均50，標準偏差10になるよう変換した偏差値である。したがって，本書でいう「学力」とは，その個人のテストスコアの，JCPS各学年全サンプル内における相対的な位置を指し，2時点の計測データに基づく「学力の伸び」とは，この相対的位置の移動を意味している。

---

11) 項目数をN，項目間の相関係数の平均を$\bar{p}$としたとき，以下の式で求められる。
$$\alpha = \frac{N\bar{p}}{1 + \bar{p}(N-1)}$$
α係数が1に近ければ，テストにおける回答の安定性，一貫性は高いとみなされ，そのテストの信頼性は高いと評価できるが，通常，0.8程度ならば十分な一貫性があり，0.7程度でもある程度は一貫性があると考えられている。

表2-5　認知能力テスト記述統計量

学年	調査年	観測数	算数／数学				国語				推論			
			最小値	最大値	平均値	標準偏差	最小値	最大値	平均値	標準偏差	最小値	最大値	平均値	標準偏差
小1	2010	62	1	14	12.09	2.03	2	20	18.45	2.66	0	4	2.40	1.55
	2011	58	7	14	12.41	1.65	7	20	18.19	2.64	0	4	2.67	1.33
	2012	47	9	14	12.36	1.58	13	20	18.65	1.68	0	4	2.96	1.38
	2013	57	7	14	12.72	1.53	7	20	18.14	2.42	0	4	2.54	1.45
小2	2010	44	12	19	17.07	2.13	7	16	12.85	2.72	0	4	3.24	1.13
	2011	72	11	19	16.99	2.16	5	16	12.73	2.73	0	4	2.76	1.28
	2012	55	7	19	16.49	2.93	3	16	12.55	3.23	0	4	2.78	1.46
	2013	82	4	19	16.38	2.85	0	16	11.83	3.80	0	4	2.94	1.30
小3	2010	63	6	19	16.29	2.34	8	18	14.88	2.38	0	4	3.24	1.03
	2011	88	6	19	16.26	2.51	5	18	15.08	2.89	0	4	3.14	1.20
	2012	71	8	19	16.46	1.99	2	18	15.24	2.92	0	4	3.25	1.10
	2013	72	9	19	16.07	2.05	7	18	15.39	2.43	0	4	3.24	1.16
小4	2010	47	2	10	7.83	1.91	1	13	10.39	2.45	0	4	1.87	1.41
	2011	75	1	10	7.59	2.08	5	13	10.16	2.23	0	4	2.29	1.58
	2012	47	4	10	7.60	1.78	4	13	10.04	2.28	0	4	2.06	1.34
	2013	81	3	10	7.48	1.66	0	13	10.59	1.77	0	4	2.05	1.49
小5	2010	62	2	9	6.98	2.03	5	13	10.45	2.11	0	4	2.39	1.42
	2011	74	0	9	6.18	2.60	0	13	9.92	2.71	0	4	2.55	1.39
	2012	66	0	9	6.58	2.19	5	13	10.70	1.88	0	4	2.45	1.36
	2013	90	0	9	6.88	2.08	1	13	10.90	2.16	0	4	2.43	1.38
小6	2010	38	0	10	6.12	2.70	2	13	8.99	3.30	0	4	2.45	1.43
	2011	83	0	10	6.80	2.24	0	13	9.80	3.11	0	4	2.58	1.30
	2012	48	0	10	7.35	2.07	3	13	10.25	2.27	0	4	2.79	1.18
	2013	86	2	10	7.12	2.22	4	13	10.40	2.45	0	4	2.83	1.33
中1	2010	57	0	10	6.49	2.50	0	13	10.32	2.50	0	4	2.67	1.16
	2011	67	1	10	6.43	2.32	3	13	9.37	2.48	0	4	2.48	1.24
	2012	57	0	10	6.39	2.66	4	13	9.86	2.33	0	4	2.68	1.34
	2013	82	0	10	6.55	2.61	0	13	9.91	2.77	0	4	2.68	1.27
中2	2010	46	0	11	7.61	2.78	2	14	9.55	2.56	0	4	2.51	1.16
	2011	84	0	11	6.94	3.55	0	15	9.53	2.98	0	4	2.52	1.10
	2012	47	0	11	7.02	3.37	2	15	9.68	2.95	0	4	2.96	1.04
	2013	83	0	11	7.58	3.06	4	15	9.92	2.86	0	4	2.65	1.26
中3	2010	42	0	12	7.33	4.12	4	14	10.82	2.49	0	4	2.55	1.15
	2011	56	0	12	7.70	3.60	5	15	11.03	2.24	0	4	2.66	1.21
	2012	52	0	12	7.37	3.61	4	15	10.98	2.30	0	4	2.83	1.06
	2013	74	0	12	7.77	3.69	0	15	11.11	2.63	0	4	2.57	1.28

　小学1年生から中学3年生まで，算数／数学ならびに国語のテストの正解を1点，不正解を0点とし，科目別に合計した個人得点の各学年の記述統計量を，JCPS2010，2011，2012，2013それぞれについて求め，表2-5に記した。4回の調査の間で平均値に有意な差があったのは，小学5年生の国語のみであり（$p<.05$），調査年度による水準の差はほとんどないと考えられる。

(2) 推　論

　推論問題に関しては，論理学研究者の協力を得てオリジナル推論問題を開発し，これを知能テストに準ずる知能測定の代替指標とした。三段論法の解法に

Column ③ 因子分析

　人の「こころ」はどうやって測定できるだろうか。学力，知能，性格，メンタルヘルスなど，人間の能力や心理は，所得，職業，学歴，体重などとは異なり，それ自体が物理的，客観的な指標を備えておらず，直接観測することはできない。こうした直接目にすることのできない理論的に仮定された構成概念を，観測可能な行動指標から推論するために，多変量解析の1つの方法として，心理学や教育学を始めとした社会科学や自然科学の多くの領域で取り入れてきたのが「因子分析」である。因子分析とは，観測された一連の変数（観測変数）から得られる情報を集約して，少数の仮説的な変数（潜在変数あるいは潜在因子）へと置き換える方法である（柳井ほか 1990）。

　いま，「国語の学力」を測定したいとしよう。しかし，それを直接観測することは困難である。このとき，たとえば，漢字，読解，語彙，文法という複数の種類のテストスコアを測定することができれば，これらの領域の背後にあり，共通に影響を与えている共通因子として，「国語の学力」を想定することができるだろう。算数についても同様に，計算や，量の測定，図形操作，数量関係などの各テストスコアから，すべての領域に潜在的に影響を与える共通因子，「算数の学力」を仮定することができる。しかし，テストスコアのすべてを共通因子だけで説明することはできない。共通因子の影響を受けない成分は，そのテストに特有な独自因子の影響を受けていると考える。

　このように，因子分析モデルは，観測変数を潜在変数である共通因子と，その残差である独自因子に分解するモデルであり，観測変数を従属変数とし，共通因子を独立変数とした線形回帰モデルと見ることができる。共通因子はすべての観測変数に共通な変動要因であり，独自因子は個々の観測変数に固有な変動要因である。観測変数に対する共通因子の回帰係数は，「因子負荷量」として表される。

　因子分析とよく似た多変量解析の方法に「主成分分析」があるが，主成分分析の目的は，複数の観測変数の分散の総和をできる限り多く説明できる，できる限り少ない数の「主成分」を合成することであり，データを記述することにある。主成分分析モデルでは，潜在する共通因子は想定されず，独自因子も考慮されない。

反映される演繹的論理推論能力が，一般知能と深く関連すること（Shikishima et al. 2009），自記式質問紙に組み込んだ三段論法課題数問が，知能を予測しうること（Shikishima et al. 2011），9歳になれば，三段論法解法能力の測定が有効であること（Bara et al. 1995）が報告されているため，JCPSでは，小学4年生以上については，三段論法形式の論理推論問題を導入した。そして，小学4年生から中学3年生まで，正解を選択肢の中から選ぶ形式の共通の4問を用意したが，小学4年生から小学6年生については，各設問に解法を補助するた

因子分析を考案したのはスピアマンである（Spearman 1927）。スピアマンは，古典・フランス語・英語・数学・音程の弁別・音楽的才能という6つの領域の成績に因子分析を施し，これらの領域の背後に，共通因子として「一般知能（general intelligence）」が潜在していることを見出し，人間の知能を，共通因子（一般因子：g）と独自因子（特殊因子：s）の2種類の因子から構造化した。このことは，なぜ領域の異なる種々の分野において個人の成績が相関するのかを説明する。

【次頁へ】

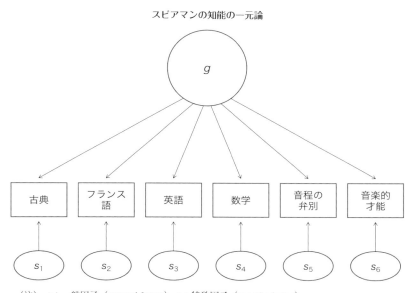

（注）　g：一般因子（general factor），s：特殊因子（specific factor）。

めの図形表象を伴わせた。小学1年生から小学3年生については，三段論法形式ではないが，3つの名辞の関係性を表す2つの命題から，それらの相互の関係性を演繹的に論理推論し，正解を選択肢の中から選ぶ関係推論の4問を設けた。

　算数／数学・国語のテストと同様，推論課題についても，予備調査とJCPS第1回目であるJCPS2010のデータから，信頼性と妥当性が詳細に検討されている（敷島ほか2011）。JCPS2010からJCPS2012までの4回分のデータをプー

知能研究を進展させた因子分析は，性格（パーソナリティ）研究にも応用され，潜在しているパーソナリティの因子が探究されてきている。1930年代から，数ある人間の特徴を表現する言葉を辞書から抽出し，語彙を整理していくことによって，人間のパーソナリティ特性がいくつあるのかを探っていく研究が始められたが（Allport 1937），この語彙の整理に因子分析が導入されるようになった。現在では，人間のパーソナリティを「神経症傾向」「外向性」「開放性」「調和性」「誠実性」という5つの次元で記述する「5因子モデル（ビッグ・ファイブ理論；Goldberg 1990）」が，アメリカを中心に有力視されている。

このような因子分析の方法は，多数の観測データの間に見られる相関関係から，それを規定する潜在因子を探し出す方法であり，「探索的因子分析」という。これに対し，事前に因子を想定し，仮説通りの因子が得られるかどうかを確認する方法を「確認的因子分析」（確証的因子分析，検証的因子分析）という。確認的因子分析は，最初から因子構造を定めたうえでモデルの適合を確認する方法であり，探索的因子分析モデルの一部の影響指標を，理論的に予測される値に固定したものと考えることができる。本書では，各学年のすべての学力テスト問題の回答に対して確認的因子分析を施し，テスト問題が「算数／数学」と「国語」の2つの因子で説明できることを確認したうえで，そこで推定された個人の両因子に対する傾向，つまり共通因子のスコアを個人ごとに求めた因子得点を，学力の指標として分析に用いている。

▼ 参 考 文 献
柳井晴夫・繁桝算男・前川眞一・市川雅教（1990）『因子分析——その理論と方法』朝倉書店．
Allport, G. W. (1937) *Personality: A Psychological Interpretation*, Henry Holt. (詫摩武俊ほか訳『パーソナリティ——心理学的解釈』新曜社，1982年)
Goldberg, L. R. (1990) "An Alternative 'Description of Personality': The Big-Five Factor Structure," *Journal of Personality and Social Psychology*, 59 (6): 1216-1229.
Spearman, C. (1927) *The Abilities of Man: Their Nature and Measurement*, Macmillan.

【敷島千鶴】

ルし，4項目間のテトラコリック相関係数[12]から算出したクロンバックのα係数は，小学1年生から小学3年生で0.87，小学4年生から小学6年生で0.84，中学1年生から中学3年生で0.74（3種類のテストの平均は0.81）と十分であり，推論課題についても内的一貫性が確認できた（表2-4）。

学年別に正解を1点，不正解を0点とした4問の合計得点を求め，4回の調査の間で平均値を比較したが，いずれの学年においても有意な差は見られず，

調査年における水準の差はないといえる（表2-5）。

　同一の問題を用いている3学年間で，4回分のデータから平均値を比較したところ，小学1年生は小学2年生（$p<.05$），小学3年生（$p<.001$）と比べて有意に得点が低く，小学2年生は小学3年生（$p<.05$）と比べて有意に得点が低かった。小学4年生は小学5年生（$p<.01$），小学6年生（$p<.001$）に比べて有意に得点が低かったが，小学5年生と小学6年生の間には有意な差はなかった。中学3学年の間にも有意な差はなく，学年間差は，小学5年までの低学年にのみ見られた。

2-2　非認知能力

　JCPSでは，子どものアウトカムとして，子どもの心理にも着目し，行動と感情の両側面から測定を行っている。非認知能力の指標として社会的適応を取り上げることができるが（Heckman 2000），本書の分析で導入している尺度は，以下の2つである。1つは，子どもの行動を問題行動と向社会性の両面から評定することにより，社会性の発達の程度を測定する尺度，そしてもう1つは，子どもの感情を日々の生活の諸側面における主観的な充足感で捉えることにより，子どもの生活の質（QOL）を測定する尺度である。

(1)　社　会　性

　子どもの社会性の測定には，「子どもの強さと困難さアンケート」（Strengths and Difficulties Questionnaire : SDQ）を用いた。SDQは，子どもの「問題行動」を，「情緒的不安定さ」「行為問題」「多動・不注意」「仲間関係のもてなさ」の4側面から捉え，それぞれを5項目で測定し，さらに別の5項目で，「向社会性」を測定するリッカート式心理尺度[13]である（Goodman 1997）。「情緒的不安定さ」とは抑うつや不安など情緒の問題であり，「行為問題」は反抗挑戦性や反

---

12)　2変数がともに順序尺度をとる離散変数であり，ともにカテゴリ数を2つ伴うときに，最尤推定法により両変数間に求められる2×2の相関である（豊田1998；Greene and Hensher 2010）。2値の背後に正規分布する潜在変数を仮定し，2つの反応カテゴリ間の距離を閾値で調整するため，学力テストのような正誤データを伴う変数間の相関を記述するのに有効な方法である。

図 2-2　社会性測度 SDQ の構造と尺度の信頼性係数

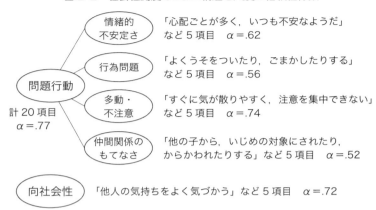

社会的行動に関する行為の問題，「多動・不注意」は不注意や集中力の欠如，多動性に関する多動と注意の問題，「仲間関係のもてなさ」は友人からの孤立や不人気などの友人関係の問題，そして，「向社会性」は協調性や共感性などの向社会的行動傾向と定義される。

SDQ は現在 50 カ国以上の研究機関で多用され[14]，高い信頼性と妥当性が数多くの研究の蓄積から確認されている（Stone et al. 2010）。日本でも邦訳版が開発され（Sugawara et al. 2006），問題行動を簡便にスクリーニング可能な，信頼性の高い連続量の尺度として頻繁に用いられるようになり（Matsuishi et al. 2008），厚生労働省における軽度発達障害の気づきのためのツールにも指定されている[15]。

SDQ には，子ども本人が答える子ども版，親が答える親版，保育士や教師が答える教員版があるが，JCPS では，2011 年以降，親版を親票に導入し，対象とする小学 1 年生から中学 3 年生全員の子ども 1 人ずつにつき，親に対し

---

13) 回答者に短文からなる複数の質問項目を呈示し，どの程度合意できるかを 5 段階や 7 段階で評定することを求め，各項目の反応を合計することで，得点化する方法である。質問紙による心理尺度の作成に頻繁に利用される。

14) SDQ ホームページ（http://www.sdqinfo.org/）。

15) 厚生労働省 Strengths and Difficulties Questionnaire ホームページ（http://www.mhlw.go.jp/bunya/kodomo/boshi-hoken07/h7_04d.html）。

回答を求めている。

SDQ マニュアルに従い，25 項目すべてにおいて，子どものここ半年くらいの行動について，「あてはまらない」「まああてはまる」「あてはまる」の 3 件法で回答を求め，0 点，1 点，2 点の各項目得点の合計点を分析に用いた。問題行動を測定する下位 4 次元とその合計得点の「問題行動」では，より高い得点がより高い問題行動，すなわちより低い社会性を示す。「向社会性」については，より高い得点がより高い社会性を示す。

JCPS2011，2012，2013 の 3 年分 1847 ケースのデータより，それぞれの次元に対し，因子分析の結果，最も負荷の高かった項目の設問，ならびにクロンバックの α 係数を図 2-2 へ掲載した。α 係数は，下位次元別では十分な値が得られなかったが，4 次元の合計である「問題行動」では 0.77 と高く，内的一貫性を確認することができた[16]。

(2) QOL

子どもの QOL の測定には，ドイツで開発された子ども用 QOL 尺度「改訂版 KINDL^R」を用いた。この尺度は，子ども自身が容易に自己報告できる 24 項目リッカート式尺度として，現在 23 の言語に翻訳され，世界中の研究機関で多用されており，国際的な標準化を経ている[17]。子どもの QOL を多角的に捉え，「身体的健康」「情動的ウェルビーイング」「自尊感情」「家族」「友だち」「学校」の 6 つの下位領域についてそれぞれ 4 項目で測定し，それらの総合得点を子どもの QOL 得点としている（Ravens-Sieberer *et al.* 2006）。

日本においてこの QOL 尺度は，Kid-KINDL（Revised Children Quality of Life Questionnaire for 8 to 12-year-olds）を和訳した小学生版（柴田ほか 2003），Kiddo-KINDL（Revised Children Quality of Life Questionnaire for 13 to 16-year-olds）を和訳した中学生版（松嵜ほか 2007）のほか，小中学生の親版の各質問紙が開発され，主に小児科学や臨床心理学において，疾患や障害を伴う子どもを中心とした QOL 研究が行われている（古荘 2012）。

---

[16] JCPS で収集した SDQ，および KINDL^R 尺度得点の性差と年齢差の検討，ならびに国内外の他のサンプルとの平均値の比較は，敷島・山下・赤林（2012），敷島（2013）で行っている。

[17] KINDL^R ホームページ（http://kindl.org/）。

図 2-3 QOL 測度改訂版 KINDL^R の構造と尺度の信頼性係数

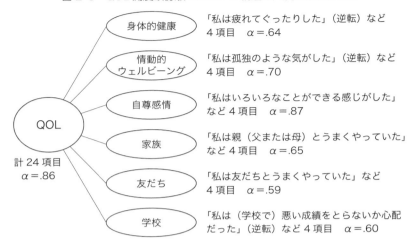

　JCPS では，2011 年調査以来，小学 3 年生から小学 6 年生の子ども票に小学生版を，中学 1 年生から中学 3 年生の子ども票に中学生版をそれぞれ全項目導入することにより，子ども自身が感じる QOL の自己報告を求めている。設問はオリジナル版に倣い，小学生版，中学生版のどちらも，この 1 週間について，6 次元ごとに区分された全 24 項目を「ぜんぜんない」から「いつも」までの 5 件法で尋ねている。より高い得点がより高い QOL を示す。小学生版と中学生版では，たとえば「情動的ウェルビーイング」の 1 項目が，前者では「わたしはつまらないなあと思った」であるのに対し，後者では「わたしはつまらなく感じた」であるなど，設問のワーディングが微妙に異なる項目がいくつかあるが，測定される構成概念とその構造は同一である。スコアリングは，KINDL^R マニュアルに基づき，個人の素点を 100 点満点に変換した値を算出しているが，小学生と中学生の得点を結合して分析に用いることもできる。

　JCPS において繰り返し収集した 1457 ケースの QOL データより，6 領域それぞれの中で因子分析の結果，最も負荷の高かった項目と，各 4 項目と合計 24 項目のクロンバックの α 係数を図 2-3 に記した。α 係数は，「自尊感情」を除き，領域別では十分な値とはいえないが，全項目を合計した QOL 得点では 0.86 と高く，高い信頼性が確認された。

　JCPS のデータより，「家族」を除く各領域の得点，とりわけ「自尊感情」

「学校」，そして合計得点である「QOL」得点の学年別平均値が，小中学校の学年が上がるにつれ，顕著に低下することが明らかにされており（敷島・山下・赤林 2012；敷島 2013），同様の傾向は日本の小中学校を通した別の調査からも報告されている（柴田・松嵜・根本 2008）。こうしたQOLの低さは日本の青少年特有の深刻な問題と思われるが，その理由の1つとして，ドイツで開発された質問項目の中には，日本の青少年のQOLを必ずしもうまく捉えていない項目が含まれている可能性も指摘されている（室橋・吉武 2012）。

2-3 家庭背景

JCPSは，家計パネル調査の回答者の子どもを対象とした調査であるため，家計パネル調査で収集された豊富な情報を接続することができる。以下に，JHPS／KHPS，あるいはJCPSの親票で収集され，本書で分析に用いた世帯の属性，親の属性，きょうだいの構成，子どもの属性，子どもへの支出に関する変数を説明する。

(1) 世帯の属性

① **世帯所得**　世帯の税込み年間所得である。JHPS，KHPSの調査票で毎年繰り返し尋ねている「あなたの世帯の昨年1年間（1月～12月）の税込みの年収はおおよそいくらでしたか。なお，資産（金融，実物とも）売却は除いてお答えください」への回答を用いた。回答は「＊＊＊＊万円」の実数で得ている。本書の分析では，この値を対数変換した数値も用いているほか，調査年ごとに，この値の高低に基づきJCPSサンプル（子ども個人単位）を25％ずつに4分割し，所得最下位の第1所得四分位から，所得最上位の第4所得四分位の所得階級に範疇化した指標も使用している。

② **預貯金額**　世帯全体の預貯金総額である。具体的には，JHPS，KHPSの調査票で毎年繰り返し尋ねている「あなたの世帯では，預貯金や有価証券をどのぐらいお持ちですか」あるいは「お宅では，預貯金や有価証券をどのぐらいお持ちですか。お宅（ご夫婦および子ども）でお持ちのものの全体についてお答えください」の中の，(1)現在の預貯金の額はどれくらいですか」への回答を用いた。回答は「＊億＊＊＊＊万円」の実数を答えるか，「預貯金はない」を選

択するかのどちらかであり，「預貯金はない」を選択したケースは0円とした。

 ③ **居住地**　世帯の調査時の居住地である。JHPS，KHPSの自治体データより，全国10地域ブロック（北海道，東北，南関東，北関東・甲信，北陸，東海，近畿，中国，四国，九州）に分割した「居住地域ダミー」（ダミー変数については巻末補論を参照；229頁），市郡規模を政令指定都市とそれ以外に範疇化した「政令指定都市ダミー」，東京・大阪・名古屋圏とそれ以外に範疇化した「3大都市圏ダミー」の各変数を分析に用いている。

 ④ **蔵書数**　世帯にある本の総数である。JHPS，KHPSの調査票で，中学生以下の子どもがいる世帯に対し2011年（その後の新規参入サンプルでは2014年）に尋ねた「ご自宅には全部で何冊ぐらいの本がありますか。ご家族のもの全て含んでお答えください」への回答を用いた。回答者は「10冊未満」「10〜50冊」「51〜100冊」「101〜300冊」「301冊以上」の中から1つを選択する。

(2) 親の属性

 ① **学歴**　父親と母親の最終学歴である。JHPS，KHPSに初めて参加した時点で，調査票で父親と母親それぞれについて尋ねた「あなたが最後に通学した学校は次のどれですか。現在通学中の方は，その学校をお答えください」への回答を用いた。回答者は，「中学校」「高等学校」「短大」「高専」「大学」「大学院」「その他」の中から1つを選択する。本書の多くの分析では，「大学」あるいは「大学院」を選んだケースを1，それ以外を選んだケースを0とした「大卒以上ダミー」変数が用いられている。また，本書のいくつかの分析では，高卒を基準に，「中卒ダミー」「短大・高専卒ダミー」「大卒以上ダミー」としたカテゴリーのダミー変数を用いている。「その他」については，欠損値として扱っている。

 ② **就業状態**　父親と母親の調査時の職の有無である。JHPS，KHPSの調査票では，毎年繰り返し，対象者およびその配偶者の就業状態を尋ねている。具体的には，先月1カ月の就業状態について，「おもに仕事」「通学のかたわらに仕事」「家事などのかたわらに仕事」「仕事を休んでいた」「仕事を探していた」「通学・家事・その他」の中から1つ選択することを求めている。本書の分析では，父親と母親それぞれについて，上記の選択肢のうち最初の3つのいずれかを選択した場合に1，それ以外を選択した場合に0をとる「有業ダミー」変

数を導入した。

　さらに，これら有業者のうち，とくに就業形態について「勤め人（会社，団体などに従業・勤務している人〔雇用主と雇用関係にある人〕）」を選択し，職位については「契約社員」「アルバイト・パートタイマー」「派遣社員」「嘱託」を除き，「常勤の職員・従業員（正規社員）」を選択したケースを 1，それ以外を 0 とする「常勤ダミー」変数も利用している。

　③ メンタルヘルス　　父親と母親の，自身の身体や心の調子に対する主観的認知である。JHPS，KHPS の調査票に毎年導入している，現在の身体や心の状態について尋ねるリッカート式尺度を用いた。「疲れやすくなった」「将来に不安を感じる」などの 12 項目で構成され，回答は「よくある」から「全くない」までの 4 件法で求められる。JCPS2011 に協力した子どもの両親の欠損値のない 1230 ケースを対象とした主成分分析は，12 項目が 1 つの主成分をほぼ同等の負荷で説明することを示したため，12 項目の 1 点から 4 点までの合計点を個人のメンタルヘルス得点とし，父親と母親のそれぞれについて算出した（敷島ほか 2012）。同ケースから求めたクロンバックの α 係数は 0.89 と高かった。得点が高いほどメンタルヘルスが優れ，低いほどメンタルヘルスが悪いことを示す。

　④ 学校行事・PTA などへの参加状況　　父親あるいは母親の学校行事や PTA への参加の頻度である。JCPS の親票より，子ども 1 人ずつについて尋ねている項目「A さんの学校行事や PTA に，どの程度参加されていますか。（あなた自身が参加されていない場合でも，ご両親のいずれかが参加されている場合には，参加しているものとしてお答えください）」への回答を用いた。回答は，「ほとんどすべて参加している」「最低限必要なときだけ参加している」「あまり参加していない」の 3 件法である。なお，2012 年以降には，「昨年 11 月頃」に限定した尋ね方にしている。本書の分析では，「ほとんどすべて参加している（いた）」を選択したケースを 1，「最低限必要なときだけ参加している（いた）」と「あまり参加していない（いなかった）」を選択したケースを 0 とするダミー変数が用いられている。

　⑤ 出生時の母親の年齢　　子ども誕生時の母親の推定年齢である。母親と子どもの生年月の情報から，子どもが誕生した年の母親の年齢を計算し，分析に用いている。

(3) きょうだいの構成

① きょうだい数 親が報告する子どもの人数である。JHPS，KHPS の調査票では，「家族表」内に，同居，別居を含めて家族成員を最大10名まで列挙してもらうが，その中で続柄を「あなたの子ども」とした，JCPS に調査協力した子どもを含めた家族成員の人数を用いた。本書では，そこから高校を卒業した年長のきょうだいは除いた「高校生までのきょうだい数」も求め，分析に使用している。

② 出生順位 子どものきょうだい内での出生の順位である。上記「家族表」内の子どもの中で，対象とする子どもが，きょうだいの中で何番目に生まれたかを示す実数を用いる場合と，最年長であるケースを1とする「第一子ダミー」変数を用いる場合がある。

(4) 子どもの属性

① 生まれ月 子どもの誕生月である。本書では，親と子ども本人から尋ねた生年月日情報より，1月から3月までの間に生まれたケースを1，それ以外の期間に生まれたケースを0とした「早生まれダミー」変数を使用している。

② 出生時体重 子どもの誕生時の体重である。JCPS の親票では，2011年以降初めての回答時に「母子健康手帳などを参考に，A さんの出生時の身長，体重，在胎週数（出産予定日）についてお答えください。わからない場合には『わからない』に○をつけてください」という設問を用いているが，この質問において体重に関する回答は「＊＊＊＊g」で得られている。本書では，この出生時体重を対数変換した数値も導入しているほか，低体重出生児を特定するために，出生児体重2500ｇ未満のケースを1とする「2500ｇ未満ダミー」変数も用いている。

③ 専用の学習机の有無 子どもが自分専用の学習机を持っているか否かである。JCPS の親票では，「A さん専用の部屋や学習机，携帯電話はありますか」という設問を毎年，繰り返し尋ねている。本書では，学習机に関し，「専用のものがある」「共用（兄弟・姉妹と一緒）はある」「ない」から選択した回答をダミー変数として分析に用いている。

④ 家での学習時間 親が認知する子どもの1日の勉強時間である。JCPS では，親票と，小学4年生以上の子ども票に，帰宅後の学習時間を毎年尋ねてい

る。「Aさんは，昨年11月頃の，ふだん（テストの直前などはのぞく）の日に，学校から帰ってからどれぐらい勉強していましたか。塾や予備校，家庭教師などの勉強時間も含みます」の設問に対し，「ほとんどしない」「30分ぐらい」「1時間ぐらい」「2時間ぐらい」「3時間ぐらい」「4時間ぐらい」「5時間以上」「わからない」の8件から1つを選択する。本書の分析では親票の回答を用いている。

⑤ **学校種別**　子どもが通う小中学校の国立・公立・私立の区別である。JCPSの親票では，子どもが通っている小学校について「国立」「公立」「私立」から，中学校については「国立」「公立」「私立」「公立（中高一貫校）」から1つ選択する質問を毎年設けている。これらの回答をダミー変数として分析に用いている。

⑥ **入学前の通園状況**　子どもが小学校へ入学する前に通った園の区別である。JCPSの親票では，対象の子どもが小学校入学前に原則毎日「保育園」「幼稚園」「認定保育園」のどこへ通ったかを，初めての回答時に尋ねている。回答は上記3園をさらに「公立」「私立（認可）」「私立（無認可・認可外）」に分け，通っていた期間も尋ねている。「毎日通ったところはない」も選択肢に含めている。本書では，「幼稚園」へ通ったと回答したケースを1とした「幼稚園通園ダミー」変数を分析に用いている。

⑸　**子どもへの支出**

① **課外活動への支出額**　子どものために支出した1カ月当たりの課外活動の費用である。JCPSでは親票で，対象とする子ども個人の課外活動への支出額を尋ねている。調査年によって若干の変更があり，2010年と2011年では，「Aさんのための支出についてお尋ねします」として，「Aさんの課外活動への支出」の1カ月平均額を「＊＊＊＊00円」で尋ねているため，これを用いた。2012年以降は，「以下にあげる学校外での習い事などを，昨年11月頃に，Aさんがそれぞれ（平均で）週何日ぐらい利用していたか，また（平均で）いくらぐらい支出したかについて，お答えください。利用していないものについては，それぞれ週「0」回，「0」円とご記入ください。習い事を全く利用していなかった場合には，『習い事をしていなかった』に○をつけてください」とし，「芸術」「スポーツ」「学習系」「塾・家庭教師」「その他」それぞれの週平均の習い

事の頻度とともに，昨年11月頃の平均支出額を尋ねている。回答はそれぞれにつき「＊＊＊＊＊＊円」で得ているため，2012年以降は，すべての項目の支出額の合計を「課外活動費」として算出して用いた。

　②**学費**　子どものために支出した1カ月当たりの学費である。課外活動費と同様，JCPSの親票では，授業料・給食費・教材費等を含む「Aさんの学費」の1カ月平均の学費を尋ね，「＊＊＊＊00円」で回答を得ている。2011年以前は期間の指定はないが，2012年以降は，昨年11月頃の平均額を「＊＊＊＊＊＊円」で尋ねている。

　③**教育支出合計**　子どものために支出した1カ月当たりの合算費用である。JCPSの親票では，上述の「課外活動費」と「学費」に加え，「お小遣い（お年玉を除く）」の1カ月の額と，「その他（お年玉など）」の1年間の総額を尋ねている。「お小遣い」は「学費」と同様，2012年以降は，昨年11月頃の額を得ている。本書では，「課外活動費」「学費」「お小遣い」に，「その他」を12で除し1カ月平均とした値を合計した額を算出し，分析に使用している。

3　JCPSサンプルの特性

　先述の通り，JCPSは，2010年と2012年には，日本家計パネル調査（JHPS）の，2011年と2013年には，慶應義塾家計パネル調査（KHPS）の協力者の子どもを対象に調査を行っている。本節では，JCPSの各年の回収率やそれぞれの継続率を紹介する。

　それぞれの調査年での世帯単位の回収率と子ども単位の回収率を**表2-6**に示す。回収率は，「協力世帯数（子ども人数）／対象世帯数（子ども人数）×100」で計算している。「対象世帯数」とは，調査前年3月時点で調査対象年齢の子どもがいる世帯数であり，「対象子ども人数」も，調査前年3月時点で存在する対象年齢の子どもの人数である。対して，「協力世帯数」「協力子ども人数」は，実際に調査に回答（協力）した世帯数もしくは子ども人数である。回収率は，世帯数で見ても，子ども人数で見ても，初回調査である2010年は50％を切るものの，その後は，55～60％の範囲で推移している。

　とくにJCPS2013調査については，学年別に子どもの人数と回収率を求め，

表 2-6　JCPS が対象とした世帯と子ども，協力した世帯と子ども

調査年	対象サンプル	子どもの生年月日	対象世帯数	協力世帯数	世帯単位回収率	対象子ども人数	協力子ども人数	子ども単位回収率
2010年	JHPS	1994年4月2日-2003年4月1日	644	312	48.4%	959	467 (461/466)	48.7%
2011年	KHPS	1995年4月2日-2004年4月1日	730	434	59.5%	1126	662 (659/660)	58.8%
2012年	JHPS	1996年4月2日-2005年4月1日	595	342	57.5%	888	493 (490/493)	55.5%
2013年	KHPS	1997年4月2日-2006年4月2日	808	453	56.1%	1242	708 (708/708)	57.0%

（注）協力子ども人数の（　）内に各年の子ども票回収数と親票回収数を示す。なお，調査協力数は調査回収時点のものである。提供データでは，時系列エラーの修正を行っている。

表 2-7　JCPS2013 調査の学年別対象子ども人数，協力子ども人数，回収率

学年	対象子ども人数			協力子ども人数			回収率（%）		
	男子	女子	男女計	男子	女子	男女計	男子	女子	男女計
小1	63	39	102	34	23	57	54.0	59.0	55.9
小2	77	49	126	50	32	82	64.9	65.3	65.1
小3	64	54	118	42	30	72	65.6	55.6	61.0
小4	56	63	119	36	45	81	64.3	71.4	68.1
小5	78	72	150	44	46	90	56.4	63.9	60.0
小6	83	70	153	51	36	87	61.4	51.4	56.9
中1	96	60	156	50	33	83	52.1	55.0	53.2
中2	69	90	159	30	53	83	43.5	58.9	52.2
中3	86	73	159	39	35	74	45.3	47.9	46.5
学年計	672	570	1242	376	333	709	56.0	58.4	57.1

表 2-7 に記した。調査は 2 月から 3 月にかけて実施しているが，その時期に多くの子どもが受験を経験する中学 3 年生では，回収率は 50％ 以下と低めであったが，他の学年では，50〜70％ 程度の協力が得られた。小学 4 年生で回収率は最高であったが（68.1％），その後は学年が上がるほど低下した。男女で明確な回収率の差は見られなかった。1 世帯から協力した子どもの人数は，1 名が 229 世帯，2 名が 193 世帯，3 名が 30 世帯，4 名が 1 世帯であった。

　JCPS2010 調査，JCPS2011 調査に，小学 1 年生〜中学 1 年生で協力した子どもは，その 2 年後の調査（それぞれ，JCPS2012 調査，JCPS2013 調査）では，小学 3 年生〜中学 3 年生となり，両調査ともに参加していれば，継続サンプル

表 2-8 継続者数と継続率

学年		2010年→2012年		2011年→2013年	
1回目	2回目	継続人数	継続率（%）	継続人数	継続率（%）
小1	小3	47	74.6	45	77.6
小2	小4	33	75.0	56	77.8
小3	小5	47	74.6	63	71.6
小4	小6	31	66.0	52	67.5
小5	中1	43	69.4	50	66.7
小6	中2	29	76.3	61	73.5
中1	中3	33	57.9	41	60.3
学年計		263	70.3	368	70.6

を構成する。1回目（それぞれ，JCPS2010調査，JCPS2011調査）に協力した子どものうち，どの程度が2回目（それぞれ，JCPS2012調査，JCPS2013調査）にも協力したか，継続率を学年別に算出した（表2-8）。どちらの継続率も2回目で中学3年生となる学年の継続率は，60%前後と低かったが，他の学年では，66.0〜77.8%の範囲にあり，全体では，70.3%と70.6%であった。

　継続して協力した回答者とそうではない回答者の属性に違いがあるのかを確認するために，1回目と2回目ともに，調査の対象学年であり，協力依頼をし，少なくとも1回は協力した子どもを，1回目には協力したが2回目には協力しなかったグループ（それぞれ，111名，294名），1回目と2回目両方に協力したグループ（それぞれ，263名，368名），1回目には協力しなかったが2回目には協力したグループ（それぞれ，128名，107名）の3群に分けて検討を行った（表2-9）[18]。子どもの性別，世帯の子どもの人数（本人を含めたきょうだい数），子どもの出生順位，両親の年齢，両親の学歴，調査1回目と2回目の母親の就業の有無，調査1回目と2回目の世帯所得について，グループごとの平均を求め，一元配置分散分析を行ったところ，とくにKHPSの対象者であるJCPS2011調査→JCPS2013調査で，グループごとに違いが見られた。2回目に協力しなかったグループでは，両親の年齢が高く，2回目で母親が有業である割合が高かった。また，JHPS，KHPSどちらも，1回目，2回目ともに調査に

---

[18] JCPS2013調査では，KHPSで2012年に追加された新規サンプルの調査対象年齢の子どもとその親にも調査を行っている。新規サンプルの対象者は，2011年の1回目の調査依頼を行っていないため，表2-9には含めていない。

表2-9　1回目と2回目への協力パターンと協力者の属性

	2010年→2012年（JHPS）				2011年→2013年（KHPS）			
	1回目協力 2回目非協力	1回目協力 2回目協力	1回目非協力 2回目協力	F値	1回目協力 2回目非協力	1回目協力 2回目協力	1回目非協力 2回目協力	F値
子ども性別（男子:1女子:2）	1.51	1.48	1.44	0.49	1.49	1.50	1.50	0.04
子ども人数	2.19	2.34	2.13	3.77**	2.53	2.37	2.29	4.30**
子ども出生順位	1.60	1.62	1.56	0.22	1.81	1.68	1.79	2.13
1回目父親年齢	42.40	42.20	42.73	0.30	45.21	43.23	43.21	10.39***
1回目母親年齢	40.70	40.31	40.89	0.56	43.06	40.75	41.34	18.40***
父親学歴（大卒以上:1その他:0）	0.28	0.40	0.33	2.54*	0.40	0.47	0.36	2.85*
母親学歴（大卒以上:1その他:0）	0.12	0.13	0.13	0.08	0.14	0.20	0.14	2.55*
1回目母親就業（有職:1無職:0）	0.67	0.59	0.63	1.06	0.69	0.64	0.60	1.32
2回目母親就業（有職:1無職:0）	0.64	0.73	0.75	2.11	0.78	0.67	0.64	5.53***
1回目世帯年収（万円）	667.73	639.96	649.72	0.37	698.18	734.30	630.25	4.04**
2回目世帯年収（万円）	716.55	970.16	656.65	1.23	721.12	745.39	712.73	0.53
観測数	111	263	128		294	368	107	

(注) 1) 観測数は，全体の観測数である．各変数には無回答が含まれているものもあり，これらは欠損値として処理している．そのため，実際には変数ごとに観測数の変動がある．
2) ***，**，*は，それぞれ1％，5％，10％の水準で統計的に有意なことを示す．

協力している子どもの父の学歴は有意に高かった。KHPSでは母親の学歴についても同様に高かった。一方で，子どもの人数は，KHPS，JHPSどちらの対象者でも統計的に有意な差が見られたが，その傾向は一致せず，一貫した解釈は難しい。今後はウェイトをつけた分析を行う必要性も検討される。

4 おわりに

　JCPSは，家計パネル調査の中から，小中学生のいる世帯を抽出し，その親子を追跡するという二重の構造をとることによって，家庭背景の変化と子どもの成長の双方をダイナミックに捉えることができる。このような調査設計は，単独の調査では収集することができない，稀少なデータセットの構築を可能にするが，そこには限界も存在する。
　第1は，回収率についてである。現状では，家計パネル調査回答者に対し，任意でJCPSへの回答も求める形となっており，重複した調査への協力に負担を感じる対象者も少なくないと考えられる。現在，回収率は55％以上で推移しているが，決して高いとはいえず，今後も改善に向けて努力していかなけれ

ばならない。

　第2は，データを収集できる子どもの人数に限りがあることである。JCPSの対象者は，JHPSおよびKHPSの協力者に限られており，たとえすべての子どもから回答協力を得られたとしても，1000〜1200名前後，各学年で100〜150名前後と決して多くはない。学力テストは，学年ごとに作成されており，テストスコアの比較には学年別の値を利用することが望ましい。たとえば，学校調査の併用や，ランダムに抽出した子どもサンプルの補填など，ケース数を増やし，統計的頑健さを保証していく試みが求められる。また，今回はサンプルにウェイトをつけない単純な集計のみ行ったが，今後は，現サンプルの偏りを補正するために，ウェイトをつけた分析も有効と思われる。

　第3は，中学卒業後の子どもについての情報がないことである。現在の調査設計では，対象となる子どもの年齢が小学1年生〜中学3年生と限定されている。そのため，その後の子どもの成長や発達に関する情報を得ることができない。JCPSを終えた子どもを追跡していく青年期，成人期パネル調査への移行を可能とする調査設計の整備が急がれる。

　このような問題を抱えるJCPSではあるが，子どもの認知能力と非認知能力，学びに関わる環境を，詳細な家庭背景とともに追跡し，その個票データを国内外の研究者に提供する試みは，わが国でも例を見ない。JCPSデータセットの有用性は，今後，経済学，社会学，教育学，心理学の諸領域のみならず，広くわが国の社会科学に貢献していくものと思われる。

（付記）　本章は，敷島ほか（2011），敷島（2013）をもとに加筆したものである。

▼ 参考文献

JHPS子ども特別調査ワーキンググループ（2010）「日本家計パネル調査（JHPS）平成21年度『子ども特別調査』利用者マニュアル（第1版）」パネル調査共同研究拠点パネルデータ設計・解析センター：慶應義塾大学．

敷島千鶴（2013）「JCPS2012調査の概況」樋口美雄・赤林英夫・大野由香子／慶應義塾大学パネルデータ設計・解析センター編『働き方と幸福感のダイナミズム──家族とライフサイクルの影響（パネルデータによる政策評価分析4）』慶應義塾大学出版会：31-52頁．

敷島千鶴・直井道生・山下絢・赤林英夫（2011）「『JHPS お子様に関する特別調査』——学力テストの信頼性と妥当性の検討」樋口美雄・宮内環・C. R. McKenzie／慶應義塾大学パネルデータ設計・解析センター編『教育・健康と貧困のダイナミズム——所得格差に与える税社会保障制度の効果（パネルデータによる政策評価分析 2）』慶應義塾大学出版会：23-48 頁。

敷島千鶴・山下絢・赤林英夫（2012）「子どもの社会性・適応感と家庭背景——『日本子どもパネル調査 2011』から」樋口美雄・宮内環・C. R. McKenzie／慶應義塾大学パネルデータ設計・解析センター編『親子関係と家計行動のダイナミズム——財政危機下の教育・健康・就業（パネルデータによる政策評価分析 3）』慶應義塾大学出版会：49-79 頁。

柴田玲子・根本芳子・松嵜くみ子・田中大介・川口毅・神田晃・古荘純一・奥山真紀子・飯倉洋治（2003）「日本における Kid-KINDLR Questionnaire（小学生版 QOL 尺度）の検討」『日本小児科学会雑誌』107（11）：1514-1520 頁。

柴田玲子・松嵜くみ子・根本芳子（2008）「子どもの QOL 研究の現状」『こころとからだを科学する教育と医学』56：72-79 頁。

豊田秀樹（1998）『共分散構造分析——構造方程式モデリング［入門編］』朝倉書店。

豊田秀樹編（2003）『共分散構造分析——構造方程式モデリング［技術編］』朝倉書店。

直井道生・山本耕資（2010）「日本家計パネル調査の標本設計と代表性」樋口美雄・宮内環・C. R. McKenzie／慶應義塾大学パネルデータ設計・解析センター編『貧困のダイナミズム——日本の税社会保障・雇用政策と家計行動（パネルデータによる政策評価分析 1）』慶應義塾大学出版会：3-27 頁。

樋口美雄・慶應義塾大学経商連携 21 世紀 COE 編（2005）『日本の家計行動のダイナミズム［Ⅰ］——慶應義塾家計パネル調査の特性と居住・就業・賃金分析』慶應義塾大学出版会。

樋口美雄・宮内環・C. R. McKenzie／慶應義塾大学パネルデータ設計・解析センター編（2010）『貧困のダイナミズム——日本の税社会保障・雇用政策と家計行動（パネルデータによる政策評価分析 1）』慶應義塾大学出版会。

古荘純一（2012）「学童期の QOL と心の問題」菅原ますみ編『子ども期の養育環境と QOL（お茶の水女子大学グローバル COE プログラム　格差センシティブな人間発達科学の創成 1）』金子書房：25-40 頁。

松嵜くみ子・根本芳子・柴田玲子・森田孝次・佐藤弘之・古荘純一・渡邉修一郎・奥山眞紀子・久場川哲二・前川喜平（2007）「日本における『中学生版 QOL 尺度』の検討」『日本小児科学会雑誌』111（11）：1404-1410 頁。

室橋弘人・吉武尚美（2012）「青年期の QOL と学校適応」菅原ますみ編『子ども期の養育環境と QOL（お茶の水女子大学グローバル COE プログラム　格差センシティブな人間発達科学の創成 1）』金子書房：41-66 頁。

柳井晴夫・繁桝算男・前川眞一・市川雅教（1990）『因子分析——その理論と方法』朝倉書店。

山下絢・中村亮介・赤林英夫・直井道生・敷島千鶴（2011）「『JHPS お子様に関する特別調査』における家計の属性」樋口美雄・宮内環・C. R. McKenzie／慶應義塾大学パネルデータ設計・解析センター編『教育・健康と貧困のダイナミズム——所得格差に与える税社会保障制度の効果（パネルデータによる政策評価分析 2）』慶應義

塾大学出版会：49-68 頁。

Bara, B. G., M. Bucciarelli, and P. N. Johnson-Laird (1995) "The Development of Syllogistic Reasoning," *American Journal of Psychology*, 108 (2): 157-193.

Cronbach, L. J. (1951) "Coefficient Alpha and the Internal Structure of Tests," *Psychometrika*, 16 (3): 297-334.

Goodman, R. (1997) "The Strengths and Difficulties Questionnaire: A Research Note," *Journal of Child Psychology and Psychiatry*, 38 (5): 581-586.

Greene, W. H., and D. A. Hensher (2010) *Modeling Ordered Choices: A Primer*, Cambridge University Press.

Heckman, J. J. (2000) "Policies to Foster Human Capital," *Research in Economics*, 54 (1): 3-56.

Lewis, G. J., and R. Plomin (2015) "Heritable Influences on Behavioural Problems from Early Childhood to Mid-Adolescence: Evidence for Genetic Stability and Innovation," *Psychological Medicine*, 45 (10): 2171-2179.

Matsuishi, T., M. Nagano, Y. Araki, Y. Tanaka, M. Iwasaki, Y. Yamashita, S. Nagamitsu, C. Iizuka, T. Ohya, K. Shibuya, M. Hara, K. Matsuda, A. Tsuda, and T. Kakuma (2008) "Scale Properties of the Japanese Version of the Strengths and Difficulties Questionnaire (SDQ): A Study of Infant and School Children in Community Samples," *Brain & Development,* 30 (6): 410-415.

Ravens-Sieberer, U., M. Erhart, N. Wille, R. Wetzel, J. Nickel, and M. Bullinger (2006) "Generic Health-Related Quality-of-Life Assessment in Children and Adolescents: Methodological Considerations," *Pharmacoeconomics*, 24 (12): 1199-1220.

Shikishima, C., K. Hiraishi, S. Yamagata, Y. Sugimoto, R. Takemura, K. Ozaki, M. Okada, T. Toda, and J. Ando (2009) "Is g an Entity?: A Japanese Twin Study Using Syllogisms and Intelligence Tests," *Intelligence*, 37 (3): 256-267.

Shikishima, C., S. Yamagata, K. Hiraishi, Y. Sugimoto, K. Murayama, and J. Ando (2011) "A Simple Syllogism-Solving Test: Empirical Findings and Implications for 'g' Research," *Intelligence*, 39 (2-3): 89-99.

Stone, L. L., R. Otten, R. C. Engels, A. A. Vermulst, and J. M. Janssens (2010) "Psychometric Properties of the Parent and Teacher Versions of the Strengths and Difficulties Questionnaire for 4- to 12-Year-Olds: A Review," *Clinical Child and Family Psychology Review*, 13 (3): 254-274.

Sugawara, M., A. Sakai, T. Sugiura, S. Matsumoto, and I. T. Mink (2006) "SDQ: The Strengths and Difficulties Questionnaire." (http://www.sdqinfo.com/)

Column ④ 認知能力と非認知能力

　教育学，心理学，社会学，経済学の長い歴史において，個人が持つどのような属性が，その人の教育上の達成，社会的な成功，そして経済的豊かさの享受につながるのか，常に強い関心が持たれてきた。

　IQ や学力テストのスコアに代表される認知能力は，古くから，教育達成や社会的な成功と相関があることが知られていた（Jensen 1998; Hunter 1986）。Herrnstein and Murray（1994）は大著 *Bell Curve* において，National Longitudinal Survey of Youth を用いてそのことを徹底的に検証し，IQ がアメリカ社会における社会経済的成功を決定づけていること，IQ がほぼ遺伝的に決まっていること，したがって低所得者が生産性を向上させるための教育訓練政策の効果は限定的であることを主張して，社会的な大論争を巻き起こした。

　しかしながら，認知能力以外の個人の特性や心理状態，たとえば，性格，社会性，自尊心，動機づけ，セルフコントロールなどが，社会的な成功と関連があることは，多くの研究で指摘されてきている（Barrick and Mount 1991 など）。これらの能力は「非認知能力」「ソフトスキル」「キャラクタースキル」などとも呼ばれ，分野や文献によってさまざまな定義で用いられるが，その多くは心理学において尺度の開発とともに精緻化されてきた概念である。これらの中には，性格のように生涯にわたって比較的安定している特性もある一方（Costa and McCrae 1997），集中力などの特性は教育により育成可能とする研究もある（Heckman and Kautz 2012, p. 461）。

　経済学において，*Bell Curve* に対する批判として非認知能力の重要性を主張し始めたのはヘックマンである（Heckman 1995）。ヘックマンは，IQ は 8 歳前後でほぼ固定化してしまうが，非認知能力の一部はその後も家庭や学校教育で向上させることができると主張し，今日まで，多くの研究を行っている。

　心理学においても，人間の能力を多次元から統合的に理解するモデルが支持されてきている。たとえば Gardner（1983）は，「言語的知能」と「論理数学的知能」に偏重する学校教育を批判し，「対人的知能」や「内省的知能」を含む 8 つの領域で能力を説明する多重知能論を提唱している。Sternberg（1985）も鼎立理論において，IQ テストで測定可能な「分析的能力」に加え，「創造的能力」と「実際的能力」の重要性を指摘する。

　わが国でも話題になった Goleman（1995）の著作 *Emotional Intelligence*（EQ）は，EQ が高い人を「自分の気持ちを自覚し制御できる人，他人の気持ちを推察し対応できる人」（訳書 64 頁）としているが，これも非認知能力の 1 つと考えられる。また，最近日本で「○○力」といった題の書籍がしばしば注目を浴びるが，これも，机の上での学力だけでは社会で通用しないこと，社会人として成功するためには，さまざまな非認知能力の向上が必要であるということが，一般読者からの賛同を得ていると解釈することも可能であろう。

　ただし Bowles and Gintis（1976）は，その先駆的研究の中で，「意識」や「人格」など「知能以外」の市場価値は産業社会が労働者に求める価値や行動規範に依存す

ること，社会的に有利な家庭や地域の学校は支配的階層に求められる非認知能力の育成に長じていること，それにより社会的な格差が再生産されていることを指摘している（Bowles and Gintis 1976，訳書 212-252 頁）。事実，これまでの研究では，どのような非認知能力が市場で価値が高いかという点でコンセンサスがあるとはいえない（Gutman and Schoon 2013）。

同時に，認知能力と非認知能力のどちらの方が教育による可塑性が高いかという点にも異論がある。双生児の類似性から遺伝と環境の相対的な影響力を推定する行動遺伝学（安藤 2014）は，成人の IQ に対する遺伝の影響は強いが，青少年期までの IQ には環境の影響もほぼ同等に寄与していること（Haworth et al. 2010），子どもの学業成績は家庭環境の影響を十分受けていること（Loehlin and Nichols 1976），認知能力の遺伝の発現はその個人が置かれた環境によって調整されること（Turkheimer et al. 2003）を明らかにしている。他方，性格（Bouchard and Loehlin 2001），社会性（Lewis and Plomin 2015），動機づけ（Kovas et al. 2015），自尊心（Kendler et al. 1998）など，非認知能力の個人差（分散）も，半分近くが遺伝の影響で説明されるという研究結果がある。

日本子どもパネル調査（JCPS）においても，認知能力と非認知能力の双方の追跡調査を実施することにより，家庭背景との関連における両者の独自性と共通性，子どもの発達過程における動態，さらには将来のアウトカムとの関係が確認されていくことを期待している。

▼ 参 考 文 献

安藤寿康（2014）『遺伝と環境の心理学――人間行動遺伝学入門』培風館。
Barrick, M. R., and M. K. Mount（1991）"The Big Five Personality Dimensions and Job Performance: A Meta-Analysis," *Personnel Psychology*, 44: 1-26.
Bouchard, T. J. Jr., and Loehlin, J. C.（2001）"Genes, Evolution, and Personality," *Behavior Genetics*, 31（3）: 243-273.
Bowles, S., and H. Gintis（1976）*Schooling in Capitalist America: Educational Reform and the Contradictions of Economic Life*, Basic Books.（宇沢弘文訳『アメリカ資本主義と学校教育――教育改革と経済制度の矛盾（I, II）』岩波書店，1986，87 年）
Costa, P. T. Jr., and R. R. McCrae（1997）"Longitudinal Stability of Adult Personality," in R. Hogan, J. Johnson, and S. Briggs, eds., *Handbook of Personality Psychology*, Academic Press: 269-290.
Gardner, H.（1983）*Frames of Mind: The Theory of Multiple Intelligences*, Basic Books.
Goleman, D.（1995）*Emotional Intelligence: Why It Can Matter More than IQ*, Bantam.（土屋京子訳『EQ こころの知能指数』講談社，1996 年）
Gutman, L. M., and I. Schoon（2013）"The Impact of Non-Cognitive Skills on Outcomes for Young People: Literature Review," Education Endowment Foundation.
Haworth, C. M. et al.（2010）"The Heritability of General Cognitive Ability Increases Linearly from Childhood to Young Adulthood," *Molecular Psychiatry*, 15（11）: 1112-1120.
Heckman, J. J.（1995）"Lessons from the Bell Curve," *Journal of Political Economy*, 103（5）: 1091-1120.

Heckman, J. J., and T. Kautz (2012) "Hard Evidence on Soft Skills," *Labour Economics* 19 (4): 451-464.
Herrnstein, R. J., and C. Murray (1994) *The Bell Curve: Intelligence and Class Structure in American Life*, Free Press.
Hunter, J. E. (1986) "Cognitive Ability, Cognitive Aptitudes, Job Knowledge, and Job Performance," *Journal of Vocational Behavior*, 29 (3): 340-362.
Jensen, A. R. (1998) *The g Factor: The Science of Mental Ability*, Praeger.
Kendler, K. S., C. O., Gardner, and C. A. Prescott (1998) "A Population-Based Twin Study of Self-Esteem and Gender," *Psychological Medicine*, 28 (6): 1403-1409.
Kovas, Y. *et al.* (2015) "Why Children Differ in Motivation to Learn: Insights from Over 13,000 Twins from 6 Countries," *Personality and Individual Differences*, 80: 51-63.
Lewis, G. J., and R. Plomin (2015) "Heritable Influences on Behavioural Problems from Early Childhood to Mid-Adolescence: Evidence for Genetic Stability and Innovation," *Psychological Medicine*, 45 (10): 2171-2179.
Loehlin, J. C., and R. C. Nichols (1976) *Heredity, Environment, and Personality: A Study of 850 Sets of Twins*, University of Texas Press.
Sternberg, R. J. (1985) *Beyond IQ: A Triarchic Theory of Human Intelligence*, Cambridge University Press.
Turkheimer, E., A. Haley, M. Waldron, B. D'Onofrio, and I. I. Gottesman (2003) "Socioeconomic Status Modifies Heritability of IQ in Young Children," *Psychological Science*, 14 (6): 623-628.

【赤林英夫・敷島千鶴】

第3章

親の経済力と子どもの学力
家庭環境は学力形成にどのような影響を与えるか？

中村亮介・直井道生・敷島千鶴・赤林英夫

> **Overview**
> ☐ 学力形成に関する先行研究の多くはクロスセクションデータに基づいており，家庭背景が学力に与える動態的・因果的な関係に迫ることは難しい。
> ☐ 本章では，パネルデータである日本子どもパネル調査（JCPS）の特性を利用し，子どもの家庭背景をコントロールしたうえで，親の経済力が子どもの学力水準およびその変化に及ぼす影響を検討した。
> ☐ 親の所得階層間における子どもの学力格差は，子どもの発達につれ拡大すること，子どもの学力は低所得家庭では低いままに，高所得家庭では高いままに固定されやすいこと，クロスセクションデータで確認された親の経済力と子どもの学力の間の正の相関関係は，パネルデータでは確認できないこと，が明らかになった。
> ☐ パネルデータを用いた回帰分析では，親の経済力と子どもの学力の間に明確な関係が観察されなかったという事実は，クロスセクションデータを用いた回帰分析での両者の明らかな正の相関が，必ずしも因果関係を意味しないことを示唆する。

1 はじめに

　本章では，子どもの国語と算数／数学の学力の計測に焦点を当て，家庭の経済格差と学力の格差の動態に関する分析を行う[1]。とくに，所得階層間での学力格差の存在とその程度，学力水準の固定化（あるいは逆に，低学力層から高学力層へのモビリティ＝移動度）の階層間の差異，学力格差に対する世帯所得の説明力の年齢による変化，そして，パネルデータを用いた回帰分析による，同一の子どもに対する世帯所得の変動が学力の変動に与える因果的効果の推計などの事実確認が主要な目的である（パネルデータ分析については巻末補論を参照；235頁以降）。

　家庭の経済状態と子どもの学力の関係について，わが国で本格的な議論が始まったのは比較的最近のことである。耳塚（2007）が論じるように，2002年頃より，苅谷・志水（2004），耳塚（2007）らが，独自に学力データの収集を開始するまで，研究者にとって学力のデータを得ることは非常に難しかった。その直接のきっかけとなったのは，大学生の学力を計測し，その低下に対して警鐘を鳴らした岡部・戸瀬・西村（1999）であり，ゆとり教育の是非をめぐる論争であった（苅谷2002）。

　2000年代において学力テストデータの収集を主導したのは主に教育社会学者であり，その知見は2007年以来文部科学省により小学6年生と中学3年生に対して実施されてきた，「全国学力・学習状況調査」（以下，全国学力調査）の実施と分析に生かされてきた。全国学力調査の最近の分析の中では，国立大学法人お茶の水女子大学（2014）の研究報告が，家計や地域の属性と子どもの学力の関係について多くのことを明らかにしている。たとえば，第1章で紹介したように，浜野（2014）は，学力の水準が家庭の所得と正の関係を示すことを明らかにしている。さらに山田（2014）は詳細な分析を通じて，世帯所得と両親の学歴が，数学と国語の学力との間に正の相関を持つことを示している。

　しかしながら，第1章で述べたように，ある1時点のみを捉えたクロスセクションデータだけでは，家計状態が学力に与える動態的・因果的な関係に迫

　1）　この章では単純化のために小学生の算数についても「数学」と呼ぶことがある。

1 はじめに

ることは難しい。また，小学6年生時点の学力がどの段階で決まってくるのかもわからない。

米国でも，半世紀にわたり，家庭の貧困が子どもの教育機会の獲得やその後の人生に深刻なマイナスの影響を与えている可能性が議論されてきた（Blau and Duncan 1967; Coleman et al. 1966）。データの不足により，かつては所得が子どもの教育達成度に与える影響を因果的に推計することは難しかったが（Mayer 1997; Duncan and Brooks-Gunn 1997），1990年代中盤以降，子どものパネルデータの蓄積により，家庭の所得が学力に与える因果的影響の分析が本格的に行われるようになった。Blau（1999）は，子どものパネルデータであるCNLSY 1986-1990（3時点）を利用し，子どもの固定効果や家庭の固定効果などのモデルに基づき，世帯所得の変動が数学，読解，語彙，問題行動などに与える影響を推計した。分析の結果，世帯所得の変動は子どもの学力や行動の変動に大きな影響を与えないことが示された。しかしながら，所得の経時的変動は，測定誤差も大きく，また労働時間の選択などの内生的意思決定に左右される。Akeeら（Akee et al. 2010）は，1997年にノースカロライナに設立されたカジノの利益がネイティブアメリカンの成人に均等に配分されるようになったことを利用し，それが子どもの教育達成度や罪を犯す確率に与えたインパクトを推計し，統計的に有意な効果を発見した。Dahl and Lochner（2012）は，CNLSY 1988-2000（7時点）と操作変数法を用いて，米国における給付を伴う勤労所得税額控除（Earned Income Tax Credit: EITC）の変更によって手取り所得が大きく増加した家庭の子どもは，読解と数学のテストスコアが上昇したとしている。

本章では，今回利用する日本子どもパネル調査（JCPS）の構造をふまえ，まず，世帯の所得階層間で子どもの学力にどの程度の差があるか，その差が，子どもの年齢を経るごとにどのように変動するか，視覚的な把握を行う。そのうえで，子どもの学力に対して世帯所得がどの程度影響を与えているか，Blau（1999）と同様，パネルデータの特性を生かした分析手法によって推計する。

わが国における同一の子どもの追跡調査に基づく貴重な先行研究として，Japan Education Longitudinal Study（JELS：青少年期から成人期への移行についての追跡的研究）を用いた中西（2013）の研究がある。中西は，小学3年生と小学6年生の算数のテストデータを利用し，小学3年生時点の数と計算の学力が，小学6年生時点の算数全般の学力に影響を与えていること，小学3年生時点

の所得階層間の数と計算の学力の格差が，小学6年生の算数においてもほぼ維持されていることを確認している。

しかしながら，世帯所得が学力に与える影響の度合いを，小中学校の各学年で，しかも国語と数学の双方について推計した例はこれまで存在しない。また，JELSは公立学校だけを対象にしているのに対し，JCPSは私立に通う子どもも含まれている点で，全国の子どもをより適切に代表しているといえる[2]。

過去にJCPSデータを用いて，子どもの学力と子どもの属性や家庭背景との関係について基本的な分析を行った研究には次の2つがある。赤林ほか（2011）ではJCPS2010，赤林ほか（2012）ではJCPS2011を用いて，子どもの性別や出生月などの子どもの属性，両親の学歴，就業形態や世帯所得などの家庭背景と子どもの学力との関係を明らかにしている。そして，子どもの学力（国語と数学のテスト得点の同学年サンプル内での偏差値）を被説明変数とした推計結果から，両親の学歴が大学卒以上である場合に偏差値が統計的に有意に高くなること，また世帯所得が高いほど偏差値が高くなるという相関関係を確認している（赤林ほか2011，2012）。

上記の分析をふまえて，本章では，まず，学力水準の動態を可視化することに重点をおく。第1章において，諸外国では，家庭背景が学力の動態に与える効果に関する研究が進んでいることを紹介したが，本章の分析は，わが国で初めて，同一の子どもの追跡調査に基づいて学力の動態を系統的に示すことになる。その結果，世帯所得や親の教育水準の差により，学力の格差は小学校低学年から生じていることが明らかになる。次に，統計的に世帯所得が学力をどの程度説明するか示すために，クロスセクションデータによる回帰分析に加え，パネルデータによる固定効果モデル分析を実施する。その結果，グラフやクロスセクション回帰分析では観測できていた世帯所得と学力の相関関係は，直接観測できない家計や子どもの属性を固定効果とみなして除去したモデルにおいては確認できないことを示す。このことは，家庭背景と学力の間の関係を分析するうえで，パネルデータを利用することの重要性を示している。

---

2) 全国学力調査でも，私立在校生のサンプルを含んだ分析は行われていない。ただし本分析では私立と公立の差に焦点を当てた分析は行わない。

2 用いるデータ

　本章では，JCPSの2010年から2013年までの4年分のデータに含まれる学力テスト（国語・数学）の結果を被説明変数として用いた。第2章で述べた通り，JCPSは日本家計パネル調査（JHPS）と慶應義塾家計パネル調査（KHPS）の調査対象世帯の子どもに対して行われたものであり，2010年と2012年はJHPSの世帯を対象に，2011年と2013年はKHPSの世帯を対象に行われている。それにより，JCPSの学力テストや子どもの生活環境に対する質問項目を，JHPS,KHPSの世帯属性の情報とつなげることが可能である。

　本章の分析では，JCPSで行われた学力テストの結果から求めた個人の因子得点を偏差値に変換した値を被説明変数としている[3]。すなわち，カテゴリカル因子分析により得られた因子得点を，学年ごとに平均50，標準偏差10となるように標準化した偏差値を計算した。したがって，ここでいう「学力」とは，各学年サンプル内での相対的位置であり，「学力の伸び」とは，その相対的位置の移動を意味する。なお，推論については説明変数として利用するが，問題数が4問であることを考慮して，標準化を行わず正答率を求めている[4]。

　図3-1は，本章で用いる国語と数学の偏差値化された因子得点の分布をヒストグラムで示したものである。図から明らかなように，一部の得点分布，とくに小学1年生では分布が負に歪み，天井効果が生じている。調査が2月から3月にかけて行われていること，出題が学習指導要領の範囲からなされている点はどの学年でもすべて同じであるが，小学1年生のテストは多くの子どもが満点を取得できるような比較的やさしい問題で構成され，学力の高い子どもの間では得点の差がつかなかったことが理由だと考えられる[5]。

---

3) 因子得点の算出方法については第2章（34頁）を参照のこと。
4) 推論の問題は，小学4年生以下と小学5年生以上では異なる問題を用いているため，厳密にはそれらのサンプルを分けて分析すべきであるが，ここでは簡便のため全学年をプールしている。
5) 全国学力調査も含め，学習指導要領の範囲で到達度を測る目的で作成されたテストの分布の多くには天井効果が発生する。第2章（31頁）で述べた通り，小学1年生から小学3年生のテストは学習ドリル製作会社に作成を依頼した。

図 3-1 学力（偏差値）の学年別分布

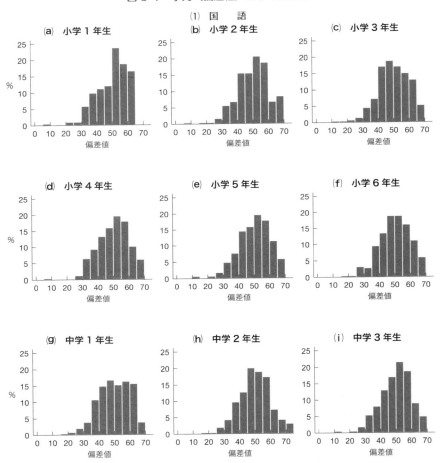

3 世帯所得，父母学歴と学力の関係

3-1 グラフによる分析

　この項では子どもの家庭の社会経済的属性と学力の2年間の伸びとの関係をグラフにより視覚化する。本章では，学力の伸びを2時点の計測から推定する

図 3-1（続き）

(2) 算数／数学

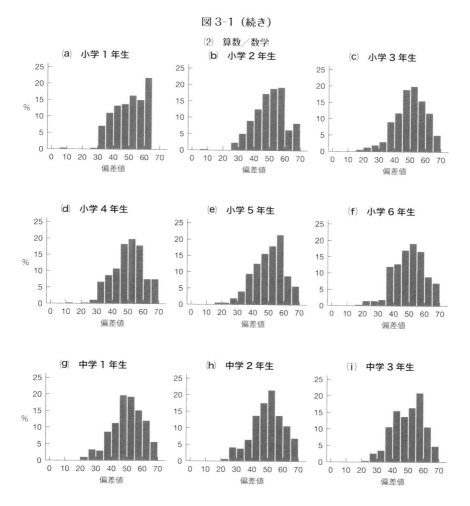

が，その1時点目を「基準年」と呼ぶ。基準年はJCPSの親サンプルにより異なり，親がJHPSサンプルの場合は2010年，親がKHPSサンプルの場合は2011年である。さらに観測数を確保するために，基準年における学年に基づき，小学1・2年生，小学3・4年生，小学5・6年生にグループ化する。なお，同一個人の動態を検証するために，このグラフを作成する際には，1回目の学力テストと2回目の学力テストを両方とも受験している子どもに限定する。

子どもの学力に影響を与えうる家庭背景として，世帯所得と父母の学歴に焦

点を当てる。世帯所得に焦点を当てる際には，サンプルを世帯の所得水準に従って4分割し，下位25%に当たる「第1所得四分位」と，上位25%に当たる「第4所得四分位」の比較を行う。世帯所得を4分割する際には，調査年に学力テストを受けているかどうかに関係なくJCPSに参加している全世帯の所得をプールしたうえで，調査年ごとに所得四分位点を定義した。分析に当たっては，以下の2通りの定義を用いた。各年の所得と四分位点に基づいて四分位階級を定義する場合（定義1）と，基準年の所得と四分位点により定義された四分位階級を2年後にも適用する場合（定義2）である。なお，基準年と2年後で所属する階級が第1四分位から移動していない世帯はJHPSでは76.3%，KHPSでは70.4%，第4四分位から移動していない世帯はJHPSでは70.8%，KHPSでは87.2%であった。

図3-2は，定義1に従って，国語と数学の2年間の水準の変化を図示している。縦軸は国語と数学の学力指標（偏差値）を，横軸は学年グループを示している。線グラフは第1所得四分位と第4所得四分位における平均的学力水準の2年間の変動を，棒グラフはその両四分位間の学力の差を各時点で示している。図中に示した線グラフは3つの異なる学年コホートから得られているものの，小学3・4年生と小学5・6年生でグラフを接続することで，小学1年生から中学2年生までの学力格差の変動がイメージできるようにしている。

図3-2を見ると，世帯所得が学力に与える影響について，ほぼすべてのグラフで，所得が高い世帯の子どもほど学力が高いことが見て取れる。ただし，2年間の学力の変動を教科別，学年グループ別に見ると，いくつかの傾向があることがわかる。まず，国語・数学ともに基準年に小学1・2年生および小学3・4年生であったグループでは2年間で第1所得四分位と第4所得四分位との学力差が拡大し，小学5・6年生であった子どもの学力差は縮小していることがわかる。なお，図3-3では定義2に従って基準年の所得に基づき所得階層を作成しグラフを描いているが，学力差の動態は，小学3・4年生の国語を除いて，ほぼ同様の傾向を示している。

次に父母の学歴と子どもの学力の伸びを図3-4，図3-5によって確認する。図3-4において，父親が大学卒以上である子どもの場合，そうでない場合に比べて国語・数学の得点がともに高くなっていることがわかる。ただし，父親の学歴による国語の得点の差は，基準年に小学3・4年生であった子どもの場

図3-2 家庭の世帯所得階層と子どもの学力（偏差値）の変動（調査年ごとの所得階層でグループ分け：定義1）

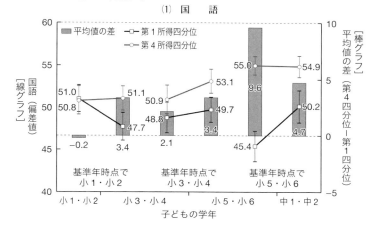

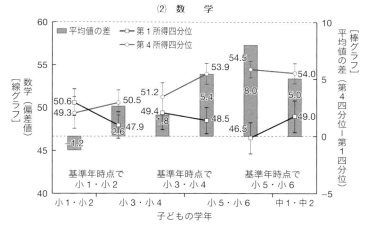

（注）　線グラフ（左目盛）は，各基準年時点の学年の子どもの親の階層別の平均点（偏差値）が，2年間でどのように変化したかを示している。棒グラフ（右目盛）は，親の第4所得四分位と第1所得四分位との間の子どもの学力の差を示している。所得階層は各調査時点で定義してあり，そのため各階層に含まれる子どもは同一とは限らない。

合には縮小している。その一方で，基準年に小学5・6年生であった子どもの場合には，国語・数学の得点の差はやや拡大している。図3-5で母親の学歴の影響を確認すると，父親の場合と同様，母親が大学卒以上である子どもの場合，そうでない場合に比べて国語・数学の得点がともに高くなっている。また

図 3-3　家庭の世帯所得階層と子どもの学力（偏差値）の変動（調査基準年の所得階層でグループを固定：定義 2）

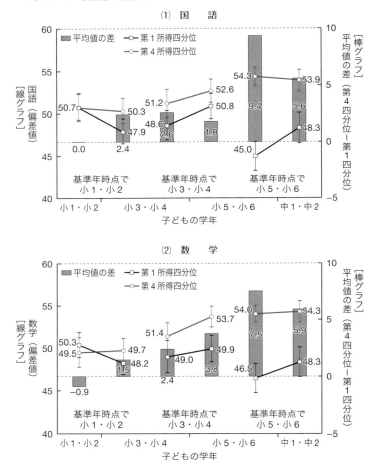

（注）　線グラフ（左目盛）は，各基準年時点の学年の子どもの親の階層別の平均点（偏差値）が，2 年間でどのように変化したかを示している。棒グラフ（右目盛）は，親の第 4 所得四分位と第 1 所得四分位との間の子どもの学力の差を示している。所得階層は基準年時点で定義してあり，そのため，変化を見ている 2 年間で，各階層に含まれる子どもは固定されている。

国語では，基準年に小学 1・2 年生，小学 3・4 年生であった場合には母親の学歴による差は小さくなっている。数学では，学歴による差は基準年に小学 1・2 年生であった場合には縮小し，基準年に小学 5・6 年生であった場合には拡大している。

図 3-4 父親の学歴と子どもの学力（偏差値）の変動

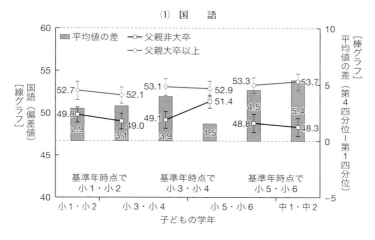

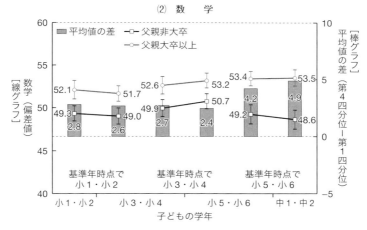

（注）線グラフ（左目盛）は，各基準年時点の学年の子どもの父親の学歴別に，平均点（偏差値）が，2年間でどのように変化したかを示している。棒グラフ（右目盛）は，父親が大卒以上である場合と非大卒である場合の子どもの学力の差を示している。

次に，学力のモビリティ（あるいはその逆に学力の固定化の程度）を可視化する[6]。具体的には，まず学力テストの偏差値に基づいて，各サンプルが学力上

---

6) ここでは説明を容易にするために，「モビリティ」と，その逆の意味である「固定化の程度」を適宜利用する。

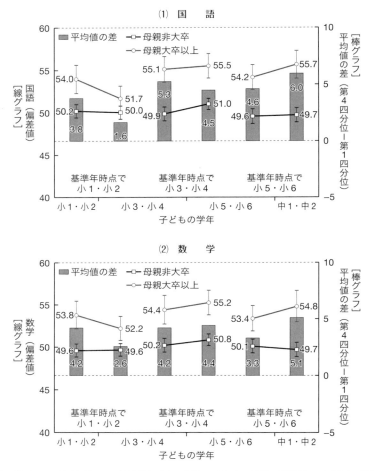

図3-5 母親の学歴と子どもの学力（偏差値）の変動

(1) 国 語

(2) 数 学

（注） 線グラフ（左目盛）は，各基準年時点の学年の子どもの母親の学歴別に，平均点（偏差値）が，2年間でどのように変化したかを示している。棒グラフ（右目盛）は，母親が大卒以上である場合と非大卒である場合の子どもの学力の差を示している。

位3分の1，中位3分の1，下位3分の1のいずれに属するかを確認する。そのうえで，基準年とその2年後で同一の学力階層に属するサンプルの割合が低い（すなわち学力階層の遷移確率行列の対角成分の値が小さい）状態を，学力の「モビリティが高い」もしくは「固定化の程度が低い」と呼ぶことにする。学力のモビリティは，子どもの学力がどの時点で固定化されるか，どのような条件の

もとで固定化の度合いが低くなるかを知るうえで，重要な指標となる。とくに，学力の低い層から高い層へのモビリティが高い（固定化の度合いが低い）状態は，教育政策による学力の向上の可能性が高いことを示す一方で，学力階層間のモビリティが低い（固定化の度合いが高い）状態は，一度学力水準が決まると，それを修正することが困難であることを示唆する。

　以下では，観測数を確保するために，学力は各学年3つのグループに分けたうえで，とくに，上位3分の1の層と下位3分の1の層のモビリティに注目する。また，世帯所得や親の学歴によって，学力のモビリティに差があるかを確認するために，所得階層および学歴階層でサンプルを分割してモビリティを計算している。具体的に，所得階層は基準年での世帯所得の下位2分の1を低所得層，上位2分の1を高所得層とする。また，親の学歴階層は，両親のうち少なくとも1人が大学卒以上であるグループを高学歴層，どちらも大学卒以上ではないグループを低学歴層とする。また，子どもの成長段階としては，基準年で小学校低学年（小学1～3年生）の場合と基準年で小学校高学年（小学4～6年生）の場合の2通りを示すことにする。

　図3-6は，国語と数学の学力の階層のモビリティを，親の所得階層，および親の学歴階層別に，学年グループごとに棒グラフで示したものである。左右に併置されているバーは，左が2年後に下位3分の1の学力層，右が上位3分の1の学力層に含まれる比率を示している。基準年で下位3分の1の学力層にとっては，左のバーが高いほど低学力に固定化されていることを示し，右のバーが高いほど高学力に移行する可能性が高いことを示している。逆に，基準年で上位3分の1の学力層にとっては，左のバーが高いほど相対的な学力水準が低下する可能性が高いことを示し，右のバーが高いほど高学力を維持する可能性が高いことを示している。一般的な解釈としては，併置されている左右のバーの差が大きいほど，学力の固定化が起きているといえる。

　図を見ると，小学校低学年よりも高学年の方が，学力階層の固定化が顕著に起きていることがわかる。たとえば，基準年の国語の学力が上位3分の1であった子どもが2年後も上位3分の1にとどまる割合は，高学年の高所得層で67.9%，低所得層で52.5%であり，どちらの数値も低学年における同様の数値に比べて高い（図3-6の(1)(a)）。また，基準年の国語の学力が下位3分の1の子どもが2年後も下位3分の1にとどまる割合は，高学年の高所得層で

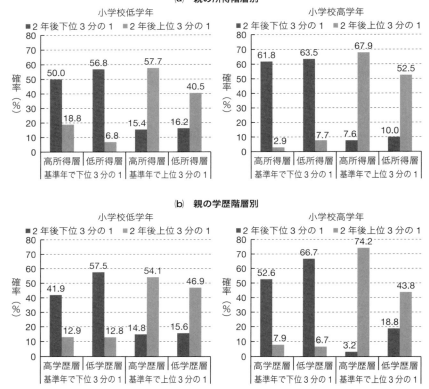

図 3-6　子どもの学力水準のモビリティ

61.8％，低所得層で 63.5％ であり，こちらの数値も低学年の数値と比べて高い。同様の傾向は子どもの学力を数学で見た場合においても観察される（図 3-6 の (2)(a)）。

小学校低学年時点で学力が下位だった場合でも，親の所得が高い場合には，2 年後に高学力層に移行する割合がかなり高い。たとえば，基準年で国語の学力が下位 3 分の 1 であったとしても，高所得層であれば 18.8％ の子どもが 2 年後に学力上位 3 分の 1 へと移動している（図 3-6 の (1)(a)）。その一方で，低所得層の子どもで国語の高学力層に移動した割合は 6.8％ にとどまっている。また，数学は国語に比べて高所得家計の子どもの学力モビリティがより高く，

図 3-6（続き）

(2) 数　学

(a) 親の所得階層別

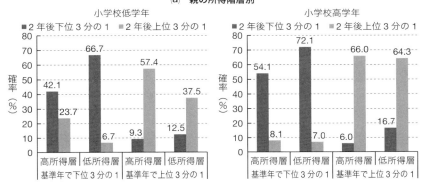

(b) 親の学歴階層別

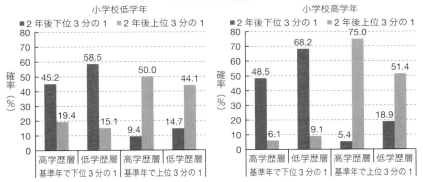

(注)　図は(1)国語と(2)数学の学力について，家庭背景別に，学力のモビリティ（その逆に学力の固定化の程度）を図示したものである。家庭背景は，(a)親の所得階層（上位2分の1を高所得層，下位2分の1を低所得層）と，(b)親の学歴（高学歴層は親の少なくとも1人は大卒以上，低学歴層は親のどちらも非大卒）で定義した。モビリティ計算のために，基準年を小学校低学年と小学校高学年の2通り用意し，各々，小学校高学年にかけて，もしくは中学校にかけての遷移確率行列を計算した。棒グラフは，基準年で下位（または上位）3分の1の学力の子どもが2年後に下位（または上位）3分の1にいる確率を示している。

基準年で学力が下位3分の1であっても2年後には23.7％の子どもが高学力層へ移動している（図3-6の(2)(a)）。

　低学年の方が高学年よりも学力のモビリティが高いという同様の傾向は，親の学歴階層別のグラフを見ても確認できる。たとえば，親が低学歴であっても，小学校低学年であれば，基準年に国語の下位3分の1であった子どもの12.8％

が（図3-6の(1)(b)），数学の下位3分の1であった子どもの15.1％が，それぞれ2年後には上位3分の1に移動している（図3-6の(2)(b)）。しかし，これらの移動確率は，小学校高学年になると，それぞれ，6.7％，9.1％と大きく下がってしまう。

また，小学校高学年においては，親の学歴は上位に移動する確率にはあまり影響しない。親が高学歴であっても，基準年に国語の下位3分の1であった子どもの7.9％が（図3-6の(1)(b)），数学の下位3分の1であった子どもの6.1％が（図3-6の(2)(b)），それぞれ2年後に上位3分の1に移動しているにすぎない。

その一方，小学校高学年において，学力が下位に移動する確率には，親の学歴が強く影響している。たとえば，親が高学歴の場合，基準年に国語で上位3分の1にいた子どもが2年後に下位3分の1に下がる確率はわずか3.2％であるが，親が低学歴である場合には18.8％である（図3-6の(1)(b)）。同様に数学については，上位3分の1から下位3分の1に下がる確率は，親が高学歴の場合には5.4％であるが，親が低学歴の場合には18.9％である（図3-6の(2)(b)）。学力の下方へ移動する確率には，親の学歴が影響を与えている可能性が高く，少なくとも単純な比較からは，その差は低学年よりも高学年において顕著であるといえる。

3-2　クロスセクションデータによる分析

本項では学力の規定要因の分析をクロスセクション回帰分析により行う（クロスセクション回帰分析の詳細は巻末補論参照；224頁以下）。データとしては2010年から2013年までの4年分のサンプルをプールし，分析手法は学力を被説明変数とした最小2乗法（Ordinary Least Squares: OLS）である。赤林ほか（2011, 2012）の分析を参考に，主な説明変数として，世帯所得と所得四分位を設定した。所得以外の個人・世帯属性の変数として，子どもの性別，生まれ月，生まれ順，父母の学歴，父母の就業状態，きょうだい数，私立学校在学ダミー，推論正答率をコントロールし，さらに，学年ダミー，政令指定都市ダミー，居住地域ダミー，調査年ダミーも分析に含めた（各変数の測定方法については第2章を参照のこと）。表3-1にはこれらの変数の記述統計を示している[7]。

表 3-1 記述統計

被説明変数	観測数	平均	標準偏差
国語（偏差値）	1999	50.29	9.82
数学（偏差値）	1999	50.31	9.80
説明変数			
世帯所得（対数）	1999	6.47	0.43
女子ダミー	1999	0.47	0.50
早生まれダミー	1999	0.24	0.43
第一子ダミー	1999	0.48	0.50
父親大卒以上ダミー	1999	0.43	0.50
母親大卒以上ダミー	1999	0.17	0.38
父親常勤ダミー	1999	0.79	0.41
母親常勤ダミー	1999	0.11	0.32
きょうだい数	1999	2.37	0.81
私立在学ダミー	1999	0.06	0.23
推論正答率	1999	67.12	32.90

表 3-2 は分析の結果である。国語・数学それぞれについて、列(1)、(2)は全学年をプールした分析を、列(3)、(4)は調査年における学年が低学年（小学1～3年生）に限定した分析を、列(5)、(6)は調査年における学年が高学年（小学4～6年生）に限定した分析を、列(7)、(8)は調査年において中学生であるサンプルに限定した分析を表している。

全学年をプールした分析では、世帯所得が学力に与える効果は、教科の別によらず、正かつ有意な相関を示している。学年グループ別の結果を見ると、世帯所得が学力に与える影響は、国語・数学ともに学年が上がるにつれて大きくなる傾向にある（表3-2）。一方、第4所得四分位と第1所得四分位の差は、両教科とも学年が上がるにつれて拡大する傾向があるが、国語の場合、中学生になると第1所得四分位と第2、3所得四分位の統計的な差はなくなっている。

図3-7は、仮に世帯所得が10%増加した場合に学力水準がどれだけ変化するかを、学年別に示したものであり、この値が大きいことは親の所得の変化が子どもの学力の変化に影響しやすいことを意味する[8]。図の作成に当たっては、

---

7) これらの個人属性変数の中には、内生性が疑われるものも含まれているが、本項の目的は、世帯所得の学力に与える影響が、個人属性を追加的にコントロールすることでどの程度変化するか吟味することであるため、追加変数は幅広く導入した。

8) 推計結果の詳細は本書のウェブ付録を参照のこと。

表 3-2 学力の規定要因の分析結果

国語（偏差値）	全学年		低学年		高学年		中学生	
	(1)	(2)	(3)	(4)	(5)	(6)	(7)	(8)
世帯所得（対数）	2.798***		1.579*		3.170***		3.178***	
	(0.545)		(0.906)		(0.941)		(0.998)	
所得階級（基準：第1四分位）								
第2四分位		0.960		0.746		1.033		0.575
		(0.618)		(1.019)		(1.055)		(1.175)
第3四分位		1.270**		1.684*		1.996*		−0.109
		(0.612)		(1.022)		(1.049)		(1.134)
第4四分位		2.742***		1.415		2.713**		3.341***
		(0.643)		(1.097)		(1.054)		(1.213)
自由度調整済み決定係数	0.174	0.170	0.207	0.205	0.129	0.122	0.232	0.234
観測数	1999	1999	676	676	702	702	621	621
数学（偏差値）	(1)	(2)	(3)	(4)	(5)	(6)	(7)	(8)
世帯所得（対数）	3.069***		1.055		3.054***		4.553***	
	(0.547)		(0.916)		(0.929)		(0.955)	
所得階級（基準：第1四分位）								
第2四分位		1.319**		0.565		1.166		2.217*
		(0.629)		(1.011)		(1.055)		(1.205)
第3四分位		1.736***		1.312		1.888*		2.223**
		(0.619)		(1.048)		(1.067)		(1.086)
第4四分位		2.880***		0.581		2.859***		4.770***
		(0.637)		(1.095)		(1.057)		(1.113)
自由度調整済み決定係数	0.177	0.171	0.191	0.189	0.133	0.127	0.265	0.255
観測数	1999	1999	676	676	702	702	621	621

（注）　***，**，*はそれぞれ1％，5％，10％水準で統計的に有意であることを示している。カッコ内は不均一分散に対して頑健な標準誤差である。女子ダミー，早生まれダミー，第一子ダミー，父親大卒以上ダミー，母親大卒以上ダミー，父親常勤ダミー，母親常勤ダミー，きょうだい数，私立学校通学ダミー，推論正答率，学年ダミー，政令指定都市ダミー，居住地域ダミー，調査年ダミー，定数項を分析に含んでいる。

学年ダミーと世帯所得（対数）の交差項をコントロールしたモデルの結果（個人属性コントロールなし）と，世帯所得以外の個人・世帯属性を追加的にコントロールしたモデルの結果（個人属性コントロールあり）を併置した[9]。「個人属性コントロールあり」の結果を見ると，世帯所得が学力に与えるプラスの影響は，国語の場合は小学6年生でいったん高まり，その後低くなっていることがわかる。一方，数学の場合は小学5年生でその効果が高まり，その後も高い水準を維持している。また，所得以外の個人属性変数を追加すると，総じて所得の効果が小さくなることがわかる。

しかしながら，以上の分析によって，世帯所得が因果的に学力に影響を与え

---

[9]　ただし，「個人属性コントロールなし」のモデルにおいても，学年，居住地域，調査年に関する変数だけはコントロールしている。

図 3-7　子どもの学年別に見た世帯所得が学力上昇に与える効果

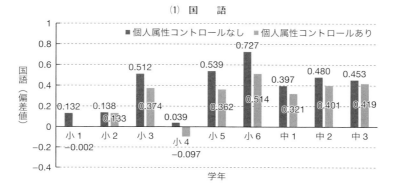

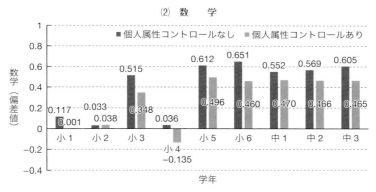

（注）この図は被説明変数として学力を，主な説明変数として対数所得×学年ダミーとした回帰分析における対数所得×学年ダミーの係数をもとに計算されている。どちらのモデルも学年，居住地域，調査年に関する変数を制御している。また，「個人属性コントロールあり」の場合には説明変数として女子ダミー，早生まれダミー，第一子ダミー，父親大卒以上ダミー，母親大卒以上ダミー，父親常勤ダミー，母親常勤ダミー，きょうだい数，私立学校通学ダミー，推論正答率が追加されている。

ているということはできない。その理由は，観測できない家計や個人の属性があって，学力と所得の両方に影響を与えている要素の存在がありうるからである。それは，遺伝的資質かもしれないし，しつけなどの家庭の文化的背景かもしれない。それらを議論するためには，1人の個人に対して複数回の観測を持つパネルデータが必要となる。

3-3 パネルデータによる分析

これまでの分析結果は，他の先行研究と同じく世帯所得と学力の間に正の相関関係があることを示している。この項では JCPS がパネルデータであるという特性を利用した分析を行う。

パネルデータの性質を利用すると，時間を経ても変動しない，個人や家計の観測できない属性を制御することができる。主要なパネル推計モデルとして変量効果モデルと固定効果モデルがあるが，今回の分析においては，固定効果モデルを採用する[10]（巻末補論も参照；236 頁）。固定効果モデルは，学力の規定要因として，時間を通じて一定であるような，個人によって異なる観測できない要因（固定効果）が存在することを許容するモデルである。たとえば，調査時点における学力水準の規定要因の文脈では，（時間を通じて変化しない）子どもの遺伝的資質や家庭の文化的背景などを固定効果として考える。こうした要因は，学力水準と相関する一方で，世帯の所得水準とも相関する可能性がある。いま，固定効果が学力水準と所得水準の双方と正の相関を持つ場合，クロスセクション回帰分析による推計は，世帯所得の効果を過大に推計することになる。固定効果モデルは，観測できない学力の規定要因のうち，説明変数と相関する部分が時間を通じて一定であるという条件のもとで，所得が学力に与える因果的効果を識別する（Blau 1999）。

表 3-3 は上記の仮定のもとで世帯所得が学力に与える因果的効果を OLS と固定効果モデル（FE）によって推計している。分析の結果は，OLS では世帯所得が学力に対して正の効果を持っているが，固定効果モデルでは世帯所得が学力に与える影響は統計的有意性を失うというものであった。

固定効果モデルにおいて，世帯所得が学力に与える影響が統計的有意性を失うことは，一時的な所得の増減が，直接学力に与える因果的影響は大きくないことを示しており，米国での先行研究（とくに Blau 1999）とも矛盾しない。しかしながら，これだけをもって「所得が学力に与える影響は無視できる」とまで結論づけるのは早計である。第 1 に，パネルが 2 時点分しかないため，標準誤差が非常に大きい。また，所得の測定誤差は固定効果モデルにおいては相

---

[10] パネル分析におけるモデル選択の詳細については本書のウェブ付録を参照のこと。

表 3-3 所得が学力に与える因果的効果の推計

	国語（偏差値）		数学（偏差値）	
	OLS (1)	FE (2)	OLS (3)	FE (4)
世帯所得（対数）	3.595***	0.033	4.012***	0.055
	(0.464)	(1.714)	(0.453)	(1.255)
観測数	2203	2203	2203	2203

(注) ***，**，*はそれぞれ 1%，5%，10% 水準で統計的に有意であることを示している。
カッコ内は不均一分散に対して頑健な標準誤差である。すべての分析に定数項を含めている。OLS は通常の回帰分析，FE は固定効果モデルによる推計結果を示している。

対的に大きくなるため，測定誤差の存在は，OLS よりも固定効果モデルにおいて，推計値の絶対値をより小さくする方向にバイアスを与える（Dahl and Lochner 2012；測定誤差によるバイアスについての詳細は巻末補論を参照；230 頁）。しかしながら，固定効果モデルの係数の大きさは OLS による推定の係数のおおよそ 100 分の 1 になっているため，所得の測定誤差による影響だけでは説明できない。第 2 に，一時的所得ではなく恒常所得が，子どもの幼少期から調査時点までの教育投資に影響を与えている可能性がある（Blau 1999; Cunha et al. 2006）。ただし，恒常所得とその他の家庭や子どもの文化的背景を推計上分離することは，2 時点だけのパネルデータでは困難である。第 3 に，時間を通じても変化しない観測できない要素は固定効果モデルにより取り除かれるが，時間を通じて変化する観測できない要素が，所得と相関しながら学力に影響を与えている可能性がある[11]。時間を通じて変化する要素を制御するためには，3 時点以上の観測と外生的な所得変動の想定が必要である（Akee et al. 2010; Dahl and Lochner 2012）。

---

11) ただし，固定効果モデルにおける所得の係数の負のバイアスを説明するためには，所得の変動と観測できない要素が負に相関している必要がある（そのような説明の一例は，所得の増加が両親の労働時間の増加と家庭内教育投資の時間の減少を伴っている場合である）。

4 おわりに

　本章では，子どもの成長段階（学年）ごとに世帯所得や父母学歴と子どもの学力の間の相関関係が異なることを明らかにした。本章での分析を要約すると，世帯所得が学力に与える影響は小学校低学年よりも高学年，中学生段階でプラスの効果があり（図3-7；77頁），子どもが中学生の場合においては，所得階層がより高い世帯で学力にプラスの効果があること（表3-2；76頁）が明らかになった。さらにパネルデータを利用した固定効果モデルに基づいて，世帯所得が学力に与える因果的効果についての分析を行った。推定の結果，世帯所得が学力に与える影響は，統計的に有意な差をもたらすほど大きなものではないことが明らかになった。これはクロスセクションデータを利用した分析で示された世帯所得が子どもの学力に与える効果が必ずしも因果関係とはいえず，見かけ上の相関であったことを示唆する結果である。

　上記の分析結果は，時間を通じて変化する観測できない要因が世帯所得と学力の両方に影響を与えている場合については考慮されていない。世帯所得が学力に与える影響がより複雑な動態を伴う場合には，分析のためには3期間以上のデータが必要であり，現時点のデータでは検討を行うことができない。したがって本章での結果は，クロスセクションデータによる分析では明らかにすることができなかった学力の動態を発見することを目的の主眼としたものであり，因果関係の分析としてはあくまで出発点である。

　今回の結果から直接新しい政策の提言を行うには時期尚早であるが，限られた分析結果からも，世帯の所得水準と学力の関係は，クロスセクションデータからは明らかな正の相関が見られるにもかかわらず，その動態的な構造は必ずしも単純ではないことが想像できる。したがって，ある時点の世帯所得の格差と学力だけに注目した社会政策・教育政策は，学力格差を縮小するという目的に対しては必ずしも有効性が期待できない。たとえば，生活保護や教育費支援の増額といった一時的な金銭的支援は，子どもの学校への定着や家計の困窮に対する緊急措置としては一定の意味があったとしても，それにより学力格差の縮小を期待することは容易ではないことを示している[12]。今後，JCSPデータをはじめとする教育データの蓄積が進んでいくことで，世帯の経済状態と学力

の動態の因果関係についてさらに詳細な検証が加えられ，より具体的な政策的示唆を得られることを期待したい。

▼ 参 考 文 献

赤林英夫・中村亮介・直井道生・敷島千鶴・山下絢（2011）「子どもの学力には何が関係しているか――『JHPSお子様に関する特別調査』の分析結果から」樋口美雄・宮内環・C. R. McKenzie／慶應義塾大学パネルデータ設計・解析センター編『教育・健康と貧困のダイナミズム――所得格差に与える税社会保障制度の効果（パネルデータによる政策評価分析2）』慶應義塾大学出版会：69-98頁．

赤林英夫・中村亮介・直井道生・山下絢・敷島千鶴・篠ヶ谷圭太（2012）「子どもの学力と家計――『日本子どもパネル調査2011』を用いて」樋口美雄・宮内環・C. R. McKenzie／慶應義塾大学パネルデータ設計・解析センター編『親子関係と家計行動のダイナミズム――財政危機下の教育・健康・就業（パネルデータによる政策評価分析3）』慶應義塾大学出版会：25-48頁．

岡部恒治・戸瀬信之・西村和雄（1999）『分数ができない大学生――21世紀の日本が危ない』東洋経済新報社．

苅谷剛彦（2002）『教育改革の幻想』筑摩書房．

苅谷剛彦・志水宏吉編（2004）『学力の社会学――調査が示す学力の変化と学習の課題』岩波書店．

国立大学法人お茶の水女子大学（2014）『平成25年度「学力調査を活用した専門的な課題分析に関する調査研究」 平成25年度全国学力・学習状況調査（きめ細かい調査）の結果を活用した学力に影響を与える要因分析に関する調査研究』
http://www.nier.go.jp/13chousakekkahoukoku/kannren_chousa/pdf/hogosha_factorial_experiment.pdf

中西啓喜（2013）「パネルデータを用いた算数学力の分野別分析――小学生3年生と6年生の〈数と計算〉に着目して」『JELS第16集 細分析論文集（4）』国立大学法人お茶の水女子大学Japan Educational Longitudinal Study：1-7頁．
http://www.li.ocha.ac.jp/hss/edusci/mimizuka/JELS_HP/bao_gao_shulun_wen_files/JELSreport_16.pdf

浜野隆（2014）「家庭環境と子どもの学力」『平成25年度「学力調査を活用した専門的な課題分析に関する調査研究」 平成25年度 全国学力・学習状況調査（きめ細かい調査）の結果を活用した学力に影響を与える要因分析に関する調査研究』国立大学法人お茶の水女子大学：16-41頁．

---

12) 近年米国で，貧困層の金銭所得の増加を伴う政策の実施が子どもの学力や教育達成度へのプラスの効果を示す研究結果が出ている（Akee et al. 2010, Dahl and Lochner 2012）。しかしそこで分析されている政策は，税引き後所得の最大34〜50%の恒久的な増額を伴う変化であり，本章で分析されている一時的（transitory）所得の変化ではなく，恒久的（permanent）所得の増加を伴う政策とみなさなければならない。

http://www.nier.go.jp/13chousakekkahoukoku/kannren_chousa/pdf/hogosha_factorial_experiment.pdf

耳塚寛明（2007）「小学校学力格差に挑む――だれが学力を獲得するのか」『教育社会学研究』80：23-39 頁。

山田哲也（2014）「社会経済的背景と子どもの学力 （1）家庭の社会経済的背景による学力格差――教科別・問題別・学校段階別の分析」国立大学法人お茶の水女子大学『平成 25 年度「学力調査を活用した専門的な課題分析に関する調査研究」 平成 25 年度 全国学力・学習状況調査（きめ細かい調査）の結果を活用した学力に影響を与える要因分析に関する調査研究』：57-70 頁。

http://www.nier.go.jp/13chousakekkahoukoku/kannren_chousa/pdf/hogosha_factorial_experiment.pdf

Akee, R. K. Q., W. E. Copeland, G. Keeler, A. Angold, and E. J. Costello (2010) "Parents' Incomes and Children's Outcomes: A Quasi-Experiment Using Transfer Payments from Casino Profits," *American Economic Journal: Applied Economics*, 2 (1): 86-115.

Blau, D. M. (1999) "The Effect of Income on Child Development," *Review of Economics and Statistics*, 81 (2): 261-276.

Blau, P. M., and O. D. Duncan (1967) *The American Occupational Structure*, Wiley.

Coleman, J. *et al.* (1966) *Equality of Educational Opportunity*, U. S. Department of Health, Education, and Welfare, Office of Education.

Cunha, F., J. J. Heckman, L. Lochner, and D. V. Masterov (2006) "Interpreting the Evidence on Life Cycle Skill Formation," in E. A. Hanushek, and F. Welch, eds., *Handbook of the Economics of Education*, Vol. 1 Elsevier: 697-812.

Dahl, G. B., and L. Lochner (2012) "The Impact of Family Income on Child Achievement: Evidence from the Earned Income Tax Credit," *American Economic Review*, 102 (5): 1927-1956.

Duncan, G. J., and J. Brooks-Gunn, eds. (1997) *Consequences of Growing Up Poor*, Russell Sage.

Mayer, S. E. (1997) *What Money Can't Buy: Family Income and Children's Life Chances*, Harvard University Press.

第4章 学力の所得階層内格差

経済要因は学力の個人差にどのような影響を与えるか？

直井道生

> **Overview**
> ☐ 母集団全体における子どもの学力格差は，所得階層間の平均的な学力差のみならず，同一階層内の個人間における学力差によっても影響を受ける。
> ☐ 本章では，学力の階層内格差について，とくに世帯の所得水準に着目して，家計の経済要因との関連を検討した。
> ☐ 分析の結果，(1)世帯の所得水準の上昇は，同一階層内での学力格差を縮小させる影響を持つこと，および(2)学年が上がるにつれて，算数／数学では階層内格差を縮小させる効果が大きくなるが，国語では逆の傾向となることが明らかになった。
> ☐ 階層内格差の縮小の背後には，親による教育投資や家庭内における学習環境の整備などの要因が影響していることが示唆される。

1 はじめに

　学齢期における子どもの学力格差は，長期的には所得をはじめとする社会経済的格差に結びつくために，政策的に重要な問題である（Neal and Johnson 1996; Carneiro and Heckman 2004）。とくに米国では，各種のテストスコアを利用することで，社会経済的地位や人種に着目して，学力格差を検証する分析が行われてきた。これらの研究では，学力格差が学齢期前の比較的初期の段階で発生しており，かつその格差はその後も拡大ないし持続することが指摘されている（Phillips *et al*. 1998; Fryer and Levitt 2004; Todd and Wolpin 2007）。

　こうした研究は，観察可能なグループ間の格差を検証することに主眼を置いており，その結果は政策的にも重要な意義を持つ。しかしながら，母集団における学力格差のうち，観察可能な子ども個人の属性や世帯の属性によって説明できる部分は，必ずしも大きくない。たとえば，日本子どもパネル調査（JCPS）から得られた学力テスト偏差値を被説明変数とする回帰モデルの決定係数は，特定化によっても異なるが高くても 0.20 程度である。こうした傾向は他の研究でも同様であり，学齢前の子どもを対象とした米国における調査（Early Childhood Longitudinal Study Kindergarten Cohort: ECLS-K）を用いた Fryer and Levitt（2004）で報告される決定係数は 0.05〜0.35 となっている。こうした事実は，観察可能な属性に起因する学力格差の検証や，そこから導かれる政策的示唆の価値を減じるものではないが，実際の学力格差の大部分は，これらの観察可能な属性によっては説明されない個人間の学力差に起因することを示唆している。

　簡単な例を用いて，上記の意味するところを確認しておこう。いま，何らかの観察可能な属性によって，ある母集団が複数のグループに分けられるものとする。このとき，母集団全体における学力格差は，グループ間の平均的な学力水準の格差と，それぞれのグループ内での学力の個人間格差の双方に依存する[1]。このようなグループとして，たとえば子どもの居住地域を考えると，母集団全体における学力格差は，学力の地域間格差と（地域内での）学力の個人間格差に分解できることになる。重要なことは，グループ間の平均的格差の縮小は，必ずしも母集団全体の格差縮小を意味しない点にある。上記の例でいえ

ば，仮に学力の地域間格差が縮小したとしても，同時に地域内での個人間格差が拡大していれば，母集団における格差は拡大する可能性がある．そのため，全体の学力格差を論じる際には，グループ間の学力格差だけでなく，グループ内での個人間格差を検討する必要がある．以下の分析では，世帯の所得階層に焦点を当て，前者の平均的格差を学力の所得階層「間」格差と呼ぶことにし，後者の（観測される属性を所与とした）個人間格差を，学力の所得階層「内」格差と呼ぶことにする．

　本章では，世帯の所得水準に着目して，家計の経済要因が学力格差に与える影響を検証する．いま，同一の所得階層内にある個人の学力の変動が，テストスコアの測定誤差などの純粋にランダムな変動のみに起因するのであれば，そこに積極的な意義を見出すことは難しい．しかしながら，たとえば観察できない能力（遺伝的資質，非認知能力），教育環境（学校教育の質，家庭の教育資源），親の教育方針（子どもの学習への関与，しつけ）などの要因が階層間で異なるのであれば，こうした要因によって階層内格差の大きさは変動しうる．

　学力の階層内格差に影響を与える要因は無数にあるため，そのすべてを分析者が観察することはできない．しかしながら，仮にそのような要因を直接観察できないとしても，観察可能な他の要因と関連を持つのであれば，階層内格差の分析には実質的な意味がある．たとえば，塾や家庭教師などの学校外教育を考える．学校外教育は，対象となる子どもの平均的な学力水準を向上させる可能性が高い．同時に，もしこのような効果が，相対的に低学力の子どもの学力水準の底上げによって達成されているのであれば，学校外教育は，それを利用する子どもたちの間での学力格差を縮小させるかもしれない[2]．このとき，学校外教育の利用が世帯の所得水準（観察可能な属性）と正の相関を持つとすれ

---

1) 学力格差を分散で測ることにすれば，条件付き期待値および分散の定義より，母集団での学力指標の分散は，

$$V(s) = V[E(s|x)] + E[V(s|x)]$$

と分解できる．ここで，s および x はそれぞれ学力指標と観測可能な属性である．右辺第1項は，観測可能な属性が同一であるようなグループごとの平均学力の分散を示しており，第2項はグループ内でみた学力の分散の平均値である．被説明変数を学力得点，説明変数を x とした標準的な回帰モデルを考えると，右辺第1項が全体の分散に占める割合は決定係数にほかならない．また，右辺第2項の $V(s|x)$ は，x を条件付けた場合の誤差項の分散となる．

ば，所得の上昇は，平均的な学力水準を上昇させると同時に，学力の階層内格差を縮小させる効果を持つ。

JCPSを用いた分析の結果，学力の階層内格差は，世帯所得が高くなるにつれて縮小することが示された。この結果は，所得水準の上昇が，親による教育投資や家庭内における学習環境の整備などのチャネルを通じて，学力格差の縮小に寄与することを示唆している。この推測は，いくつかの追加的な世帯・個人属性を考慮した分析からも支持される。また，所得水準の上昇に伴う階層内格差の縮小効果が，子どもの学年に応じてどのように変化するかを見ると，科目によって異なる傾向が見られた。算数／数学では，学年が上がるにつれて格差縮小効果が強く見られるようになる一方で，国語では全く逆の結果となった。

本章の構成は以下の通りである。第2節では，分析に用いたデータセットおよび変数の説明を行い，実証分析に用いる分散関数回帰モデルを紹介する。第3節では，記述的な分析を通じてテスト得点の分布に関する階層間比較を行ったうえで，回帰分析の結果を示す。第4節は結論である。

2 用いるデータと分析モデル

2-1 データ

本章では，子どもの学力格差を検証するために，第3章と同様に，JCPSで実施された国語および算数／数学（以下，本章では数学とする）の学力テストの結果を用いる。具体的には，カテゴリカル因子分析から得られた各科目の因子得点について，（学年ごとに）偏差値に換算した指標を用いる。以下では，これらの指標を単に国語または数学の偏差値と呼ぶことにする。

世帯所得に関しては，各時点における所得水準および所得四分位を用いる。また，回帰分析では，子どもの性別および学年（学年ごとのダミー変数），生まれ月（早生まれダミー），出生順位（第一子ダミー），きょうだい数，両親の学歴

---

2) もちろん逆に，学校外教育がより発展的な学習を促すことで，相対的に学力水準の高い子どもの学力をより引き上げる可能性もあり，その場合には学校外教育は個人間の学力格差を拡大させることになる。

（大卒以上ダミー）および就業（就業ダミー）をそれぞれ説明変数に用いた。これらに加え，子どもの居住地（政令指定都市ダミーおよび地域ダミー）と調査年度に関しては，すべての推計においてコントロールしている。

さらに，補足的な分析では学力の水準および個人間格差に影響を与えるであろう要因として，JCPSおよび本体調査である慶應義塾家計パネル調査（KHPS）と日本家計パネル調査（JHPS）から得られる，出生時の母親の年齢，子どもの出生時体重，世帯の蔵書数，専用の学習机の有無，「子どもの強さと困難さアンケート（SDQ）」に基づく問題行動得点，KINDL^{R}に基づくQOL得点，親の学校行事・PTAなどへの参加状況，家での学習時間，課外活動への支出額などの変数を利用した。これらの変数の詳細に関しては，本書第2章および第5章を参照されたい。

2-2　分散関数回帰モデル

以下では，世帯所得と学力の階層内格差の関連を分析するために，分散関数回帰（Variance Function Regression: VFR）による分析を行う（Western and Bloome 2009; Lian *et al.* 2015）。VFRは，個人のアウトカムの平均と，誤差項の分散の双方をモデル化したものであり，本章では以下の定式化を採用した。

$$s_{it} = \mathbf{x}'_{it}\beta + \sigma_{it}u_{it} \quad (4.1)$$
$$\sigma^2_{it} = \exp(\mathbf{z}'_{it}\gamma) \quad (4.2)$$

ここで，s_{it}は個人iの時点tにおける国語または数学の偏差値，$\mathbf{x_{it}}$および$\mathbf{z_{it}}$は観測可能な個人・世帯属性ベクトルである。先にも述べたようにベースになるモデルでは，第3章における分析との比較可能性を考慮し，$\mathbf{x_{it}}$には世帯所得の対数値，子どもの性別および学年，生まれ月（早生まれダミー），出生順位（第一子ダミー），きょうだい数，両親の学歴（大卒以上ダミー）および就業状態（有業ダミー）を含めている。これらに加え，子どもの居住地（政令指定都市ダミーおよび地域ダミー[3]）と調査年度について，すべての推計でコントロー

3）　居住する都道府県の情報をもとに，日本全国を北海道，東北，南関東，北関東・甲信，北陸，東海，近畿，中国，四国，九州・沖縄の10地域に分け，それぞれのダミー変数をコントロールした。

ルしている。また，$\sigma_{it}u_{it}$ は誤差項で，u_{it} は $\mathbf{x}_{it}$ と独立で同一分布に従う確率変数であるとする。

　いま，σ_{it}^2 については，(4.2) 式のようにモデル化することで，誤差項の分散が $\mathbf{z}_{it}$ に依存して変化することを許容している。以下の分析では，$\mathbf{z}_{it}$ として $\mathbf{x}_{it}$ と同一の説明変数を用いるため，各調査時点での世帯所得（対数値）が含まれる[4]。いま，世帯所得についての推計された係数が負であれば，他の要因をコントロールしたうえで，世帯所得が高いほど，テスト得点の階層内格差が小さくなることを示す。分析ではさらに，世帯所得（対数値）と子どもの学年に関するダミー変数との交差項を導入することで，学力の階層内格差が，学年を通じてどのように変化するかについても検証する。

　(4.1) および (4.2) 式で与えられる VFR のモデルは，誤差項の不均一分散性に関する回帰診断の手法として古くから知られている（Harvey 1976; Cook and Weisberg 1983)。これらの応用例では，誤差項の分散の大きさそのものに興味があるわけではなく，推計された係数の統計的有意性によって不均一分散の検定を行うことが目的となる。他方で，本章における分析では，誤差項の分散の大きさそのものに分析上の興味がある。いま，(4.1) 式における世帯所得の係数が正であり，(4.2) 式における係数が負であったとすると，世帯所得の上昇は平均的な学力水準を向上させると同時に，他の条件を一定とした場合に学力の階層内格差を小さくする効果を持つことになる。

　分析の詳細に移る前に，VFR の推計から得られる係数の解釈について，いくつかの留意点を述べる。いま，分析の対象となる JCPS の学力偏差値は，学年ごとに異なる試験問題の得点を，当該学年のサンプルの平均得点と標準偏差の情報をもとに基準化したものである。したがって，以下の分析で用いる学力の指標としての科目別偏差値は，あくまでも同一学年の中での相対的な学力水準を表すものであり，すべての学年のサンプルの学力の分布が同一であるという仮定なしには，原則として学年を超えた比較はできない。また，同一個人であっても異なる調査時点では異なる試験問題が用いられるため，個人の学力の通時的な変化の検証は難しい。そのため，以下の分析では，JCPS のパネルデ

---

[4] 所得四分位のダミー変数を利用したモデルも検討したが，学年との交差項についても考えるため，結果の解釈の容易さから，所得に関しては連続変数での定式化を採用した。

ータとしての特性は利用せずに，クロスセクションデータとして扱うこととする。

3 所得水準と学力の階層内格差の分析

3-1 グラフによる分析

　以下の分析では，JCPS の 4 回分の調査結果に基づき，分析に用いる各変数にいずれも欠損のないサンプルを抽出した（観測数 ＝ 2051）。いま，JCPS の対象となるサンプル（子どもおよびその親）は，2010 年ないしは 2011 年に第 1 回調査に回答し，その 2 年後の 2012 年ないしは 2013 年に第 2 回調査に回答している。したがって，上記のサンプルには同一個人に関する観測値が最大 2 回含まれることになる。前述の通り，以下の分析ではこうしたパネル特性については原則として考慮せずに，繰り返しクロスセクションデータとして扱うこととする[5]。

　サンプルの記述統計を表 4-1 に示す。ここでは，すべてのサンプルを対象とした場合の集計結果と，各調査時点での世帯所得の四分位ごとにサンプルを分割した場合の集計結果を併記している。世帯所得（所得四分位）と各科目の偏差値の関係を見ると，数学・国語のいずれについても，平均は年収が高くなるほど上がり，世帯所得の第 1 四分位に該当する世帯と第 4 四分位の世帯では，後者の方が数学で約 3.2 ポイント，国語で約 3.8 ポイント偏差値の平均値が高くなる。一方，各所得階層内での学力格差（標準偏差）を見ると，所得階層が上がるにつれて，グループ内での偏差値の変動は小さくなる傾向が見られ，数学・国語のいずれについても，第 1 所得四分位のグループで標準偏差が最も大きくなる。

　上記の傾向を視覚的に把握するために，学力テストの科目別偏差値に関する

---

[5] パネルデータとしての特性を無視することは，結果にバイアスをもたらす可能性があるため，第 1 回調査（2010，2011 年）もしくは第 2 回調査（2012，2013 年）の結果を個別に利用した分析も行ったが，以下の結果が本質的に変わることはない。

表 4-1 記述統計

サンプル	フルサンプル		世帯所得四分位（調査時点）							
			第1四分位		第2四分位		第3四分位		第4四分位	
	平均	(標準偏差)	平均	(標準偏差)	平均	(標準偏差)	平均	(標準偏差)	平均	(標準偏差)
偏差値										
数学	50.218	9.821	48.143	10.784	49.527	9.271	50.910	9.468	52.329	9.050
国語	50.202	9.841	48.464	10.917	49.397	8.933	50.656	9.388	52.299	9.430
世帯所得（百万円）	7.035	3.035	3.966	0.904	5.752	0.429	7.386	0.570	11.096	2.711
世帯所得（対数値）	6.468	0.429	5.948	0.288	6.352	0.076	6.602	0.077	6.988	0.210
女子＝1	0.474	0.499	0.466	0.499	0.464	0.499	0.485	0.500	0.479	0.500
早生まれ＝1	0.241	0.428	0.257	0.438	0.217	0.413	0.227	0.419	0.258	0.438
第一子＝1	0.479	0.500	0.527	0.500	0.496	0.501	0.491	0.500	0.401	0.491
両親の学歴：大卒以上＝1										
父親	0.427	0.495	0.225	0.418	0.330	0.471	0.496	0.500	0.656	0.476
母親	0.166	0.372	0.121	0.327	0.117	0.321	0.142	0.349	0.284	0.451
両親の就業：有業＝1										
父親	0.985	0.120	0.964	0.187	0.987	0.115	0.998	0.043	0.994	0.076
母親	0.654	0.476	0.591	0.492	0.702	0.458	0.666	0.472	0.667	0.472
きょうだい数										
1人	0.095	0.293	0.105	0.307	0.087	0.283	0.103	0.305	0.080	0.272
2人	0.531	0.499	0.500	0.500	0.527	0.500	0.561	0.497	0.538	0.499
3人以上	0.374	0.484	0.395	0.489	0.386	0.487	0.336	0.473	0.382	0.486
観測数	2051		552		446		542		511	

箱ひげ図を図4-1および図4-2に示した。図4-1は数学に関する結果，図4-2は国語に関する結果である。家計の所得水準による違いを見るために，サンプルを高所得世帯（右）と低所得世帯（左）に分割して，それぞれグラフを作成している[6]。それぞれのグラフを作成する際には，子どもの学年による影響を見るために，さらに学年に応じたサブサンプルを定義した。なお，観測数を確保するために，1学年ごとの分割は行わず，2ないしは3学年をプールした4グループ（小学1・2年生／3・4年生／5・6年生／中学生）に分類して表示している。ただし，前述の通り，JCPSの学力試験および学力指標の特性上，異なる学年間の比較には注意が必要である。

箱ひげ図からは，各科目の偏差値について，以下の情報が得られる。まず，「箱」の下辺と上辺は，それぞれ当該グループ内の偏差値の第1四分位点および第3四分位点を表す。また，箱の内部の実線は偏差値の中央値である。さらに，「ひげ」の下端と上端は，それぞれ当該グループで観察される偏差値の下

---

6) ここでは，各調査時点における世帯所得がサンプルの上位25%に入る家計を「高所得世帯」，下位25%に入る家計を「低所得世帯」と定義している。

図 4-1 世帯の所得階層と科目別偏差値の関係（数学）

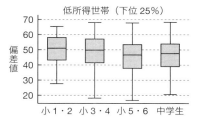
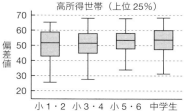

図 4-2 世帯の所得階層と科目別偏差値の関係（国語）

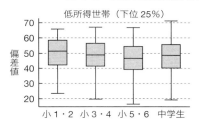
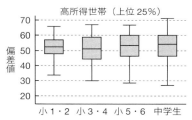

限と上限を示している[7]。

　図 4-1 および図 4-2 からは，以下の傾向が見て取れる。まず，偏差値の分布の中央値を見ると，小学校 1・2 年時では世帯の所得水準による違いはほとんど見られないものの，その後は高所得世帯で偏差値の中央値が高くなる傾向が見られる。こうした傾向はとくに数学で顕著である。

　一方，同一所得階層内での学力格差について，四分位範囲（第 3 四分位－第 1 四分位）に着目すると，数学では，学年が上がると相対的に高所得世帯の四分位範囲が縮小する傾向が見られる。左右のグラフの比較からは，この縮小は主として高所得世帯の子どもの偏差値の第 1 四分位点の上昇に起因することが示唆される。国語についても，全体に高所得世帯の方が四分位範囲は小さいが，学年との関係はそれほど明確ではなく，むしろ小学校 1・2 年時に顕著な違いが見られる。

　分布全体の形状の違いをより詳細に検証するために，上記と同様の世帯所

---

[7] 第 1 四分位点から四分位範囲の 1.5 倍を超えて下にあるサンプルについては外れ値とみなし，下限の計算には含めない。上限についても同様である。

得・学年の分類ごとに，子どもの偏差値の分布に関するカーネル密度関数（Kernel Density Function）を推定した。結果は図4-3および図4-4に示される。カーネル密度関数は，ヒストグラムの考え方を一般化し，所与の階級の境界値を与える代わりに，カーネル関数に基づく重みづけを各標本に与えることで，確率変数の密度関数を推定するものである[8]。

　数学について見ると，低学年では分布の形状に大きな違いは見られないものの，学年が上がるにつれて偏差値の分布に違いが生じることがわかる。より具体的に，小学校5・6年以降では，低所得層の分布が全体に左にシフトするとともに，裾の重い分布になる傾向がある。このことは，平均的な学力の変化に加えて，低所得層では，階層内格差が拡大する可能性を示唆している。国語については，小学校1・2年時で顕著な違いがあるものの，全体的な傾向としては，学年が上がるにつれて分布の乖離が顕著になる。

　上記の結果は，世帯の所得水準の上昇が，子どもの平均的学力水準と正の相関を持つと同時に，何らかの系統的要因を通じて，同一所得階層内での学力格差を縮小させる効果を持つことを示唆している。

　次項では，2-2項で示した実証モデルによる分析を通じて，所得以外の他の個人・世帯属性をコントロールしたうえで，こうした傾向が引き続き観察されるかを検討する。さらに，親による教育投資や家庭内の学習環境を示すいくつかの説明変数を追加することで，学力格差の縮小効果の背後にどのようなメカニズムが存在するかについても，若干の検討を行っていくこととする。

3-2　回帰分析

　(4.1)，(4.2)式の説明変数として，子どもの学年，性別，早生まれダミー，第一子ダミー，きょうだい数，両親の学歴および就業状態，居住地域（政令指定都市ダミーおよび地域ダミー），および調査年度ダミーを用いた場合の推計結果を表4-2に示した。表4-2は，これらの世帯・個人属性をコントロールした

---

[8]　分布の形状を把握する際には，ヒストグラムが用いられることも多いが，階級の境界値の設定によって分布の視覚的な形状が大きく変わるという欠点がある。カーネル密度関数の推定に関しては，たとえば竹澤（2007）や Pagan and Ullah（1999）などを参照のこと。

3 所得水準と学力の階層内格差の分析　93

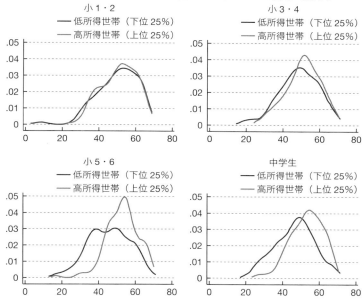

図4-3　世帯の所得階層別に見たテストスコアの分布（数学）

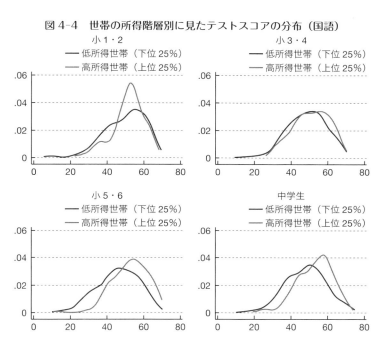

図4-4　世帯の所得階層別に見たテストスコアの分布（国語）

表 4-2　分散関数回帰モデルの推計結果

被説明変数：偏差値	数学				国語			
	平均		log（分散）		平均		log（分散）	
	係数	（標準誤差）	係数	（標準誤差）	係数	（標準誤差）	係数	（標準誤差）
(a) 全サンプルをプールした結果								
世帯所得（対数値）	3.513	(0.523)***	−0.248	(0.094)***	3.193	(0.521)***	−0.250	(0.097)***
(b) 世帯所得と学年の交差項を導入した結果								
世帯所得（対数値）								
×小1〜小3	1.862	(0.896)**	−0.098	(0.147)	2.347	(0.890)***	−0.295	(0.153)*
×小4〜小6	3.112	(0.919)***	−0.295	(0.169)*	3.211	(0.868)***	−0.311	(0.161)*
×中1〜中3	5.142	(0.761)***	−0.379	(0.148)**	3.751	(0.822)***	−0.181	(0.160)
観測数	2,051				2,051			

(注)　***，**および*は推計された係数がそれぞれ1％，5％，10％水準で統計的に有意であることを示す。カッコ内は不均一分散に対して頑健な標準誤差。子どもの学年，性別，早生まれダミー，第一子ダミー，きょうだい数，両親の学歴および就業状態，居住地域（政令指定都市ダミーおよび地域ダミー），および調査年度ダミーについてはすべての推計でコントロールしている。これらの係数の推計結果についてはウェブ付録の第4章付表1および2を参照のこと。

うえで得られた世帯所得の係数をまとめたものである[9]。表の上段（a）は世帯所得の対数値を用いた場合の推計結果，下段（b）は年収と学年ダミー（3グループ）の交差項を用いた場合の推計結果である。それぞれの科目について，「平均」の列は(4.1)式に，「log（分散）」の列は(4.2)式に対応する推計結果となっている。また，カッコ内には不均一分散に対して頑健な標準誤差を示している。

　平均的な学力水準の規定要因については，第3章で行った分析とほぼ同様の結果が得られている。世帯所得は，数学・国語のいずれの偏差値水準に対しても，統計的に有意に正の影響をもたらすことが示されている。ここでは，世帯所得については対数をとった値を用いているので，推計された係数を100で除したものは，世帯所得が1％上昇した場合の，偏差値水準の平均的な変化の大きさを表すことになる[10]。いま，分析に用いたサンプルの世帯所得の平均

---

9)　その他の変数に関する推計結果については，本書ウェブ付録の第4章付表1および2を参照されたい。
10)　対数をとった説明変数の推定された係数の解釈については，巻末補論（228頁）を参照。

値は約 700 万円であったので，世帯所得が 100 万円上昇する（平均値を基準として約 14.2% の上昇）と，偏差値は数学で 0.50，国語で約 0.46 上昇することになる[11]。

その他の説明変数に関する推計結果は紙幅の都合で省略しているが，以下の結果が得られている。まず，国語・数学に共通する結果として，早生まれダミーときょうだい数，母親の就業はそれぞれ偏差値水準に対して負の影響を持ち，親の学歴については，父母ともに偏差値水準に対して正の影響を持つことが明らかになった。これに加え，国語の偏差値水準に対しては女子ダミーが統計的に有意に正の影響を持つ。

一方，ここでの分析の焦点となる誤差項の分散に関する推計からは，以下の結果が得られている。まず，世帯所得（対数値）の水準については，統計的に有意に負の係数が観察される。この結果は，ここで説明変数に用いている他の要因を一定に保ったうえで，世帯所得の上昇は学力（科目偏差値）の階層内格差を縮小させることを示している。この推計結果を平均値の周りで評価すると，世帯所得の 100 万円の増加に伴い，数学・国語ともに偏差値の分散が約 3.5% 減少することになる[12]。

その他の説明変数に関しては，全体として目立った効果は見られないものの，子どもの性別と両親の属性（就業および学歴）について，部分的には統計的に有意な係数が推計された[13]。子どもの性別に関しては，女子の方が（とくに国語の）偏差値の分散が小さくなる傾向があった。女児と比べ，男児の学力水準（テストスコア）の個人間格差が大きくなるという傾向は，いくつかの先行研究でも指摘されており，ここでの結果と整合的である（Arden and Plomin 2006）。両親の属性に関しては，数学について，高学歴（大学卒以上）の父親を持つほど分散が小さくなる傾向が見られる。一方，国語については母親の就業が分散を縮小させる傾向が見られる。これらの結果に対して，明確な解釈を加えるこ

---

11) ただし，第 3 章の分析では，ここで考慮した説明変数群に加え，私立学校通学ダミーおよび推論正答率を説明変数に追加しているため，所得の影響は若干小さくなっている。

12) (4.2) 式より，誤差項の分散については $\gamma = \dfrac{d\sigma^2/\sigma^2}{dz/z}$ が成り立つ。この式の右辺は σ^2 の z に対する弾力性となっており，推計された係数の大きさは，対応する説明変数の値が 1% 変化した場合に，誤差項の分散が何% 変化するかを示している。

13) これらを含めた推計結果については，ウェブ付録の第 4 章付表 1 を参照のこと。

とは難しいが，高学歴の父親を持つ世帯や，母親が就業している世帯では，世帯所得が高くなる可能性が高く，少なくとも上記の世帯所得の影響とは整合的であるといえる。

　学力の階層内格差の縮小は，分布のどのような変化によって引き起こされているのだろうか。この点を検証するために，数学および国語の偏差値を被説明変数とする分位点回帰（quantile regression）を実施した（Angrist and Pischke 2009）。通常の OLS が被説明変数の条件付き期待値に関するモデルであるのに対し，分位点回帰は被説明変数の分布の分位点をモデル化したものである。ここでは，偏差値の第1四分位点，中央値，第3四分位点について推計を行った。これらの推計結果は，分析に用いた説明変数を条件付けたうえで，偏差値分布の各分位点についての予測値を与える。

　推計結果は，図4-5 および図4-6 にまとめられている。グラフは，表4-2 と同様の説明変数を用いた分位点回帰の結果に基づいて，他の要因を一定として世帯所得のみが変化した場合の予測値をプロットしたものである[14]。図の点線は，各分位点の予測値に対する 95% 信頼区間を示す。

　図4-5 および図4-6 からは，世帯所得の増加に伴って，偏差値の第1四分位点，中央値，第3四分位点のいずれについても上昇する傾向が見て取れる。ただし，分布の上位 25% に当たる第3四分位点は，所得の増加に対して緩やかにしか上昇しない一方で，下位 25% に当たる第1四分位点は顕著に上昇する。結果として，世帯所得の増加に伴って生じる，学力の階層内格差の縮小は，学力分布の下位層の底上げによって達成されているといえる。

　次に，世帯所得と学年ダミーの交差項を導入することで，観察できないテスト得点の個人間格差が，学年が上がるにつれてどのように変化するのかを検証した。世帯属性に関しては，表4-2 と同様の説明変数を用いている。推計結果は前掲の表4-2 の下段（b）に示される。

　世帯所得が平均的な学力水準におよぼす影響に関しては，第3章における分析と整合的な結果が得られている。すなわち，数学・国語ともに，子どもの学年が上がるにつれて，世帯所得が各科目の偏差値に与える限界的な効果は大き

---

[14] 予測値の計算に当たっては，世帯所得（対数値）以外の変数についてはサンプルの平均値に固定している。分位点回帰の推計結果についてはウェブ付録の第4章付表3および4を参照のこと。

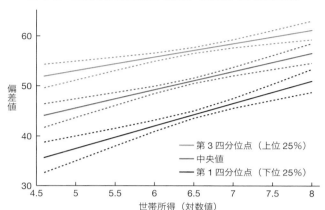

図4-5 世帯所得と偏差値（数学）の関係（分位点回帰）

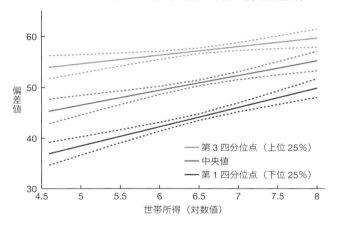

図4-6 世帯所得と偏差値（国語）の関係（分位点回帰）

くなる傾向が見られる。

　一方で，世帯所得が学力の分散におよぼす影響に関しては，科目によって異なる傾向が見られる。数学に関しては，子どもの学年が上がるにつれて世帯所得の格差縮小効果は大きくなる傾向が見られ，とくに中学校段階ではその効果が顕著に観察される。対して，国語では全く逆の傾向が見られ，学年が上がるにつれて格差縮小効果は減少し，とくに中学校段階ではその効果は統計的にも有意性を失う。科目によって異なる影響が生じたことの解釈は難しいが，科目

の特性上，一般に数学の方が段階的な学習を必要とする傾向が強いため，学校外教育（補習塾や家庭教師など）による学力下位層の引き上げがより効果的に行われている可能性がある[15]。

上記の世帯所得に関する推計結果は，いずれも学力の階層内格差を縮小させるような何らかの要因が背後に存在することを示唆している。これら背後の要因としては，所得水準の違いによって生じる，学校外教育の機会や家庭内の学習環境・教育資源の差，親の教育方針の違いなどが考えられる。以下では，JCPS（および KHPS／JHPS 本調査）から得られるいくつかの説明変数を，表4-2 の推計に順次加えていくことで，世帯所得の係数がどのように変化するのかを検討する[16]。

追加した説明変数は以下の通りである。まず，出生時点における属性として，子どもの出生時体重と出生時点での母親の年齢（およびその2乗項）を加えた。出生時体重に関しては，いくつかの研究でその後の平均的な教育成果との関連が検討されている（本書第7章；小原・大竹 2009；Fryer and Levitt 2004）。加えて，とくに低体重出生は発達上のリスクを抱えている可能性があり，このことは学力の分散を拡大させる要因となりうる（Richards *et al*. 2001）。一方，出生時の母親の年齢に関しては，若年出産が世帯の経済状態と関連を持つ一方で，高齢出産は低体重出産のリスクを高めるような効果を持つ。

次に，家庭内の教育資源を表す変数として，漫画・雑誌などを除く世帯の蔵書数と，子ども専用の学習机の有無（専用，共用，なしの各ダミー変数）を追加的にコントロールした。蔵書数については，10冊未満，10〜50冊，51〜100冊，101〜300冊，301冊以上のカテゴリから選択する形で調査しているため，各カテゴリに該当するダミー変数を作成して説明変数に追加した。一方，学習机の有無については，専用の机，共用の机，なしの3カテゴリに該当するダミー変数を追加している。

---

15) その他の説明変数に関する結果に関しては，ウェブ付録の第4章付表5を参照のこと。
16) 追加する説明変数に欠損値が存在する場合，説明変数の追加に伴って推計対象となる観測数が小さくなる。ここでの興味の中心である世帯所得の影響は，対象となるサンプルの違いによっても影響を受ける可能性があるため，以下の分析では追加の説明変数に欠損が生じている場合，個別にダミーを立てて対処し，観測数を同一に保っている。もちろん，このような処理は，追加された説明変数の影響の解釈を難しくする。

子どもの非認知能力に関連する指標としては、「子どもの強さと困難さアンケート（SDQ）」に基づく問題行動得点、および KINDL^R に基づく QOL 得点をそれぞれ利用した[17]。前者については、子どもの情緒的安定性や問題行為、向社会性などに関する質問を親に対して行い、個別の項目から構築された合成尺度である。一方、後者については子どもの身体的健康、自尊感情などを計測する複数の項目から構築された尺度となっている。これらの変数は、学力得点に影響を持つものと考えられるが、同時に学力得点が親による評価や子どもの充足感に影響をおよぼす逆の因果関係も考えられるため、当該変数の影響の解釈には注意を要する。

親の教育方針や家庭内における学習に関連する指標としては、学校行事・PTA などへの参加状況と親の回答に基づく家での学習時間（およびその 2 乗項）を用いた。前者については、「ほとんどすべて参加」「最低限必要なときだけ参加」「あまり参加していない」の 3 カテゴリをそれぞれダミー変数とした。なお、JCPS の親票は父母のどちらかが回答することとなっているが、当該項目については両親の参加状況を尋ねるものとなっている。一方、後者については「ほとんどしない」から「5 時間以上」の各カテゴリについて、各階級の中央値を割り当てて、連続変数として扱っている。なお、「ほとんどしない」についてはゼロを割り当て、最上位階級である「5 時間以上」については 5 時間とした。

最後に、学校外教育の指標として、対象となる子どもについての課外活動への 1 カ月当たりの支出額を用いた。当該変数については、2010 年および 2011 年調査では課外活動支出の合計額を尋ねていたが、2012 年調査以降ではこれを細分化（芸術・スポーツ・学習・その他）して尋ねている。以下の分析では 2012 年以降の細分化された支出額の合計を計算することで、課外活動全体への支出額を定義し、分析に利用している。

これらの説明変数群を順次追加した場合の推計結果は、表 4-3 に示される。なお、ここでは本章の主な分析対象である世帯所得（対数値）の係数の推計値のみを示している。

---

[17] SDQ と KINDL^R の詳細については、第 2 章（39 頁以下）および第 5 章（112 頁）を参照のこと。

表 4-3　個人・世帯属性の追加に伴う世帯所得の係数の変化

	数学				国語			
	平均		log (分散)		平均		log (分散)	
	係数	(標準誤差)	係数	(標準誤差)	係数	(標準誤差)	係数	(標準誤差)
[1]ベンチマーク	3.513	(0.523)***	−0.248	(0.094)***	3.193	(0.521)***	−0.250	(0.097)***
[2]出生時の属性	2.889	(0.527)***	−0.222	(0.095)**	2.473	(0.516)***	−0.182	(0.096)*
[3]家庭内の教育資源	2.655	(0.527)***	−0.256	(0.095)***	2.053	(0.516)***	−0.178	(0.098)*
[4]非認知能力	2.090	(0.515)***	−0.206	(0.094)**	1.521	(0.501)***	−0.119	(0.096)
[5]PTA・学習時間	1.674	(0.509)***	−0.182	(0.096)*	1.202	(0.497)**	−0.118	(0.097)
[6]課外活動支出	1.549	(0.512)***	−0.171	(0.097)*	1.106	(0.499)**	−0.104	(0.098)

(注)　***，**および*は推計された世帯所得（対数値）の係数がそれぞれ1％，5％，10％水準で統計的に有意であることを示す。カッコ内は不均一分散に対して頑健な標準誤差。[1]は表4-2(a)に示した結果の再掲（子どもの性別・学年，早生まれダミー，第一子ダミー，きょうだい数，両親の学歴および就業，居住地および調査年度ダミーを統御）。[2]〜[6]の結果は，これに以下の説明変数を順次追加した場合の結果。
　[2] 出生時の属性：出生時の母親の年齢およびその2乗，出生体重。
　[3] 家庭内の教育資源：世帯の蔵書数，子ども専用の学習机の有無（専用，共用，なし）。
　[4] 非認知能力：SDQに基づく問題行動得点（親の回答），KINDL^{R}に基づくQOL得点（子どもの回答）。
　[5] PTA・学習時間：学校行事・PTAなどへの親の参加状況，親の回答に基づく家での学習時間。
　[6] 課外活動支出：課外活動への支出額（1ヵ月当たり）。
　すべての説明変数を加えた場合の推計結果[6]については，ウェブ付録の第4章付表5を参照のこと。

　世帯所得が平均的な学力水準におよぼす影響に関しては，説明変数群を順次加えていくことで，世帯所得の係数は小さくなることがわかった。この傾向は，数学・国語で共通だが，国語でより顕著に現れる。ベンチマークとなる推計結果（[1]）とすべての説明変数群を加えた推計結果（[6]）を比較すると，数学では係数の大きさが約半分になるのに対し，国語では約3分の1まで低下する。ただし，すべての説明変数群を加えた場合であっても，なお世帯所得の係数は統計的に有意に正の値を示した[18]。

　一方，世帯所得が学力の階層内格差（誤差項の分散）におよぼす影響に関しても，追加的な説明変数群を加えていくことで，係数の絶対値は小さくなる傾向が見られた。この結果も数学・国語で共通であったが，やはり国語でより顕著に見られる。実際，出生時の属性，家庭内で利用可能な教育資源，および子どもの非認知能力に関する説明変数群をコントロールすると，世帯所得の水準は国語の偏差値の分散とは統計的に有意な関連を持たないことがわかる。いず

れにしても，これらの結果は，格差縮小効果の背後に，親による教育投資や家庭内における学習環境の整備などの要因が存在していることを強く示唆する。

4 おわりに

多くの先行研究では，所得水準や家計の社会・経済背景が，個人の平均的な学力水準に与える影響が検証されてきた。本章では，こうした視点に加え，世帯の経済状態が同一階層内における学力格差に与える影響を検証した。

恵まれた家庭環境にある子どもは，学校外教育の機会や家庭内における良好な学習環境などの要因を通じて，平均的には高い学力を獲得する可能性が高い。同時に，学力水準を向上させる効果が，相対的に学力水準の低い子どもに対して，より有効に働くのであれば，恵まれた家庭環境にある子どもたちの中での学力水準の格差は，そうでない場合と比較して，縮小する可能性がある。

JCPS を用いた分析の結果，他の要因を一定に保った場合の学力指標の分散は，世帯の所得水準と負の相関を持つことが示された。すなわち，観測可能な個人・世帯属性が同一であるような子どもたちの中での学力水準の格差は，世帯所得が高くなるにつれて縮小することになる。この結果は，所得水準の上昇が，平均的な学力水準を向上させるだけでなく，母集団における学力格差を縮小する効果を持ちうることを示唆している。いくつかの補足的な検討の結果，こうした格差縮小効果の背後には，親による教育投資や家庭内における学習環境の整備などの要因が影響していることが明らかになった。また，格差縮小効果が，子どもの学年に応じてどのように変化するかを見ると，科目によって異なる傾向が見られた。数学では，学年が上がるにつれて格差縮小効果が強く見

---

18) すべての説明変数を追加した場合の回帰分析全体の結果についてはウェブ付録の第4章付表5を参照されたい。ここで追加されたその他の説明変数について，階層内格差と関連するものをまとめると，以下のようになる。まず，出生時体重に関しては，国語・数学ともに平均的な偏差値の水準とは有意な関連を持たない一方で，階層内格差を小さくする影響が観察される。前者の平均的な学力水準に関する結果は，本書第7章で示されるものと整合的な結果となっている。また，問題行動得点は国語・数学ともに，学力の階層内格差を拡大させる効果を持つ一方，家庭での学習時間の長さは国語の学力格差を縮小させる傾向が見られた。

られるようになる一方で，国語では全く逆の結果となった。

　第1章でも議論したように，わが国における学力格差の現状把握に当たっては，「全国学力・学習状況調査」が参照されることが多い。中でも，都道府県レベルで見た学力水準の地域差とその動向は，社会的にも大きな注目を浴びてきた。たとえば，2015年度の調査資料では，平均正答率（中学校，国語A・B，数学A・B）が最も高い都道府県と，最も低い都道府県とでは，約10〜15%ポイントもの格差が存在することが報告されている（国立教育政策研究所 2015）。その一方で，同報告書では「下位県の成績が全国平均に近づく状況が見られ，学力の底上げが図られている」という記述がなされている。しかしながら，地域間格差の縮小は，必ずしも母集団全体で見た学力格差の縮小を意味するわけではない。たとえば，ランキングの下位にある地域が，地域内の成績上位層の引き上げにターゲットを当てたような政策を実施すれば，地域間格差は縮小する一方で，地域内の個人間格差が拡大し，結果として母集団全体での格差は拡大しうる。本章の分析結果は，階層内で見た個人間の学力格差，およびその縮小にターゲットを当てた政策の重要性を示唆しているといえる。

▼ 参 考 文 献

国立教育政策研究所（2015）『平成27年度 全国学力・学習状況調査の結果について』https://www.nier.go.jp/15chousakekkahoukoku/index.html（2015年9月14日アクセス）

小原美紀・大竹文雄（2009）「子どもの教育成果の決定要因」『日本労働研究雑誌』第588号：67-84頁。

竹澤邦夫（2007）『みんなのためのノンパラメトリック回帰（上）（第3版）』吉岡書店。

Angrist, J. D., and J.-S. Pischke (2009) *Mostly Harmless Econometrics: An Empiricist's Companion*, Princeton University Press.（大森義明ほか訳『「ほとんど無害」な計量経済学——応用経済学のための実証分析ガイド』NTT出版，2013年）

Arden, R., and R. Plomin (2006) "Sex Differences in Variance of Intelligence across Childhood," *Personality and Individual Differences*, 41(1): 39-48.

Carneiro, P., and J. J. Heckman (2004) "Human Capital Policy," in J. J. Heckman, A. B. Krueger, and B. M. Friedman, eds., *Inequality in America: What Role for Human Capital Policies?* MIT Press.

Cook, R. D., and S. Weisberg (1983) "Diagnostics for Heteroscedasticity in Regression," *Biometrika*, 70(1): 1-10.

Fryer, R. G., Jr., and S. D. Levitt (2004) "Understanding the Black-White Test Score Gap in the First Two Years of School," *Review of Economics and Statistics*, 86(2): 447-464.

Harvey, A. C. (1976) "Estimating Regression Models with Multiplicative Heteroscedasticity," *Econometrica*, 44(3): 461-465.

Lian, H., H. Liang, and R. J. Carroll (2015) "Variance Function Partially Linear Single-Index Models," *Journal of the Royal Statistical Society, Series B*, 77(1): 171-194.

McCall, L. (2000) "Explaining Levels of Within-Group Wage Inequality in U. S. Labor Markets," *Demography*, 37(4): 415-430.

Nakamuro, M., Y. Uzuki, and T. Inui (2013) "The Effects of Birth Weight: Does Fetal Origin Really Matter for Long-Run Outcomes?" *Economics Letters*, 121(1): 53-58.

Neal, D. A., and W. R. Johnson (1996) "The Role of Premarket Factors in Black-White Wage Differences," *Journal of Political Economy*, 104(5): 869-895.

Pagan, A., and A. Ullah (1999) *Nonparametric Econometrics*, Cambridge University Press.

Phillips, M., J. Crouse, and J. Ralph (1998) "Does the Black-White Test Score Gap Widen after Children Enter School?" in C. Jencks, and M. Phillips, eds., *The Black-White Test Score Gap*, Brookings Institution Press.

Richards, M., R. Hardy, D. Kuh, and M. E. Wadsworth (2001) "Birth Weight and Cognitive Function in the British 1946 Birth Cohort: Longitudinal Population Based Study," *BMJ*, 322: 199-203.

Todd, P. E., and K. I. Wolpin (2007) "The Production of Cognitive Achievement in Children: Home, School, and Racial Test Score Gaps," *Journal of Human Capital*, 1(1): 91-136.

Western, B., and D. Bloome (2009) "Variance Function Regressions for Studying Inequality," *Sociological Methodology*, 39(1): 293-326.

第5章

親の社会経済的背景と子どもの問題行動・QOL

家庭環境は非認知能力の形成にどのような影響を与えるか？

赤林英夫・敷島千鶴

Overview
- 子どもの社会性の発達や社会的な適応は、子どもの将来の社会経済的な達成度を予測する重要な非認知能力変数であることが、最近の研究から明らかになりつつある。
- 本章ではJCPSを利用し、子どもの家庭背景を制御したうえで、社会経済的地位を構成する親の学歴、就業、収入、預貯金などの諸変数が、どの程度、子どもの問題行動とQOLの水準、そしてその変化を説明するかを検討した。
- クロスセクションデータによる分析で確認された世帯所得と子どもの問題行動・QOLの関係は、(1)2時点のパネルデータによる固定効果モデルではほぼ確認できないこと、(2)親の所得階層間における子どもの問題行動の格差は、クロスセクションで見てもパネルで見ても子どもの発達とともに拡大すること、(3)問題行動は、小学校低学年のときには固定化されておらず、とくに親の教育水準が高い場合、解消される確率が高いことが明らかになった。
- パネルデータによる分析から、子どもの非認知能力の形成には遺伝や家庭の文化など、潜在する観測不可能な要因が持続的に影響を与えている可能性が示唆されたが、より詳細な分析のためにはさらなるデータの蓄積が必要である。

1 はじめに

　近年，教育学・経済学・社会学のどの分野においても，社会における経済格差の形成とその要因を議論する際に，「認知能力（cognitive skills）」に加え，性格（characters, personality）を含む「非認知能力（non-cognitive skills）」の差の影響の重要性がクローズアップされてきた（**Column** ④参照；55 頁）。経済学において標準的な「人的資本論」では，従来主として知識や技能の水準の差が個人の所得決定の説明要因として議論されてきた（**Column** ②参照；16 頁）。しかしながら，ヘックマンらの研究（Heckman 2000）を嚆矢として，知識や技能の習得過程における非認知能力の重要性が指摘されて以来，それまでもっぱら発達心理学の枠組みで論じられてきた，子どもの社会的スキルの獲得，そしてより広義な社会的適応という視点が，経済学や社会学の領域にも研究関心として導入されるようになってきた[1]。

　しかし，認知能力の発達において，家庭と学校教育がともに主要な役割を担うことはほぼ明らかである一方で，非認知能力の形成においては，家庭と学校がどのような役割を果たすのか，まだわからないことは多い（Heckman and Mosso 2014）。非認知能力の形成においては，とくに幼児期の経験や家庭環境が大きな役割を果たすと想像されているが（菅原 2012），その因果構造は，社会の構造やそのおかれた文脈に大きく依存する可能性がある。とくに，従来この分野の中心であった発達心理学や教育学の研究においては，親の接し方や子育て方法の影響に主たる関心があったため，わが国では必ずしも家庭の社会経済的背景との関係の研究の蓄積は多くはない[2]。

　さらにもし，発達段階における非認知能力の差が，子どもの将来における社会経済格差の形成に決定的に重要であるとすれば，その解決に向けた政策的支援の可能性を検討する必要がある。そのためには，それは子どもの発育のどの

---

1) わが国においても，苅谷（2001）が「学習意欲格差」を論じて以来，学力格差の広がりの背景に，子どもの家庭の社会経済的背景と関連して，子どもの間に学習に対する姿勢や子どもの社会的発達に大きな差が生じていることが，多くの研究者により指摘されてきた。
2) ただし，池田・安藤・宮本（2012）はわが国で例外的な研究である。

段階で介入すべきか，どのような手段で介入すべきか，定量的に検討を加えることが可能であることが望ましい。

本章の目的は，日本子どもパネル調査（JCPS）のパネルデータを利用し，日本の子どもの非認知能力と家庭要因との関連を多面的に理解していくことにある。そのために，具体的には，大きく以下の2つの分析を行った。第1は，心理学的変数である子どもの「問題行動」および「生活の質（QOL）」と，その子どもの家庭背景や親のおかれた状態，そして広く社会経済学的諸変数との関連を明らかにすることであり，3年間の蓄積データの統計分析により行われる。第2は，子どもの問題行動とQOLの格差が子どもの成長によってどのように変化するか，そしてその変化を家庭の社会経済的格差がどのように調整するか，について吟味する。この分析においては，子どもの学年ごとに，その親の世帯所得との横断的相関関係を確認するとともに，JCPSのパネルデータとしての特性を生かし，同一の子どもを追跡することにより，所得階層間と親の学歴階層間で，子どもの問題行動とQOLの格差がどのように変化するかについても検討する。

2 研究の背景

2-1 子どもの非認知能力形成に関する研究の概観

近年日本において，子どもの認知能力の形成や教育達成をアウトカムとし，それを家庭背景や学習環境によってどの程度説明できるかについて明らかにする試みが展開されている。そして，子どもの学力や教育達成は，その世帯の社会経済的地位（socioeconomic status: SES）の各変数によって説明されることが次々と報告されてきている（赤林ほか2011；苅谷・志水2004；耳塚2007など）。しかしながら，日本の子どもの非認知能力の形成，より広義には子どもの行動や感情と，社会経済的な家庭背景についての精緻な検討は，まだ十分に行われているとはいえない。日本の最近の社会学的研究は，従来の教科偏重の基礎学力よりも，意欲，創造性，コミュニケーション能力などの「ポスト近代型能力」において，子どもの家庭背景の影響がより強く見られる可能性を指摘して

いる（本田 2005）。また心理学的研究は，たとえば，子どもを胎児期から追跡することにより，10歳時の問題行動が子どもの生来の気質や家庭の社会的・経済的状況，親の養育など多くの要因と関連性を持つこと，そしてそれら多要因間の時系列的で複雑な相互作用のプロセスを明らかにしてきている（菅原ほか 1999）。しかし，世帯所得や親の学歴，就業など，その子どもの家庭背景として SES を構成する諸変数が，それぞれどの程度子どもの行動や感情に影響を与えているのか，積極的な検討はなされていない（池田・安藤・宮本 2012）。

　これに対し，海外の大規模パネル調査に依拠した経済学・社会学・心理学の諸研究は，たとえばアメリカの Children of the National Longitudinal Surveys of Youth（CNLSY）のデータから，子どもの認知能力のみならず，内在化・外在化する問題行動，あるいはメンタルヘルスなど，子どもに不適応をもたらす主要な要因は貧困にさらされることにあると主張する（Korenman, Miller, and Sjaastad 1995; McLeod and Shanahan 1996; Brooks-Gunn and Duncan 1997）。アメリカの学校を単位とし，子ども・母親・教師から子ども個人について情報を得た Charlottesville Longitudinal Study においても，子どもの問題行動や低い自尊感情をより顕在化させるのは，継続された経済的苦境であることを明らかにしている（Bolger et al. 1995）。アメリカの Panel Study of Income Dynamics のデータを用いた研究でも，家族構成や母親の学歴をコントロールしても，家庭の収入と貧困が，子どもの知能および問題行動に与える影響は有意に残ることより，子どもの発達研究において収入を含めた分析を行うことの重要性を指摘している（Duncan, Brooks-Gunn, and Klebanov 1994）。Duncan and Magnuson（2011）は，Early Childhood Longitudinal Survey を用いて小学1年生から5年生までの知能と問題行動の格差の変動を分析した。その結果，所得階層間での学力と問題行動の格差は大きく，とくに後者は年齢とともに広がっていく傾向があると指摘している。Farkas（2011）は National Educational Longitudinal Study を利用して，中学2年生から高校3年生までの学力と問題行動の格差の変動を分析し，学習意欲格差は年齢とともに縮まるが，問題行動は広がることを示している。Ermisch et al.（2012）は，英国とドイツの5歳時点における問題行動と所得階層・親の教育階層との関係を分析している。

　世帯主の所得・学歴・職業という共変動する諸変数を1つの合成変数，SES として捉え，子どもの感情的アウトカムに与える効果を検討した研究では，子

どもの感情は，認知能力ほど明確に SES との関連を示さないものの，低 SES 家庭の子どもは，裕福な家庭の子どもに比べ，精神疾患的徴候や不適応症状をより表出しやすいことを明らかにしている（Bradley and Corwyn 2002 によるレビューに詳しい）。関連する多くの研究から効果量を求めたメタ分析は，子ども個人を単位とした学力とその子どもの家庭の SES との相関係数は 0.22（White 1982），より最近の米国の研究では 0.27 程度（Sirin 2005）としているが，子どもの行動や感情と，SES との関連を包括的にレビューした文献はない。

　一方，収入が子どもの問題行動におよぼす影響は，知能へおよぼす影響ほど微弱ではないが，その時点での収入は子どもの行動の発達をほとんど説明しないという知見もある（Blau 1999）。また，客観的に測定される経済的ストレス（生活保護の有無）は，それが持続されることにより，子どもの問題行動やウェルビーイングに，より大きな影響を与えるが，親が主観的に認知する経済的ストレス（家計状況の自己評定）は，一時的であっても持続的であっても効果の程度に差がなかったことより，親のメンタルヘルスの悪さが，親による子どもの行動の評定と主観的経済的ストレスの両者にバイアスを与えている可能性が提起されている（Takeuchi, Williams, and Adair 1991）。さらに，子どもの社会性と親の SES との間に関連が見られたとしても，至近要因として両者を媒介するのは，親子のダイアド（2者）あるいはトライアド（3者）のコミュニケーションや，親の養育スタイル（McLoyd 1998），家庭の温かい雰囲気や，母親のうつ症状（Duncan, Brooks-Gunn, and Klebanov 1994），母親の教育的関与（Bolger et al. 1995）など，親，とりわけ母親の特性や行動とする指摘がある。

　さらに，ヘックマンらによるCNLSYを用いた一連の研究によると（Heckman, Stixrud, and Urzua 2006; Cunha and Heckman 2008），非認知能力は認知能力と同じ程度，教育達成度や将来の賃金に影響を与えること，また，非認知能力は認知能力の成長に大きな影響を与える一方，その逆は常にはいえないことなどが明らかになりつつある。Lee and Ohtake（2014）は日米の成人データを用いて，非認知能力や性格は，収入や教育水準と関係があること，しかしより具体的にどのような変数が社会経済的帰結に強く関係するかは日米間で差があることを示している。

2-2 本章の分析の焦点

子どもの非認知能力と家庭背景との関連を検討した研究を概観してきたが，これらの研究では，子どもの行動や感情の評定は母親によることが通常であり，子ども本人の評定を採用した研究は少ない（Bolger *et al.* 1995 など）。評定者が母親であれば，たとえば子どものメンタルヘルスの認知には，母親自身のメンタルヘルスが評定バイアスを与えている可能性もある（Angel and Worobey 1988; Takeuchi, Williams, and Adair 1991）。一方，世帯所得をはじめ，家庭背景の測定については，子どもではなく，より正確な情報提供者である親から回答を得る必要性が強調されている（Entwisle and Astone 1994; Ensminger *et al.* 2000）。また，子どもの行動や感情は，抑うつ，外在化する問題行動（攻撃行動，多動など），内在化する問題行動（引きこもりなど）などに類別して測定されることが多いが，どの次元がどの家庭背景の側面と関連を示すのか，その差異については明確に論じられていない。さらに，とりわけ心理学的研究においては，子どもの行動と，SESという包括的構成概念との関連は調べられていても，所得や学歴の独立した効果は必ずしも検証されていない。そして日本の子どもの行動や感情と，その家庭背景，とりわけ社会経済的背景との関連性に関する積極的な検討はまだ萌芽的であり，数が少ない（菅原 2012; 池田・安藤・宮本 2012）。欧米の先行研究から得られた知見が，日本においても再認されるとは限らないだろう。

これらをふまえて本章では，子どもの社会性の発達，そして子ども自身が日々感じる社会的な適応感に焦点を当て，日本の子どもの健全な発達と家庭背景との関連を広範に捉えていく。そのために，子どもの問題行動とQOLを，親と子どもから測定し，家庭背景については親から詳細に情報を得る。そして，広義のSESではなく，所得，学歴，就業などSESを構成する各成分の効果を明らかにする。また，両親からメンタルヘルスを測定することにより，それらと子どもの問題行動およびQOLとの関連を明らかにする。

さらに本章では，わが国では全く解明されてこなかった，子どもの問題行動とQOLの格差の動態についての分析も行う。他の変数と同様，JCPSには，1人の子どもに対して2時点のデータしか存在しないため，相互補完的な2つの方法をとる。第1は，すべての学年の有効な観測データをプールしてクロス

セクションデータとして扱い，学年ごとに，問題行動・QOL と世帯所得との相関を回帰分析により明らかにする。第 2 は，所得階層間，学歴階層間における問題行動と QOL の格差が，2 年間でどのように変化をするか，視覚的に表現し，世帯所得の変化が問題行動と QOL の変化に与える影響をパネル回帰分析により明らかにする。第 2 の分析においては，2 時点の観測データが得られる子どものサンプルのみをパネルデータとして利用する。以上の分析により，問題行動と QOL の差が子どもの発達のどの段階で発生するのか，その背景にはどのような家庭環境の変化があるのか，事実発見を行う。長期間の追跡データが存在しない状況では，クロスセクションデータ分析とパネルデータ分析を補完的に利用することで，子どものアウトカムに見られる格差の動態の全体像を明らかにすることができる（Duncan and Murnane 2011）。

3 用いるデータと分析の方法

3-1　対象とするサンプル

　JCPS の，2011，2012，2013 年調査に協力した親子を対象とした。問題行動と QOL は，2011 年以降に調査されているため（詳しくは第 2 章を参照），パネルとして利用できるサンプルは，2011 年調査と 2013 年調査の両者に協力したサンプルのみである。したがって，クロスセクションでのデータとパネルでのデータのサンプルが異なる点に注意が必要である（表 5-1）。その結果，問題行動を被説明変数とした分析での観測数は，クロスセクションデータでは 1370，パネルデータでは 785 となっている。また，QOL の設問は小学 3 年生以上の子どものみに対して尋ねられているため，QOL を被説明変数とした分析での観測数は，クロスセクションデータでは 1057，パネルデータでは 683 となっている。

3-2　非認知能力を測定する変数

　子どもの問題行動の指標には，親用アンケートに導入し，子ども 1 人ずつに

表 5-1 基本統計量

	クロスセクションサンプル			パネルサンプル		
	観測数	平均	標準偏差	観測数	平均	標準偏差
問題行動	1370	49.67	9.89	785	49.06	9.24
QOL	1057	50.14	9.81	683	50.22	10.04
女子ダミー	1370	0.47	0.50	785	0.49	0.50
早生まれダミー	1370	0.24	0.43	785	0.24	0.43
預貯金額	1370	4.53	6.59	785	4.91	6.82
世帯所得（対数）	1370	6.48	0.43	785	6.51	0.42
家での学習時間	1370	1.01	0.92	785	1.05	0.96
幼稚園通園ダミー	1370	0.72	0.45	785	0.75	0.43
私立在学ダミー	1370	0.05	0.21	785	0.03	0.17
誕生時母親年齢	1370	30.14	4.36	785	30.09	4.23
高校生までのきょうだい数	1370	2.28	0.83	785	2.29	0.80
出生順位	1370	1.68	0.78	785	1.67	0.76
父親大卒以上ダミー	1370	0.44	0.50	785	0.46	0.50
母親大卒以上ダミー	1370	0.17	0.38	785	0.18	0.38
父親有業ダミー	1370	0.99	0.09	785	0.99	0.08
母親有業ダミー	1370	0.64	0.48	785	0.66	0.48
父親メンタルヘルス	1370	32.58	6.90	785	32.39	6.73
母親メンタルヘルス	1370	31.23	6.55	785	31.18	6.31

ついて親に回答を求めた「子どもの強さと困難さアンケート」(Strengths and Difficulties Questionnaire: SDQ) 親版 25 項目 (Goodman 1997) より，「情緒的不安定さ」「行為問題」「多動・不注意」「仲間関係のもてなさ」の 4 つの下位尺度の合計点である「問題行動」得点を用いた (SDQ の詳細については，第 2 章を参照；39 頁)。

子どもの QOL の指標には，小学 3 年生以上の子ども用アンケートに導入し，子ども本人から回答を求めた QOL 尺度「KINDL^R」シリーズ (Bullinger, von Mackensen, und Kirchberger 1994; Ravens-Sieberer et al. 2006) 小学生版（柴田ほか 2003）および中学生版（松嵜ほか 2007）各 24 項目より，「身体的健康」「情動的ウェルビーイング」「自尊感情」「家族」「友だち」「学校」の 6 つの下位尺度の合計点である QOL 得点を用いた (KINDL^R の詳細については，第 2 章を参照；41 頁)。

本章では，これらの尺度を原則偏差値化して分析を行う。すなわち，以上の尺度は，学年ごとに平均を 50，標準偏差を 10 に線形変換して用いることとする。SDQ 尺度も QOL 尺度も，すべての学年に対して共通の質問項目を利用しており，必ずしも，学年ごとの標準化を施して利用するものではない。しかし

図 5-1 問題行動と QOL の分布

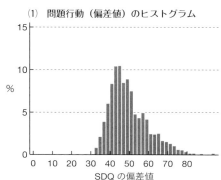

(1) 問題行動（偏差値）のヒストグラム

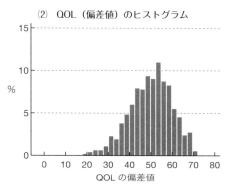

(2) QOL（偏差値）のヒストグラム

ここでは，第3章において所得が学力に与える影響を学年ごとに推計した分析結果，そして諸外国における分析結果と比較可能にするために，標準化を行うこととした[3]。

図 5-1 は，本章の分析で用いる，問題行動と QOL の分布をヒストグラムで示したものである。図から明らかなように，問題行動と QOL は，同様の標準化をしているものの，両者の分布はやや異なる。問題行動は正に歪み（右方向に裾野が長く），QOL は負に歪んでいる（左方向に裾野が長い）。これは，どちらも，好ましくない（問題行動が多い，適応感が低い）方向に著しく大きな値をとる子どもが一定数存在することを示している。その点を除けば，最頻値はほぼ一点に集中している点も含め，自然な分布を示している。

データの詳細な分析に移る前に，ここで，Ermisch, Peter, and Spiess (2012) のデータと JCPS を利用し，SDQ の問題行動スコアと家庭背景の関係を，英国，ドイツ，日本（JCPS）の3国で比較しよう[4]。

図 5-2 は，上記3カ国における問題行動スコアの平均値を，(1)親の教育水準と(2)親の所得階層別にグラフにしたものである。子どもの年齢は，英国とド

---

[3] したがって，学年（年齢）の効果は分析の対象になりえないが，問題行動と QOL のどちらも，年齢とは負の相関関係を持つことが明らかにされている。つまり，学年が上がれば問題行動は減少するが，QOL も低下する（敷島・山下・赤林 2012）。
[4] 英国とドイツのデータを提供していただいた Frauke Peter 博士（DIW Berlin）に心から感謝する。

図 5-2　英国・ドイツ・日本の子どもの問題行動（SDQ 尺度）平均値と家庭背景

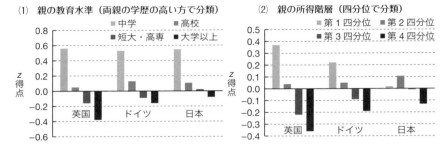

(注)　英国とドイツの子どもの年齢は 5〜6 歳，日本の子どもは小学 1〜3 年生。縦軸は標準偏差単位（z 得点）での(1)親の学歴および(2)親の所得階層間の問題行動の差。
(出所)　英国とドイツは Ermisch, Peter, and Spiess（2012）の提供データ，日本は JCPS データより筆者作成。

イツでは 5〜6 歳，日本では JCPS の小学 1 年生から小学 3 年生を対象とした[5]。問題行動スコアは，3 カ国とも平均 0，標準偏差 1 に標準化された z 得点で示されている。(1)では，親の教育水準を，UNESCO の分類（ISCED）に基づき比較可能な尺度に揃えてある。これを見ると，3 カ国とも，親の学歴が高くなるほど，問題行動の値は一貫して小さくなる傾向がある。しかしながら，学歴間の問題行動のレベルの差は，英国が最も大きく，日本が最も小さいが，日本とドイツの間の差は小さい。ただし，親の学歴が最も低いグループにおける問題行動スコアは，3 カ国ともほとんど同じ水準である。

(2)は，親の所得階層を 4 グループに分け，各グループにおける子どもの問題行動スコアの平均値を 3 カ国で比較している。グラフから，おおむね，所得が高い親の子どもほど問題行動の値が小さいこと，また，教育水準と同様，所得階層間の問題行動のレベルの差は，英国が最大であり，日本が最小であることがわかる。例外的に，日本において所得第 1 四分位よりも第 2 四分位の方が問題行動の値は高い[6]。ただし，単調に減少する第 2 四分位から第 4 四分位ま

---

5)　したがって日本のデータは他の 2 国と比べると子どもの年齢がやや高い。また，十分なサンプルを確保しながら一定の比較可能性を担保するため，JCPS 2011 から JCPS 2013 までの 3 年分のデータをプールした。それでも親の学歴別の観測数は中学が 10，高校が 699，短大・高専が 474，大学以上が 1074 であり，とくに親が中学卒業のサンプルは小さく，したがって誤差は大きい。

での変化だけに注目すると，その変化は標準偏差 0.2 強相当であり，ここでも日本は，英国よりもドイツに近い。

以上，グラフを大まかに見た結果をまとめると，わが国の子どもの問題行動と家庭背景との関連は，英国ほど強くなく，ドイツに近いものの，所得階層と問題行動との関係は必ずしも単調ではないといえる。

3-3 非認知能力を説明する変数と分析モデル

説明変数として，女子ダミー（女性＝1，男性＝0），誕生時母親年齢（単位：年），早生まれダミー（1～3月生まれ＝1），高校生までのきょうだい数（実数），出生順位（第一子＝1 など），父親大卒以上ダミー（大学卒・大学院卒＝1），母親大卒以上ダミー，父親メンタルヘルス（得点が高いほど良好），母親メンタルヘルス，父親有業ダミー（仕事についている＝1），母親有業ダミー，前年の世帯所得（対数），家での学習時間，所有する預貯金額，幼稚園通園ダミー，私立在学ダミーを順次導入した（変数の構成方法については第2章を参照）。

推計手法は，全サンプルをプールしてクロスセクションデータとして扱った回帰分析と，観測が2回ある対象のみにサンプルを絞って構成したパネルデータを用いた固定効果モデル分析である（巻末補論参照；236頁）。クロスセクションデータ分析では，個人の属性を追加的に制御することで，個人属性と経済変数がどのように従属変数に影響を与えているか確認する。固定効果モデル分析では，観測不可能な，時間を通じて一定の個人と世帯の属性を除去することで，とくに経済変数がどの程度従属変数に影響をもたらすか確認する。完全ではないものの，固定効果モデルの方が，誤差項に関する弱い仮定のもとで，環境から能力計測値への因果関係を示していると考えられる。基本統計量は先に示した表 5-1 の通りである。

---

6) 図は省略するが，小学1年生から小学3年生のみならず，中学1年生から中学3年生でも同様に，第1四分位での値よりも第2四分位での値が大きい。ただし，小学4年生から小学6年生では，所得が上がるにつれて問題行動得点は単調に減少する。

4 子どもの問題行動とQOLの決定要因

4-1 家庭環境が子どもの問題行動・QOLに与える影響

　まず，すべてのサンプルをプールしたクロスセクションデータを利用し，子どもの問題行動およびQOLについて，2種類の回帰モデルを適用した分析を行った。第1のモデルにおいては，性別と早生まれダミーだけをコントロールして，世帯所得と預貯金の2つの経済変数を投入する。第2のモデルでは，それに加えて，家庭内投資の変数（家での学習時間，幼稚園通園ダミー，私立在学ダミー）と誕生時の母親の年齢，家庭背景変数（きょうだい数，出生順位，父親と母親の大卒以上ダミー），両親の有業ダミーとメンタルヘルスを導入した。以上はすべて重回帰分析（OLS）によって分析され，すべて不均一分散に頑健な標準誤差を計算している。以上の結果を表5-2(1)に示す。

　表5-2(2)（118頁）には，複数の観測値のある対象に絞った固定効果モデル（FE）分析の結果を示す。表では重要と思われる説明変数の係数のみを表示している。比較のために，OLSの結果を並べている。これは基本的に表5-2(1)のモデル(2)と同じであるが，複数の観測値のある対象にサンプルを揃えている。標準誤差の計算の際には，同一個人内での誤差項のクラスタリングを考慮してある。

　まず，子どもの問題行動について，世帯所得の影響に注目すると，OLSに基づくどちらのモデルにおいても，世帯所得が上昇すると，問題行動が減少する傾向にあることが示されている（表5-2(1)）。モデル(1)と(2)で比較すると，家庭背景変数の導入は所得の与える影響を減じていることがわかる。しかしながら固定効果モデルにおいては，これらの効果は統計的有意性を失い，OLSの結果の因果性を疑わせる結果となった（表5-2(2)）。このことは，図5-2で確認した通り，世帯所得と問題行動との関係が必ずしも単調ではないことと関連していると推測される。

　世帯の預貯金の影響を見ると，OLSでは，預貯金が多いと，問題行動を減らす傾向に見えるが，固定効果モデルでは，預貯金の増加はむしろ問題行動に好ましくない影響を与えている[7]。

表 5-2 子どもの問題行動・QOL と家庭背景

(1) クロスセクション分析

被説明変数	問題行動		QOL	
説明変数	(1)	(2)	(3)	(4)
女子ダミー	−2.1386***	−2.1961***	0.6558	0.5895
	(0.5292)	(0.5119)	(0.5978)	(0.5946)
早生まれダミー	1.6408***	1.5142**	−1.0255	−0.9836
	(0.6237)	(0.6114)	(0.6857)	(0.6765)
預貯金額	−0.0264	0.0359	0.0478	0.0218
	(0.0368)	(0.0379)	(0.0492)	(0.0535)
世帯所得（対数）	−2.5562***	−1.1189*	2.5853***	1.5723*
	(0.6473)	(0.6682)	(0.7985)	(0.8552)
家での学習時間		−0.9852***		0.0204
		(0.2899)		(0.3239)
幼稚園通園ダミー		−0.5563		0.5248
		(0.6032)		(0.7092)
私立在学ダミー		0.0106		−0.8975
		(1.3154)		(1.4256)
誕生時母親年齢		−0.0727		−0.0963
		(0.0786)		(0.0772)
高校生までのきょうだい数		0.6646*		−1.9703***
		(0.4013)		(0.4141)
出生順位		−0.8054*		−0.0577
		(0.4383)		(0.4910)
父親大卒以上ダミー		0.2163		0.8022
		(0.5849)		(0.6963)
母親大卒以上ダミー		−1.6263**		1.4129*
		(0.6895)		(0.8404)
父親有業ダミー		4.7318*		3.3709
		(2.4286)		(3.2869)
母親有業ダミー		−0.7399		−0.6786
		(0.5866)		(0.6809)
父親メンタルヘルス		−0.0783**		0.1331***
		(0.0393)		(0.0490)
母親メンタルヘルス		−0.3133***		−0.0040
		(0.0388)		(0.0474)
定数	66.2176***	69.1422***	33.0275***	39.1555***
	(4.1623)	(5.2357)	(5.1575)	(6.2675)
決定係数	0.0375	0.1022	0.0191	0.0608
自由度調整済み決定係数	0.0326	0.0915	0.0154	0.0463
観測数	1370		1057	

（注）被説明変数は，問題行動はマイナスが好ましく，QOL はプラスが好ましい状態を示す。また***，**および*は推計された係数がそれぞれ 1%，5%，10% 水準で統計的に有意であることを示す。

表 5-2（続き）

(2) パネル固定効果分析

説明変数 \ 被説明変数	問題行動 (1) OLS	問題行動 (2) FE	QOL (3) OLS	QOL (4) FE
預貯金額	0.0151	0.2897*	0.0407	0.1171
	(0.0446)	(0.1675)	(0.0740)	(0.2043)
世帯所得（対数）	−1.2517	1.9405	1.4816	0.9397
	(0.8605)	(1.7088)	(1.0992)	(2.5916)
家での学習時間	−1.0626***	0.6366	0.4571	0.2013
	(0.3532)	(0.5341)	(0.3773)	(0.5440)
父親有業ダミー	0.0286	−3.7109***	5.3074	3.9435
	(2.2152)	(1.1402)	(3.4150)	(3.5700)
母親有業ダミー	−0.1470	2.4835*	−0.8091	−0.7810
	(0.7343)	(1.3849)	(0.8589)	(1.6171)
父親メンタルヘルス	−0.0524	0.0292	0.1911***	0.1025
	(0.0475)	(0.0892)	(0.0629)	(0.1423)
母親メンタルヘルス	−0.3879***	−0.0337	−0.0053	−0.0333
	(0.0488)	(0.1133)	(0.0620)	(0.1543)
第2期間ダミー	−0.2488	−1.1089**	−0.0487	0.1069
	(0.6299)	(0.5473)	(0.7975)	(0.7405)
定数	78.7669***	36.6803***	34.0247***	41.3975**
	(6.1959)	(12.3537)	(7.8275)	(17.2482)
決定係数	0.1504	0.0452	0.0837	0.0177
自由度調整済み決定係数	0.1315	0.0328	0.0602	0.0031
観測数	785	785	683	683

（注）OLS はクロスセクション分析，FE は子どもの観測不可能な要素を考慮した固定効果分析である。実際には，OLS では表5-2(1)のクロスセクション分析と同一の説明変数を，FE では他に私立在学ダミー，高校生までのきょうだい数を投入している。被説明変数は，問題行動はマイナスが好ましく，QOL はプラスが好ましい状態を示す。また***，**および*は推計された係数がそれぞれ1%，5%，10%水準で統計的に有意であることを示す。

OLS において他の変数の影響を確認すると，女子は問題行動が少なく，早生まれは問題行動が多い傾向にある。家での学習時間は短いほど問題行動が多い。きょうだい数は多いほど，出生順は早いほど，限界的に問題行動が多い傾向がうかがえる。また，母親が大学卒であることは問題行動を減らし，親のメンタルヘルス，とくに母親のメンタルヘルスの向上は，問題行動を減じる傾向

---

7) 預貯金が問題行動を増やすということは解釈しにくいが，たとえば預貯金は自宅や車を購入した際などには大きく減少するため，この効果は見かけ上のものである可能性もある。

にある。しかしこれらの効果は，固定効果モデルでは消える。最後に，父親が有業であることは，固定効果モデルにおいて，問題行動を減らす。

次にQOLについて見ると，問題行動と比較して説明力の高い変数は少ない。世帯所得の与える影響について確認すると，OLSでは，世帯所得の高さはQOLの高さと関連するが，固定効果をとるとそれらの効果は一掃される。OLSにおけるそのほかの変数の影響としては，きょうだい数が少ないこと，父親のメンタルヘルスが高いことが，子どものQOLを高めている。しかし，固定効果モデルのもとでは，これらの効果はすべて消失する。

4-2 年齢別に見た，世帯所得が問題行動・QOLに与える影響

前項では，クロスセクションデータによる分析に基づくと，世帯所得は子どもの問題行動とQOLに一定の相関を示すこと，そして，その相関は，観測可能な子どもの社会的背景を制御しても必ずしも消えるとは限らないが，観測不可能な固定効果を制御するとほぼ消失することを示した。そこで本項では，世帯所得と子どもの問題行動・QOLとの相関関係が，子どもの発達に従ってどのように変化するか，クロスセクションデータに基づいて分析を行う[8]。

図5-3は，問題行動に関し，世帯所得の影響が子どもの学年によってどのように調整されるかを図示したものである。世帯所得との負の関係が，中学3年生を除くすべての学年で一貫して明らかに見られる[9]。子どもや家庭背景に関する変数を制御すると，世帯所得の問題行動に与える影響はすべての学年で大きく減少し，一部の学年（小学1・3・5・6年生）では世帯所得の影響はほぼ消える。

図5-4はQOLについて，図5-3と同様の分析結果を示したものである。これを見ると，全体として，世帯所得の向上はQOLの向上につながるが，学年別に見るとその傾向は小学6年生以降に強まることがわかる。また，子どもや

---

[8] 具体的には，学年ダミーと世帯所得（対数），その両者のすべての交差項を投入した回帰分析を行い，学年別に，世帯所得が被説明変数に与える影響の係数を推計する。家庭背景の調整を全く行わない場合と，前節で投入したすべての家庭背景変数の調整を行う場合の2通りの推計を行う。結果の詳細はウェブ付録を参照のこと。

[9] 2月後半から3月にかけて調査を行っているため，中学3年生は，中学卒業とほぼ時期が重なったことが，他の学年と異なる結果となった原因の1つであると考えられる。

図 5-3　世帯所得が子どもの問題行動に与える影響（学年別・コントロール変数の有無別）

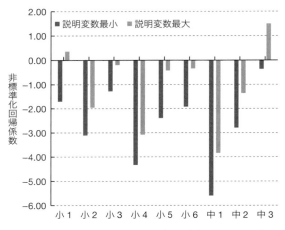

（注）　説明変数最大のグラフの作成に当たっては，表 5-2（1）で利用されたすべてのコントロール変数を投入した。観測数も表 5-2（1）と一致する。

図 5-4　世帯所得が子どもの QOL に与える影響（学年別・コントロール変数の有無別）

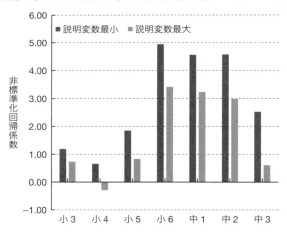

（注）　説明変数最大のグラフの作成に当たっては，表 5-2（1）で利用されたすべてのコントロール変数を投入した。観測数も表 5-2（1）と一致する。

家庭の背景変数を制御すると，所得が QOL に与える影響は 3 分の 1 から 2 分の 1 程度弱まる。しかし，小学 6 年生から中学 2 年生にかけては，家庭背景を制御しても，世帯所得は QOL に大きなプラスの影響を与え続ける。

4-3 問題行動・QOL の所得階層格差のダイナミクス

本項では、以下の階層間で、問題行動と QOL の水準がパネルデータの2年間でどのように変動するかを視覚的に明らかにする。

まず、各学年における所得階層の下位3分の1（第1三分位）と上位3分の1（第3三分位）のグループに注目し、各グループにおける問題行動と QOL の平均値が、2年間でどう変わるかを視覚化した。第3章と同様、初回調査（基準年）における小学1年生と2年生、小学3年生と4年生、小学5年生と6年生をそれぞれプールする（QOL は小学3年生以上のみ）。所得三分位は、各年の所得と三分位点に基づいて定義した（ただし、基準年の所得と三分位点により定義された三分位階級を2年後に適用しても結果にほとんど差はなかった）。

図5-5 は、問題行動と QOL の2つの指標の2年間の変動を、世帯の第1所得三分位と第3所得三分位についてプロットした。図中では、各所得階層における変動を線グラフで示すと同時に、各時点における所得階層間の指標の差を棒グラフで表した。

図を見ると、問題行動の所得階層間格差は、値としては大きくないものの、学年を追うごとにほぼ一貫して広がっていることが見て取れる。しかしそのような格差拡大は QOL には見られない。

さらに図5-6 では、両親が2人とも大学卒以上の場合とそうでない場合という2つのグループに分けて同様のグラフ化を行った。問題行動については親の学歴が低い方が、QOL については親の学歴が高い方が、一貫して水準は高いが、その差は必ずしも統計的に有意であるほど大きくはない。また、どちらのスコアも、その変動のパターンについて顕著な特徴は見られない。

しかしながら、家庭の階層ごとの平均的な水準の変化は、子どもの心理や行動の階層間の移動のしやすさ（モビリティ）や固定度を明らかにはしない。そこで、第3章で行った分析と同様に、子どもの問題行動と QOL の水準を学年ごとに「上位」「中位」「下位」の3階層に分割し、子どもが2年間にどの程度「上位」や「下位」を維持するのか（階層の固定化）、何割ぐらいが「上位」から「下位」へ、またその逆の移動をするのか（階層のモビリティ）、それらは家庭背景とどの程度関係があるのか、図示したい。

図5-7 は、子どもの問題行動水準のモビリティを3階層間の遷移確率によ

図 5-5 親の所得階層と問題行動・QOL の変動

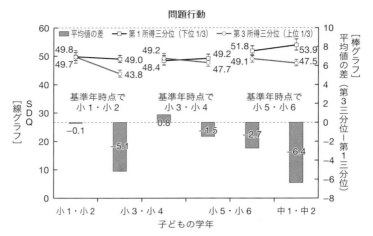

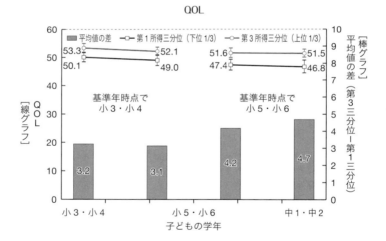

り表示している[10]。親の学歴階層別と親の所得階層別に，子どもが小学校低学年の場合と高学年の場合に分けて，移動確率の高さを棒グラフで表した[11]。説明のために，(1)親の学歴階層別の(a)小学校低学年のグラフを例に挙げよう。

---

10) これは各学年グループにおける，3 階層の 2 年間の遷移確率である。詳細はウェブ付録を参照。

図 5-6 親の学歴階層と問題行動・QOL の変動

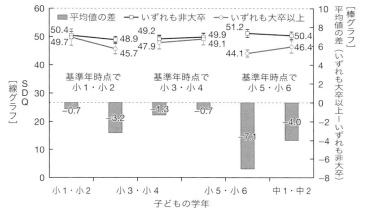

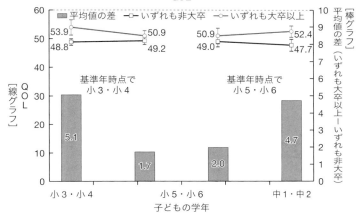

---

11) ここで,「高学歴層」とは子どもの両親のどちらかが大学卒以上である場合,「低学歴層」とは両親のどちらも大学卒以上ではない場合と定義する。また,「高所得層」は前年の世帯所得が上位3分の1に含まれる世帯の子ども,「低所得層」は下位3分の1に含まれる世帯の子どもと定義する。また,小学校低学年は基準年で小学1・2年生,2年後は小学3・4年生であり,小学校高学年は基準年で小学5・6年生,2年後は中学1・2年生である。

図5-7 子どもの成長過程での問題行動水準のモビリティ

(1) 親の学歴階層別

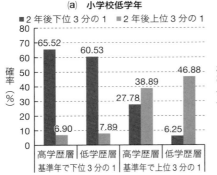

(a) 小学校低学年

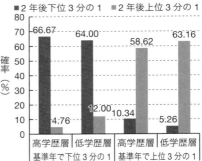

(b) 小学校高学年

(2) 親の所得階層別

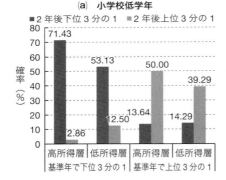

(a) 小学校低学年

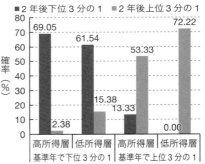

(b) 小学校高学年

(注)　「高学歴層」とは子どもの両親のどちらかが大学卒以上である場合,「低学歴層」とは両親のどちらも大学卒以上ではない場合を指す。

　　　「高所得層」は前年の世帯所得が上位3分の1に含まれる世帯の子ども,「低所得層」は下位3分の1に含まれる世帯の子どもを指す。

　　　縦軸は,2年後に下位または上位3分の1に含まれる確率を表す。2年とも同じ階層に属する場合は階層が固定化されていることを,異なる階層に属する場合にはモビリティが高いことを示す。

　　　小学校低学年は基準年で小学1・2年生,2年後は小学3・4年生である。

　　　小学校高学年は基準年で小学5・6年生,2年後は中学1・2年生である。

　　　問題行動やQOLの階層は,基準年と2年後において,学年ごとに「上位」「中位」「下位」に3等分することで定義されている。つまりこのグラフは,各学年グループにおける3階層の2年間の遷移確率を計算していることに他ならない。詳細はウェブ付録を参照。

　親が高学歴層で,基準年において問題行動レベルが下位3分の1の（問題行動が少ない）子どもが2年後に下位3分の1にとどまる確率（下位階層の固定度）は65.52%,基準年に同じレベルだった子どもが2年後に上位3分の1（問題行

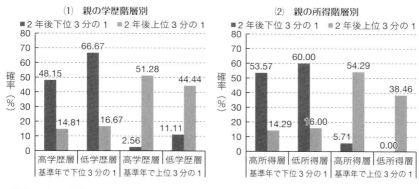

図 5-8 子どもの成長過程での QOL 水準のモビリティ（小学校高学年）

（注） 図 5-7 と同。

動が多い）に移動する確率（下位階層の上方モビリティ）は 6.9% と示されている。

全体を通じて見ると、小学校低学年よりも高学年の方が、問題行動の固定化が起きていること、たとえば、上位 3 分の 1 の子どもが 2 年後にも上位 3 分の 1 にとどまる確率が上昇していることがわかる。問題行動水準のモビリティが高いのは、とくに小学校低学年で、親が高学歴層の場合であり、基準年で上位 3 分の 1 の問題行動水準であっても、2 年後には 27.78% の確率で下位 3 分の 1 の水準に移行している。しかし、たとえ親が高学歴であっても、小学校高学年になると同様のモビリティは 10.34% まで低下する。また、小学校低学年の場合であっても、親の所得が高いだけでは、上位 3 分の 1 から下位 3 分の 1 への遷移確率は 13.64% にとどまる。

図 5-8 は、子どもの QOL 水準のモビリティを、図 5-6 と同様に定義された親の階層間を比較する形で示している（ただし、QOL は小学校低学年では測定されていないため、小学校高学年のみについて図示）。これを見ると、QOL 上位 3 分の 1 から下位 3 分の 1 に移動するケースは非常に少ないこと、親が低学歴層であること、もしくは低所得層であることは、子どもの QOL を下位 3 分の 1 に固定化する傾向にあることがわかる。

以上をまとめると、子どもの問題行動に対しては、小学校高学年よりも低学年の方が解消の可能性が高いこと、また解消には、親の経済状態以上に親の教育水準が鍵となること、子どもの QOL 向上のためには親の経済状態と教育水準の改善が同等に重要であることが示された。

5 おわりに

　最後に，本章で行った分析をまとめる。第1に，世帯所得が子どもの問題行動・QOLに与える影響は，クロスセクションデータに基づく回帰分析では確認することができたが，パネルデータに基づく固定効果モデルではほぼ確認できなかった。第2に，子どもの問題行動の親の所得階層間の格差は，クロスセクションデータで見てもパネルデータで見ても，子どもの発達に伴い，拡大する傾向にあった。第3に，問題行動は小学校低学年の時には固定化されておらず，とくに親の教育水準が高い場合，子どもの問題行動が解消される確率が高いことが明らかになった。

　クロスセクション回帰分析においては，所得と非認知能力の正の相関関係が年齢とともに強まる傾向がある一方で，固定効果モデルによる推計では，所得と非認知能力の相関関係が見出せないのはなぜであろうか。

　第1に，非認知能力の個人差に遺伝要因が寄与していることが理由として考えられる。行動遺伝学研究は，認知能力に限らず，非認知能力にも遺伝の影響が顕著にあることを明らかにしている。たとえば，本書と同一のSDQ尺度親版を用いた英国の研究は，5歳から15歳児の問題行動の個人差の35～77%は遺伝要因によって説明されることを報告している（Saudino, Ronald, and Plomin 2005）。そして，4歳・7歳・9歳・12歳・16歳時に測定された問題行動の下位尺度は，相互に強く相関すること，4歳時の問題行動に効果をもたらしていた遺伝要因が，16歳時まで継続して効果を持つ一方で，各年齢独自に寄与する遺伝要因も顕在すること，つまり，遺伝要因は問題行動の安定と変化の双方に寄与することが明らかにされている（Lewis and Plomin 2015）。非認知能力が親から子へ遺伝し，かつ，親の所得が親の非認知能力の遺伝要因を反映したものであれば，親の所得と子どもの非認知能力は同じ遺伝要因によって媒介されることになり，結果として，両者には相関関係が観察される。このような場合には，世帯所得と子どものアウトカムには，直接の因果関係はない。遺伝以外にも，子どもの非認知能力は，家庭の文化的背景や子どもに与えられる教育の影響などを受けて，就学前にある程度形成されていることが考えられ，これらは所得と相関があっても，時間を通じて変化しない観測不可能な要素によって

説明されてしまう。

　第2に，固定効果モデルが所得とアウトカムの因果関係を識別するための条件を完全には満たしていない可能性がある。その理由は，非認知能力の決定式には，所得以外に，時間を通じて変化する脱落変数が存在するためであり，その脱落変数と所得との間には，見かけ上の相関がありうるからである。

　そのような場合には，たとえ現在の所得とアウトカムの間に因果関係が存在したとしても，通常の回帰分析でも固定効果モデルでも，それを正しく推計することはできない（Angrist and Pischke 2009, p. 243）。その典型的なケースとして，過去の非認知能力が現在の非認知能力に影響を与えている場合が想定できる。たとえば Cunha, Heckman, and Schennach（2010）は，非認知能力が，認知能力，所得，その他の家庭環境とも動態的に関係しながら成長する可能性を，米国の長期パネルデータを用いた動学的モデルで示している。さらに，親が評価者となり SDQ 尺度を用いて問題行動を測定している場合には，子どもの行動に対する過去の評価が，現在の評価結果にバイアスを与えている場合が考えられる。また，子ども本人が回答者である QOL 尺度の場合，現在の適応感が過去に感じた適応感を基準に主観的に決定されている可能性がある。こうしたバイアスは正にも負にもなりうる。

　以上の場合には，現在の非認知能力の決定には，現在の世帯所得のみならず過去の所得水準も関連することとなる。そしてその結果，単純な回帰分析を適用すると，現在の所得の係数の推計値が，過去の所得の影響を反映する可能性がある。この場合に推計されるべきモデルは，少なくとも，固定効果モデルの右辺にラグ付き被説明変数を付加した動学固定効果モデルとなるが，3期間以上のパネルデータを用い，適切な操作変数を用意しなければ，所得と非認知能力の間の関係を推計することはできない（Angrist and Pischke 2009）。

　したがって，この章での分析結果は，固定効果モデルの成立条件を仮定し，2期間という限られたデータに基づいていることに注意が必要である。所得と非認知能力の間の因果関係についてより正確な結論を導くには，今後のデータの蓄積と長期にわたるパネルデータを用いたより詳細な分析が必要である。

　　（付記）　本章第2節は，敷島・山下・赤林（2012）に加筆したものである。

▼ 参 考 文 献

赤林英夫・中村亮介・直井道生・敷島千鶴・山下絢（2011）「子どもの学力には何が関係しているか――『JHPS お子様に関する特別調査』の分析結果から」樋口美雄・宮内環・C. R. McKenzie／慶應義塾大学パネルデータ設計・解析センター編『教育・健康と貧困のダイナミズム――所得格差に与える税社会保障制度の効果（パネルデータによる政策評価分析2）』慶應義塾大学出版会：69-98 頁。

池田まさみ・安藤玲子・宮本康司（2012）「幼児期の問題行動と家庭力」菅原ますみ編『子ども期の養育環境と QOL（お茶の水女子大学グローバル COE プログラム　格差センシティブな人間発達科学の創成1）』金子書房：101-117 頁。

苅谷剛彦（2001）『階層化日本と教育危機――不平等再生産から意欲格差社会へ』有信堂高文社。

苅谷剛彦・志水宏吉編（2004）『学力の社会学――調査が示す学力の変化と学習の課題』岩波書店。

敷島千鶴・山下絢・赤林英夫（2012）「子どもの社会性・適応感と家庭背景――『日本子どもパネル調査2011』から」樋口美雄・宮内環・C. R. McKenzie／慶應義塾大学パネルデータ設計・解析センター編『親子関係と家計行動のダイナミズム――財政危機下の教育・健康・就業（パネルデータによる政策評価分析3）』慶應義塾大学出版会：49-79 頁。

柴田玲子・根本芳子・松嵜くみ子・田中大介・川口毅・神田晃・古荘純一・奥山真紀子・飯倉洋治（2003）「日本における Kid-KINDL^R Questionnaire（小学生版 QOL 尺度）の検討」『日本小児科学会雑誌』107（11）：1514-1520 頁。

菅原ますみ（2012）「子ども期の QOL と貧困・格差問題に関する発達研究の動向」菅原ますみ編『子ども期の養育環境と QOL（お茶の水女子大学グローバル COE プログラム　格差センシティブな人間発達科学の創成1）』金子書房：1-23 頁。

菅原ますみ・北村俊則・戸田まり・島悟・佐藤達哉・向井隆代（1999）「子どもの問題行動の発達―― Externalizing な問題傾向に関する生後11年間の縦断研究から」『発達心理学研究』10（1）：32-45 頁。

本田由紀（2005）『多元化する「能力」と日本社会――ハイパー・メリトクラシー化のなかで（日本の〈現代〉13）』NTT 出版。

松嵜くみ子・根本芳子・柴田玲子・森田孝次・佐藤弘之・古荘純一・渡邉修一郎・奥山眞紀子・久場川哲二・前川喜平（2007）「日本における『中学生版 QOL 尺度』の検討」『日本小児科学会雑誌』111（11）：1404-1410 頁。

耳塚寛明（2007）「だれが学力を獲得するのか」耳塚寛明・牧野カツコ編『学力とトランジッションの危機――閉ざされた大人への道』金子書房：3-24 頁。

Almlund, M., A. L. Duckworth, J. J. Heckman, and T. Kautz (2011) "Personality, Psychology and Economics," in E. A Hanushek, S. Machin, and L. Woessman, eds., *Handbook of the Economics of Education*, Vol. 4: 1-181, Elsevier.

Angel, R., and J. L. Worobey (1988) "Single Motherhood and Children's Health," *Journal of Health and Social Behavior*, 29 (1): 38-52.

Angrist, J. D., and J.-S. Pischke (2009) *Mostly Harmless Econometrics: An Empiricist's Companion*, Princeton University Press.（大森義明ほか訳『「ほとんど無害」な計量

経済学——応用経済学のための実証分析ガイド』NTT 出版，2013 年)
Blau, D. M. (1999) "The Effect of Income on Child Development," *Review of Economics and Statistics*, 81 (2) : 261-276.
Bolger, K. E., C. J. Patterson, W. W. Thompson, and J. B. Kupersmidt (1995) "Psychosocial Adjustment among Children Experiencing Persistent and Intermittent Family Economic Hardship," *Child Development*, 66 (4) : 1107-1129.
Bradley, R. H., and R. F. Corwyn (2002) "Socioeconomic Status and Child Development," *Annual Review of Psychology*, 53 : 371-399.
Brooks-Gunn, J., and G. J. Duncan (1997) "The Effects of Poverty on Children," *Future of Children*, 7 (2) : 55-71.
Bullinger, M., S. von Mackensen, und I. Kirchberger (1994) "KINDL : Ein Fragebogen zur-gesundheitsbezogenen Lebensqualität von Kindern," *Zeitschrift für Gesundheitspsychologie,* 2 : 64-67.
Cunha, F., and J. J. Heckman. (2008) "Formulating, Identifying and Estimating the Technology of Cognitive and Noncognitive Skill Formation," *Journal of Human Resources,* 43 (4) : 738-782.
Cunha, F, J. J. Heckman, and S. M. Schennach (2010) "Estimating the Technology of Cognitive and Noncognitive Skill Formation," *Econometrica,* 78 (3) : 883-931.
Duncan, G. J., J. Brooks-Gunn, and P. K. Klebanov (1994) "Economic Deprivation and Early Childhood Development," *Child Development*, 65 (2) : 296-318.
Duncan, G. J., and R. J. Murnane (2011) *Whither Opportunity? : Rising Inequality, Schools, and Children's Life Chances*, Russell Sage.
Duncan, G. J., and K. Magnuson (2011) "The Nature and Impact of Early Achievement Skills, Attention Skills, and Behavior Problems," in G. J. Duncan, and R. J. Murnane, eds., *Whither Opportunity? : Rising Inequality, Schools, and Children's Life Chances*, Russell Sage.
Ensminger, M. E., C. B. Forrest, A. W. Riley, M. Kang, B. F. Green, B. Starfield, and S. A. Ryan (2000) "The Validity of Measures of Socioeconomic Status of Adolescents," *Journal of Adolescent Research,* 15 (3) : 392-419.
Entwisle, D. R., and N. M. Astone (1994) "Some Practical Guidelines for Measuring Youth's Race/Ethnicity and Socioeconomic Status," *Child Development*, 65 (6) : 1521-1540.
Ermisch, J., F. H. Peter, and C. K. Spiess (2012) "Early Childhood Outcomes and Family Structure," in J. Ermisch, M. Jäntti, and T. M. Smeeding, eds., *From Parents to Children : The Intergenerational Transmission of Advantage*, Russell Sage.
Farkas, G. (2011) "Middle and High School Skills, Behaviors, Attitudes, and Curriculum Enrollment, and Their Consequences," in G. J. Duncan, and R. J. Murnane, eds., *Whither Opportunity? : Rising Inequality, Schools, and Children's Life Chances*, Russell Sage.
Goodman, R. (1997) "The Strengths and Difficulties Questionnaire : A Research Note," *Journal of Child Psychology and Psychiatry*, 38 (5) : 581-586.
Heckman, J. J. (2000) "Policies to Foster Human Capital," *Research in Economics*, 54 (1) : 3-56.

Heckman, J. J., and S. Mosso (2014) "The Economics of Human Development and Social Mobility," NBER Working Paper No. 19925.

Heckman, J. J., J. Stixrud, and S. Urzua (2006) "The Effects of Cognitive and Noncognitive Abilities on Labor Market Outcomes and Social Behavior," *Journal of Labor Economics*, 24 (3): 411-482.

Korenman, S., J. E. Miller, and J. E. Sjaastad (1995) "Long-term Poverty and Child Development in the United States: Results from the NLSY," *Children and Youth Services Review*, 17 (1-2): 127-155.

Lee, S. Y., and F. Ohtake (2014) "The Effects of Personality Traits and Behavioral Characteristics on Schooling, Earnings, and Career Promotion," RIETI Discussion Paper, 14-E-023.

Lewis, G. J., and R., Plomin (2015) "Heritable Influences on Behavioural Problems from Early Childhood to Mid-Adolescence: Evidence for Genetic Stability and Innovation," *Psychological Medicine*, 45 (10): 2171-2179.

McLeod, J. D., and M. J. Shanahan (1996) "Trajectories of Poverty and Children's Mental Health," *Journal of Health and Social Behavior*, 37 (3): 207-220.

McLoyd, V. C. (1998) "Socioeconomic Disadvantage and Child Development," *American Psychologist*, 53 (2): 185-204.

Ravens-Sieberer, U., M. Erhart, N. Wille, R. Wetzel, J. Nickel, and M. Bullinger (2006) "Generic Health-related Quality-of-life Assessment in Children and Adolescents: Methodological Considerations," *Pharmacoeconomics*, 24 (12): 1199-1220.

Saudino, K. J., A. Ronald, and R. Plomin (2005) "The Etiology of Behavior Problems in 7-Year-Old Twins: Substantial Genetic Influence and Negligible Shared Environmental Influence for Parent Ratings and Ratings by Same and Different Teachers," *Journal of Abnormal Child Psychology*, 33 (1): 113-130.

Sirin, S. R. (2005) "Socioeconomic Status and Academic Achievement: A Meta-Analytic Review of Research," *Review of Educational Research*, 75 (3): 417-453.

Takeuchi, D. T., D. R. Williams, and R. K. Adair (1991) "Economic Stress in the Family and Children's Emotional and Behavioral Problems," *Journal of Marriage and Family*, 53 (4): 1031-1041.

White, K. R. (1982) "The Relation between Socioeconomic Status and Academic Achievement," *Psychological Bulletin*, 91 (3): 461-481.

第6章
米国のデータを用いた比較分析
世帯所得と学力・心理の関連は日米で異なるか？

赤林英夫・直井道生

> **Overview**
> - 先進諸国において，教育格差と経済格差の関係の国際比較研究が急速に進んでいる。
> - データ蓄積と研究で先行する米国のデータを用いて，第3章，第5章とほぼ同様の方法で分析し，結果を比較した。
> - 米国では学力水準については，全般的に所得階層間で統計的に有意な差が存在するが，問題行動の所得階層間の差は学力ほど大きくはない。所得階層間の学力格差は子どもの年齢が上がるにつれて拡大する傾向にあるが，問題行動格差は年齢を通じてほぼ変わらないか，一部では縮小傾向にあった。日本と同様，世帯所得は学力に正の影響を持つが，その大きさは日本より小さい結果となった。一方，世帯所得が問題行動に与える影響は日本に比べて若干大きい。
> - 1時点で見た所得階層間の格差の存在については日米で大きくは変わらないが，所得階層間の学力格差と問題行動格差の動態は対照的といえる。

1 はじめに

　本章では、日本子どもパネル調査（JCPS）を用いたわが国における教育格差と経済格差の関係の分析を、米国のデータを用いた同様の分析と比較する。その目的は、日本の教育格差と経済格差の関係をグローバルな視野で位置づけて、今後の議論と研究の礎とすることである。

　ここで、米国のデータとしてわれわれが利用するのは、Children of the National Longitudinal Survey of Youth（CNLSY）という調査データである。CNLSYは、米国で長い歴史を持つ、子どもと親の追跡調査であり、JCPSのモデルの1つである。JCPSが日本家計パネル調査（JHPS）および慶應義塾パネル調査（KHPS）の付帯調査であるのと同様、CNLSYは、成人の追跡調査であるNational Longitudinal Survey of Youth 1979（NLSY79）の付帯調査である。

　分析の中心は、視覚的に見た認知・非認知能力の格差の動態とクロスセクションで見た認知・非認知能力の決定要因の分析である。後者に関してはとくに世帯所得との関係の強さ、およびその関係が子どもの年齢に応じてどのように変化するかに焦点を当てる。ただし他の章と同様、クロスセクションデータに基づく分析は個別の因果関係を厳密に識別するものではなく、あくまで統計的な規定要因と理解すべきである。

　米国を比較の対象とするのはいくつかの理由がある。第1に、良きにつけ悪しきにつけ、日本の教育制度や家庭教育は、米国のそれと比較されることが多い。米国の学校教育は、創造性や個性の尊重と自由度の高さで模範とされることもある一方で、所得格差が教育格差と結びつきやすい教育制度の典型と批判されることもある（Lang 2007）。米国の家庭は日本の家庭ほど学校外教育に熱心でないとも言われるが（Dang and Rogers 2008）、一方で、米国の私学教育は政府の補助を原則受けず、教育内容も自由であるため、学費が非常に高いエリート校も多い。そのような両国で、実際に、経済格差と教育格差の関連はどの程度似通っているのか、PISAでの多国間比較を除き、ほとんど検討されてこなかった。したがって、今回日本のデータと米国のデータをほぼ同じ手法を使って分析し、結果を比較することには意味があるであろう。

　第2は、このテーマに関して最も研究が進んでいるのが米国だからである。

すでに述べたように，米国では，CNLSY や HSB（High School and Beyond）など，研究目的で自由に利用可能な教育データが非常に豊富で，研究の蓄積の厚みは日本のそれと比較するまでもない。JCPS の現時点のデータを用いて米国との比較を行い，調査設計や分析上の課題を明らかにしておくことは，今後，国際比較研究を深く掘り下げていくための出発点として重要だと考えられる。

2 経済格差と所得格差の動態の国際比較

　教育格差の動態について異なる国同士で厳密に比較して分析し，そこから何か確実な情報を得るのはたやすいことではない。第1に，厳密に比較可能なデータは事実上存在しない。PISA，TIMSS などの国際比較データは，国の間での比較可能性を一定程度担保しているが，対象としている学年・年齢がきわめて限られていること，および同一の生徒を追跡した調査を行っていないことから，経済格差と教育格差の動態的な変化を分析することは不可能である。第2に，厳密に比較可能なデータが存在したとしても，その差がどこから出てくるのか，社会経済的背景や教育制度の異なる国について，詳細な情報を収集し，それらの影響を正確に把握することはやはり至難の業である。

　しかし，「限界があるから意味がない」，というわけではない。不完全であっても，異なる国同士の比較を行う意義はきわめて大きい。第1章で示したグレート・ギャツビー曲線は，不完全な情報からでも「大きなイメージ」を得ることが可能であり，そこから政策課題の設定をすることがいかに重要であるかを如実に示している。

　この分野の各国間比較を先導している Ermisch, Jäntti, and Smeeding（2012b）は，各国間比較をすることの意義を次のように述べている。

> 「ある国における親の社会経済的地位（socioecomic status: SES）と子どもの学力の相関が低ければ，子どもの貧富の差による教育格差を縮めるため，国が家庭や子どもにどのような投資をしているのか探求できる。別の国で，親の SES と幼児期の子どものテストの相関が高い一方，子どもの年齢が上がるにつれてその相関が減少しているのであれば，家庭環境によって遅

れをとっていた子どもが初等中等教育段階で追いつくためにチャンスを与えられたに違いない。別の国では，早い段階での学力の格差を事実上固定化し，もしくは拡大するような制度（たとえば早い段階での学力によるトラッキング[1]の実施や家庭環境の悪い子どもを低質の学校に入れるような制度）を維持しているため，階層間移動をもたらすためのスキルの形成が不可能かもしれない。このように，子どもの成長段階のどこで親のSESの影響が大きいのか，各国間比較をすることで，格差の固定化を和らげるために組み込まれている国固有の構造に光を当てることができる。また遺伝的な伝播過程が国ごとに異なるという証拠はないので，国ごとの差は，その国の環境や政策に帰着されるであろう」

(Ermisch, Jäntti, and Smeeding 2012b, p. 11)

いくつか例を挙げると，米国単独では，Duncan and Magnuson (2011) は，Early Childhood Longitudinal Survey-Kindergarten Class of 1998-9 (ECLS-K) とChildren of the National Longitudinal Survey of Youth (CNLSY) を用いて，子どもの学力や行動面での所得階層間格差が，子どもが小学校に入る段階ですでに生じていることを示している。同様の研究をFarkas (2011) が小中学生に対して行っている。2国間比較では，Waldfogel and Washbrook (2011) が，2001年に米国で生まれた子どもを追跡したEarly Childhood Longitudinal Study-Birth Cohort (ECLS-B) の4歳時点と，2000～01年に英国で生まれた子どもを追跡したMillennium Cohort Survey (MCS) の3～5歳時点を比較し，親の所得階層間の子どもの学力格差は米国が，問題行動格差は英国が大きいと報告している。

Brandbury et al. (2012) はこの研究をさらに発展させ，米国のECLS-B，英国のMCS，1999～2000年にオーストラリアで生まれた子どもを追跡したLongitudinal Study of Australian Children (LSAC)，カナダで2000～02年に生まれた子どもを追跡したNational Longitudinal Survey of Youth and Children (NLSYC) を用い，4カ国の4, 5歳の子どもの学力と問題行動に家庭が与える影響を分析し，学力に対しては米国と英国が，行動に対しては英国が，所得との相

---

1) （引用者注）トラッキングとは，学業成績や本人の希望に基づき，学校教育のある段階ですべての子どもを異なるカリキュラムに振り分ける制度を指す。日本の場合には中学卒業時点がトラッキングの開始にあたる。

関が高いことを明らかにしている。Blanden, Katz, and Redmond（2012）は，英国とオーストラリアの子どもの学力スコア（主成分分析による）と問題行動スコア（本書でも用いられている Strengths and Difficulties Questionnaire: SDQ）に対する家族の影響を比較し，英国の方が家庭の影響が強いこと，格差の広がりは4歳までに起きていることを示している[2]。

これらの国際比較においては，用いられている学力テストの内容は異なっており，しばしば主成分分析により，異なる科目の結果から国ごとの統一スコアを導出して比較される（Feinstein 2003）。問題行動については，本書でも用いられている SDQ が使われることも多い。われわれが以下で実施する米国のデータを用いた分析も，日本とは異なる学力テストを使っているため，厳密な分析と比較は不可能であるが，それでも同様の分析手法で可能な限り比較できる結果を示すことには，一定の意味があるであろう。

3 用いるデータと変数

本章では，認知能力の動態と決定要因に関する日米比較を行うために，日本の JCPS とあわせて，米国の CNLSY を利用した分析を行う。JCPS のデータセットの構造と変数の定義については，第2～4章で詳細な説明を行っているため，これらを参照されたい。ここでは，CNLSY および NLSY79 に関して，本章での分析と関連するデータセットの特徴と変数の定義について詳述する。

NLSY79 は，層化多段階サンプリングにより抽出された1979年時点で14歳から22歳であった全国1万2686人の対象者（ただし，アフリカ系・ヒスパニック系・低所得者は意図的に多く抽出されている）に対して，毎年（1994年以降は2年おきに）インタビュー調査を行ってきた。実施主体は連邦政府の労働省労働統計局（Bureau of Labor Statistics: BLS）である。BLS は1986年以降2年おきに，NLSY79 の女性対象者に対し，その子どもの学力，行動，子育て方法，友人関係など，学童期から青年期への移行の際に鍵となる指標を「NLSY 子ども付帯

---

[2] Akabayashi *et al.* (in press) は，以上の分析の結果の一部に JCPS のデータを重ね合わせることで，日本とこれらの国との比較を試みている。

調査 (Child Supplement)」として調査してきた。それを親子のパネルデータとして再構成したものが CNLSY である。CNLSY は米国における最初の子どもの大規模パネルデータとなり，分野を超えた研究者に爆発的に利用され，家庭背景の変動が子どもの学力や行動に与える影響，幼児教育の効果の解明などに多大な貢献をしてきた (Duncan and Murnane 2011)。

われわれは，分析対象とする CNLSY の調査年として，2006 年を中心にして，2008，2010 年を利用する。CNLSY2006 を用いる理由は，重要な家庭背景である母親の平均年齢が，比較対象となる JCPS のそれと近いからである。上記の通り，NLSY79 はもともと若年層の女性のコホートを対象に始めた調査であるため，初期の CNLSY サンプルの母親は若年に偏っていた。しかし，同一個人を追跡するパネルデータでは，調査を重ねるに従って対象者の平均年齢は上昇する。結果として，CNLSY に含まれる母親の平均年齢は，2006 年において JCPS と最も近くなる[3]。

ただし，JCPS の調査年度は 2010〜2013 年であり，調査時期が 4 年ほど異なることには注意が必要である。たとえば 2006 年はリーマンショック (2008 年) の前である。また，米国の教育改革も過去 10 年で大きく変化しているため，経済格差と教育格差の連関も，2006 年と 2012 年頃では大きく変わっている可能性がある (しかしながらそのような齟齬は，PISA など一部のデータを除き，どのような国際比較にも発生する)。

CNLSY の特徴の 1 つは，子どもの基本的な社会経済属性に加えて，認知・非認知能力に関する幅広い調査項目を備えている点にある。このうち，前者の認知能力に関しては，調査の一環として，標準化された学力テストである PIAT (Peabody Individual Achievement Test) のうち，数学 (math)，読解力 (reading comprehension) および語彙力 (reading recognition) が実施されている[4]。後者の非認知能力に関しては，親に対する質問票に基づき Behavior Problems Index (BPI) が構築されている。BPI は，問題行動が多い方が大きな値をとる

---

3) ただし，NLSY79 は母親の年齢の幅が 1979 年時点で 14〜22 歳であるため，JCPS の母親の年齢分布よりも幅が狭いことには注意が必要である。

4) PIAT は Pearson Education によって提供されていたもので，オリジナルのテストは 5 つの科目 (math, reading comprehension, reading recognition, spelling, general information) から構成される。

変数で，日本の JCPS に含まれている問題行動尺度（SDQ）とある程度比較可能な変数であるといえる。

CNLSY では，PIAT の素点[5]に加え，年齢による達成度の違いを調整した 2 種類の得点指標——標準得点（standard score）とパーセンタイル得点（percentile score）——が利用可能である[6]。本章の分析では，JCPS での偏差値との比較可能性を考慮し，PIAT の素点に基づく偏差値を利用する。いま，年齢が a 歳の子ども i の素点を s_{ia}^* とすると，分析で用いる偏差値 s_{ia} は，

$$s_{ia} = \frac{(s_{ia}^* - \bar{s}_a)}{\sigma_a} \times 10 + 50$$

と定義される。ここで，$\bar{s}_a$ および σ_a は（対象年度における）CNLSY のサンプルのうち，年齢が a 歳であるような子どもの素点の平均値および標準偏差である。

以下の分析では，このようにして変換された標準得点 s を「偏差値」と呼ぶことにし，それらの動態および規定要因を分析する[7]。表 6-1 は各科目の偏差値に関する記述統計である。上記の偏差値の計算に当たっては，当該年度に当該科目の PIAT のスコアが得られるすべてのサンプルを用いている。一方で，表 6-1 の記述統計は，分析に用いる個人・世帯属性のいずれにも欠損がないサンプルに対象を限定している。そのため，各科目の偏差値は，必ずしも平均 50，標準偏差 10 にはならない。ただし，いずれのケースについてもその乖離はわずかであり，かつ年齢や科目によって系統的な差異は見られない。したが

---

[5] PIAT では，子どもの年齢によらず，難易度に沿って順序づけられた一連の問題が出題され，その解答状況によって素点が算出される。たとえば，数学のテストでは難易度の低い順に並んだ 84 の問題について，年齢に応じた問題から出題が開始され，連続する 5 問に正答したところで"basal"が決まる。そのうえで，連続する 7 問中 5 問に不正解となった段階で"ceiling"が決まる。標準化されていない素点は，"ceiling"となった問題の順番から，"ceiling"と"basal"の問題の間での誤答数を引いた形で定義される。

[6] PIAT における標準得点は，子どもの年齢ごとに平均が 100，標準偏差が 15 となるように調整されたものである。得点の標準化は，学力検査の妥当性と信頼性を担保するために，PIAT の提供元が実施した過去の検査結果に基づいて行われている。そのため，CNLSY のサンプル内での標準得点の平均（標準偏差）は，必ずしも 100（15）とはならない。

[7] 異なる年度の調査を利用する場合，年度ごと・年齢ごとに素点の平均および標準偏差を求め，同様の方法で偏差値に変換した。BPI についても同様の標準化を実施した。なお，CNLSY に収録された標準得点を用いた推計も行ったが，全体としての傾向は変わらないことを確認している。

表6-1 記述統計（科目別偏差値）

変数	平均	（標準偏差）	観測数
読解			
全サンプル	50.1	(10.0)	1,444
7〜9歳	50.0	(10.0)	277
10〜12歳	49.9	(10.1)	463
13〜15歳	50.2	(9.9)	704
語彙			
全サンプル	50.0	(9.9)	1,449
7〜9歳	49.9	(10.1)	277
10〜12歳	49.9	(10.0)	466
13〜15歳	50.2	(9.8)	706
数学			
全サンプル	50.0	(10.0)	1,446
7〜9歳	50.1	(10.1)	275
10〜12歳	49.9	(10.1)	465
13〜15歳	50.1	(9.9)	706
問題行動			
全サンプル	50.4	(9.8)	1,534
7〜9歳	49.1	(10.0)	284
10〜12歳	50.1	(10.1)	501
13〜15歳	51.0	(9.6)	749

って，個人・世帯属性に関する調査項目への回答拒否によって，学力テスト得点の分布が極端に歪められている可能性は小さい[8]。

CNLSYおよび本調査であるNLSY79から構築した各変数についての記述統計は表6-2に示される。以下では主要な変数について，若干の補足説明を行う。

分析の焦点となる世帯所得に関しては，NLSY79から得られる調査前年の世帯所得の値を利用した。この変数は，対象者と生計を一にする配偶者および親族の所得を合算したもので，勤労所得や事業収入，利子・配当収入に加え，年金や生活保護（AFDC payments），失業給付，フードスタンプなどの社会保障給付を含む[9]。一方，JCPSにおける世帯所得は，社会保障給付を含んでいない

---

8) 米国のデータにおいては，学年による分類は一般的でなく，CNLSYの中にも子どもの学年を示す変数は存在しない。そのため，第3章などで行った日本の分析とは異なり，以下の分析では，年齢に応じてサブサンプルを定義していくこととする。

9) National Longitudinal Surveys ホームページ。
https://www.nlsinfo.org/content/cohorts/nlsy79/topical-guide/income/income

表 6-2　記述統計（個人・世帯属性）

変数	平均	(標準偏差)	観測数
世帯所得（ドル）			
全サンプル	85547.0	(92931.0)	1,449
7～9 歳	84707.2	(95110.7)	277
10～12 歳	89977.7	(98789.2)	466
13～15 歳	82952.0	(87974.0)	706
子どもの年齢			
全サンプル	11.97	(2.44)	1,449
7～9 歳	8.13	(0.80)	277
10～12 歳	11.03	(0.82)	466
13～15 歳	14.09	(0.82)	706
性別（女児＝1）			
全サンプル	0.50	(0.50)	1,449
7～9 歳	0.51	(0.50)	277
10～12 歳	0.51	(0.50)	466
13～15 歳	0.48	(0.50)	706
出生順位（第一子＝1）			
全サンプル	0.23	(0.42)	1,449
7～9 歳	0.19	(0.39)	277
10～12 歳	0.22	(0.42)	466
13～15 歳	0.25	(0.43)	706
学歴（父親／パートナー，就学年数 13 年以上＝1）			
全サンプル	0.43	(0.50)	1,449
7～9 歳	0.45	(0.50)	277
10～12 歳	0.43	(0.50)	466
13～15 歳	0.42	(0.49)	706
学歴（母親，就学年数 13 年以上＝1）			
全サンプル	0.57	(0.50)	1,449
7～9 歳	0.58	(0.49)	277
10～12 歳	0.57	(0.50)	466
13～15 歳	0.56	(0.50)	706
就業状態（父親／パートナー，昨年 1 年間に就業＝1）			
全サンプル	0.68	(0.47)	1,449
7～9 歳	0.72	(0.45)	277
10～12 歳	0.69	(0.46)	466
13～15 歳	0.65	(0.48)	706
就業状態（母親，昨年 1 年間に就業＝1）			
全サンプル	0.76	(0.43)	1,449
7～9 歳	0.68	(0.47)	277
10～12 歳	0.77	(0.42)	466
13～15 歳	0.79	(0.41)	706

ため，結果の比較に当たっては留意が必要である[10]。

　子どもの属性としては，年齢，性別および出生順位の情報を利用した。これらはいずれも CNLSY の調査票で収集されたものである。年齢に関しては，各歳（7歳～15歳）のダミー変数を作成し，すべての分析で説明変数に用いている。JCPS を用いた分析と同様，性別に関しては女児ダミーを，出生順位に関しては第一子を示すダミー変数を定義し，分析に用いた。これらに加え，いくつかの補足的な分析においては，子どもの人種に関するダミー変数（黒人，ヒスパニック系，非黒人かつ非ヒスパニック系）と母親の配偶関係（未婚，有配偶，その他）を考慮している。なお，JCPS を用いた分析では，早生まれであることを示すダミー変数を利用しているが，米国の義務教育制度は州ごとに異なるため，ここでは考慮していない。

　両親に関する属性としては，学歴および就業状態の情報を利用した。学歴に関しては，就学年数が13年以上（高等教育機関入学以上）であることを示すダミー変数を作成している。一方，就業状態に関しては，調査の前年1年間で就業していたことを示すダミー変数を作成した。これらはいずれも本体調査である NLSY79 からとっている。

　上記の変数のうち，とくに父親の属性については，注意が必要である。第1に，ここで「父親」と表記している対象は，法的な配偶者のみならず，同棲関係にあるパートナーを含んでいる。これらの変数は，NLSY79 で毎年調査されている世帯員に関する調査項目（household roster）に基づいて定義される。household roster では，各世帯員について，対象者との続柄，性別，年齢，就学年数，就業状態などが調査されており，ここでは続柄が配偶者ないしは同棲中のパートナーであるものを抽出し，学歴および就業状態の変数を構築した。第2に，CNLSY では，子どもを持つ母親の30％程度が，未婚もしくは同居中の配偶者／パートナーがおらず，結果として配偶者／パートナーの学歴や就業状態に関する情報が存在しない。これらのサンプルについては，便宜上父親の

10）　CNLSY のサンプルには，世帯所得がゼロであるサンプルが若干ではあるものの存在する（観測数 = 50）。世帯所得が各種の社会保障給付を含むことを勘案すると，所得がゼロである状況は考えづらい。そのため，分析においては所得の回答値がゼロであることを示すダミー変数をコントロールしている。ただし，単純にこれらのサンプルを分析から除外しても，結果が本質的に変わることはない。

ダミー変数の値はゼロとしている。ただし，推計に当たっては世帯員の中に配偶者もしくはパートナーがいることを示すダミー変数を考慮している。

上記に加え，すべての分析において対象者世帯の居住地域（北東部，北中部，南部，西部）および都市規模（大都市圏，中心都市）に関する変数を考慮した。

4 教育格差の動態の比較

教育格差の動態に関しては，JCPS を用いた分析に倣い，以下の方法で分析を行った。まず，CNLSY の対象となる子どものうち，連続する 2 回の調査で継続して PIAT の得点が利用可能なサンプルを抽出した。そのうえで，これら対象者の基準時点での科目別得点の平均値と，それに続く調査時点での平均値を比較することで，年齢を通じた認知能力の変化を追う。なお，調査は隔年で実施されているので，以下に示す推移は，基準時点とその 2 年後の比較ということになる。基準時点とその 2 年後における同一調査対象者のサンプルを確保するため，2006 年の調査結果に加え，2008 年，2010 年の調査結果も利用する。

分析に当たっては，世帯所得との関連を見るために，所得四分位に基づいて，第 1 四分位（世帯所得下位 25％）の世帯と第 4 四分位（上位 25％）の世帯を比較している[11]。さらに，基準時点における子どもの年齢に基づいてサンプルを 3 つのグループに分割（7・8 歳，9・10 歳，11・12 歳）し，それぞれについて集計を行った。CNLSY からは子どもの学年に関する情報は得られないため，厳密に対応はしないが，JCPS を用いた分析（小学校 1・2 年，3・4 年，5・6 年）と最大限整合性を保つ形でグループ分けを行っている。

集計結果は図 6-1～図 6-3 に示される。図中で「基準年」として示されているのは 2006 年もしくは 2008 年を示しており，線グラフは基準年から 2 年後にかけての，同一個人の偏差値の推移を示したものである。したがって，たとえば図 6-1 の最も左側にある線グラフは，基準年（2006 年もしくは 2008 年）時点で 7・8 歳であった子どもの偏差値が，その後の 2 年間（2008 年もしくは 2010

---

11) 所得四分位によるグループ分けは，すべて基準年時点での世帯所得の情報に基づいている。したがって，基準時点とその 2 年後の平均値は，厳密に同一個人の変化を捉えていることになる。

図 6-1　偏差値（読解）の推移

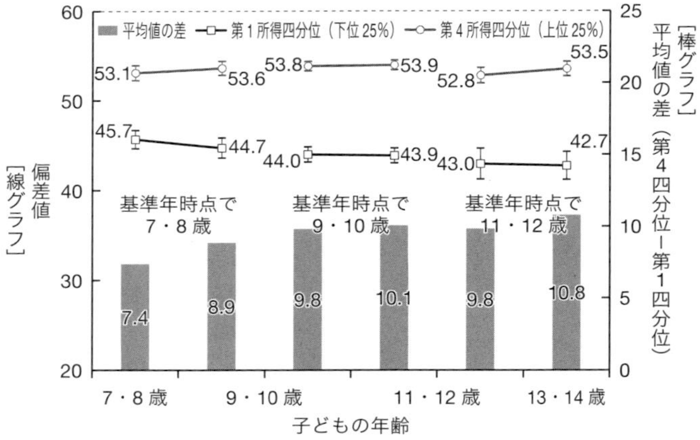

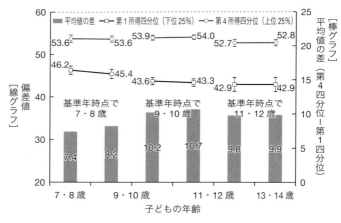

（注）　線グラフのエラーバーは平均±標準誤差の範囲を示す。

図 6-2　偏差値（語彙）の推移

（注）　図 6-1 と同。

年）でどのように変化したかを示している。さらに，棒グラフは各時点における第4所得四分位のグループと第1所得四分位のグループの差を示している。

　以下では，所得階層間でみた平均的な学力の差，およびその動態について，図 6-1〜図 6-3 から明らかになった点をまとめながら，日本のデータに基づく結果（第3章の図 3-2，図 3-3；67，68 頁）と比較する。

図 6-3 偏差値（数学）の推移

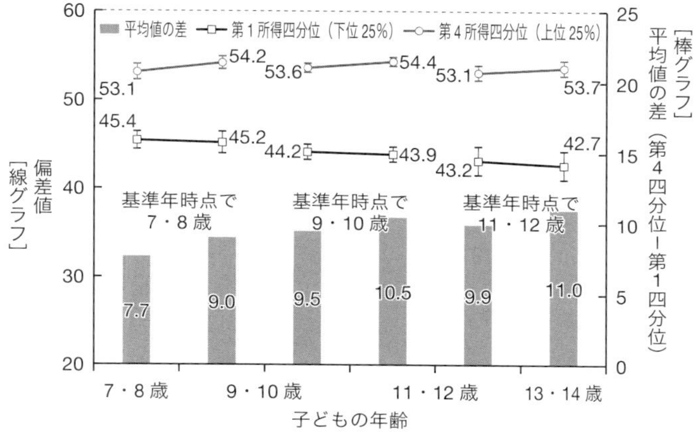

（注）図 6-1 と同。

　まず，所得階層間の学力格差については，対象となる科目や子どもの年齢によらず大きな格差が存在することがわかる。科目別偏差値の平均値は，第 1 所得四分位の子どもと比べて，第 4 所得四分位の子どもでは，平均 7〜11 ポイントも高くなる。たとえば，基準年において 7, 8 歳であった子どもの数学の平均偏差値は，第 4 所得四分位のグループでは 53.1 であったのに対し，第 1 所得四分位のグループでは 45.4 であり，その差は 7.7 ポイントとなる（図 6-3）。国語と数学について分析した日本の結果では，第 4 所得四分位と第 1 所得四分位の間での平均偏差値の差は最大でも 9.6 ポイントであり（図 3-2；67 頁），場合によっては有意差が確認されなかったので，米国においては所得階層間の格差がより明確に観察される[12]。

　また，同一個人を追跡した学力格差の変化についても，いくつかの興味深い傾向が観察される。第 1 に，所得階層間の学力格差は，子どもの年齢が上がる

---

[12]　ただし，日米の世帯所得の分布は大きく異なるため，この結果の解釈には注意が必要である。よく知られているように，米国の所得分布は日本のそれと比べてはるかに歪んでいる（OECD 2015, Table, 1. A1. 1）。実際，CNLSY によれば米国での第 1 所得四分位の平均世帯所得は 1 万 253 ドルであるのに対し，第 4 所得四分位では 17 万 1757 ドルであり，（社会保障給付を考慮した移転後の所得となっているにもかかわらず）両者の格差はおよそ 16.8 倍にも及ぶ。一方で，JCPS からは，日本での対応する世帯所得の水準はそれぞれ 397 万円，1110 万円であり，格差は 2.8 倍に過ぎない。

につれて拡大していく傾向がある。たとえば，基準年時点で7,8歳の子どもをみると，第4所得四分位と第1所得四分位の数学の平均偏差値の差は，基準年では7.7ポイントであったのに対し，その2年後（すなわち9,10歳時点）には9.0ポイントに拡大する（図6-3）。同様に，読解と語彙のテストに関しても，平均値の差は，2年間でそれぞれ1.5ポイント（読解）および0.8ポイント（語彙）拡大する（図6-1，図6-2）。こうした傾向は子どもの年齢が上がっても変わらず，基準年時点で9,10歳の子ども，11,12歳の子どものいずれに関しても，すべての科目で所得階層間の学力格差が拡大する傾向が見られた。これに対し，日本のデータを用いた結果では，階層間の学力差は，小学校高学年以降では縮小していく可能性が報告されており，対照的な結果となっている。

第2に，全体として格差が拡大する傾向にあるものの，その広がり方は子どもの年齢が高くなるにつれて緩やかになる傾向がある。基準年時点で11,12歳の子どもを見ると，第4所得四分位と第1所得四分位の間での平均偏差値の差は，その後の2年間で1.0ポイント（読解），0.1ポイント（語彙），1.1ポイント（数学）拡大しているが，その変化の大きさはいずれも基準年時点で7,8歳の子どもと比べると小さくなっている。こうした傾向は，所得階層間の格差が，比較的早い段階で拡大，固定化することを示唆しており，先行研究とも整合的な結果となっている（Carneiro and Heckman 2004; Ermisch, Jäntti, and Smeeding 2012a）。また，日本のデータを用いた結果でも，格差拡大が比較的小さな年齢の子どもで観察されており，この部分は類似の結果といえる。

図6-4は，図6-1〜図6-3と同様に，問題行動の偏差値スコアについて「基準年」から「2年後」の，基準年において異なる所得階層に属する同一の子どもの平均値を表している。これを見ると以下の点が明らかになる。まず，問題行動についても，子どもの年齢によらず所得階層間の差が存在する。基準年において7,8歳であった子どもの問題行動は，第4所得四分位の子どもと比べて，第1所得四分位の子どもでは，4.4ポイント高くなる。ただし，この差は，図6-1〜図6-3の学力における差と比較すると小さいといえる[13]。

---

[13] Ermisch, Jäntti, and Smeeding（2012a）は，欧米10カ国のデータの平均的傾向から，非認知能力の所得階層間格差は学力の所得階層間格差に比べると，差は大きくなく，同時に年齢を経て縮小傾向にあるとしている。ここでの米国のデータの分析結果はこの先行研究とほぼ一致しているが，日本の結果は大きく異なる。

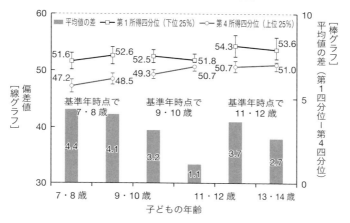

図 6-4 偏差値（問題行動）の推移

(注) 図 6-1 と同。

　日本における問題行動の所得階層間のダイナミクスを分析した第 5 章（図 5-5；122 頁）と比較すると，日本の問題行動の偏差値の所得階層間の差は，小学 1，2 学年（7，8 歳）において 0.1 ポイントであり，米国の結果はそれと比べると大きい[14]。他の学年で比較しても，米国における問題行動の所得階層間の差は，中学 1，2 年生を例外として日本よりも大きい傾向にある。

　一方，時間を通じた格差の動態を見ると，学力のケースとは異なり，子どもの年齢が上がるにつれて問題行動の所得間格差が広がることはなく，むしろ縮小の傾向さえある。たとえば，基準年 7，8 歳で 4.4 ポイントの差があった問題行動は 2 年後には 4.1 ポイントに，基準年 9，10 歳における 3.2 ポイントの差は 2 年後には 1.1 ポイントに，基準年 11，12 歳における 3.7 ポイントの差は 2 年後には 2.7 ポイントにと，すべて縮小している。

　一方，日本においては，基準年における小 1，2 で 0.1 ポイントの差があっ

---

[14] 第 5 章の図 5-5 は所得階層を三分位で定義して作図してあるため，所得階層を四分位で定義した本章の結果との直接の比較はできない。しかし，日本の分析を所得の四分位に基づく階層で行っても以下の結果にほとんど影響を与えない。また，図 5-5 における平均値の差は，高所得世帯（第 3 三分位）の平均値から低所得世帯（第 1 三分位）のそれを引いたものとして定義されているため，図 6-4 の棒グラフの値とは正負が逆転する。

図 6-5 年齢・所得階層別にみた偏差値の推移

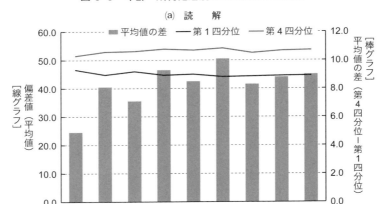

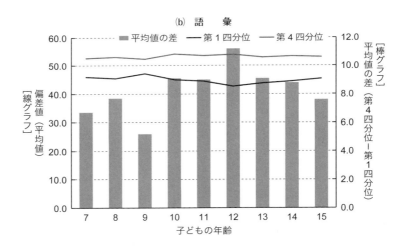

た問題行動は2年後には5.1ポイントに，基準年での小3，4における−0.8ポイントの差は，2年後には1.5ポイントに，基準年での小5，6における2.7ポイントの差は2年後には6.4ポイントにと，すべて拡大している（図5-5）。

同様の傾向は，子どもの年齢と偏差値の関係を示した図6-5からも裏付けられる。図6-5では，2006，2008，2010年の3時点のデータをクロスセクションデータとして用い，子どもの年齢および所得階層（第1所得四分位および第4所得四分位）別に，各科目の偏差値の平均値を示している。これによれば，第

図 6-5(続き)

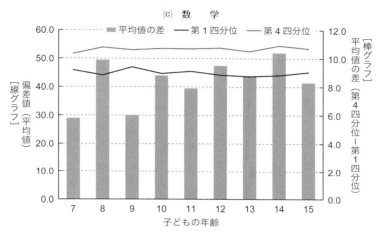

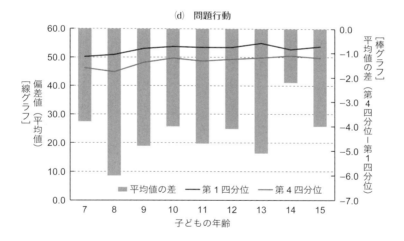

第4所得四分位の子どもの平均偏差値は,常に第1所得四分位の子どもの平均偏差値よりも高くなり,かつ,その格差は小学校段階(12歳以下)で拡大の傾向にあるように見える。一方,問題行動については明確な傾向は観察されないが,少なくとも年齢に応じて格差が拡大するという根拠は得られない。

本節における分析の結果をまとめると,以下のようになる。

(1) 所得階層間で見た平均的な学力水準の差は,日本に比べて米国で大

きい傾向がある。
(2) 学力格差の動態を見ると，米国では年齢が上がるにつれて格差が拡大する傾向があるのに対し，日本では小学校高学年以降で縮小する傾向がある。
(3) ただし，米国で観察される学力格差の拡大は，主として小学校低学年段階で顕著であり，その後は拡大のペースが緩やかになる傾向がある。
(4) 一方，米国における問題行動の格差は年齢が上がっても拡大することはなく，やや縮小の傾向さえ見えるが，日本では所得階層間の問題行動の格差は拡大の傾向にある。

5 教育格差の決定要因の比較

本節では，日本との比較を念頭に，クロスセクションで見た科目偏差値の決定要因に関する分析結果を紹介する。CNLSY はパネルデータであるが，第3章における分析結果との比較を前提に，ここでは 2006 年調査のデータをクロスセクションとして利用する。分析の焦点は世帯所得と子どもの認知能力の関係，およびその大きさの日米比較であるが，その他の個人・世帯属性に関してもできる限り第3章における分析と比較可能な形で整備し，結果を比較する。

分析の被説明変数としては，前節に引き続き，PIAT の読解・語彙・数学の各テストの偏差値を用いる。すでに述べた通り，以下の分析では JCPS の定義にあわせ，PIAT における素点を平均 50，標準偏差 10 となるよう変換したものを用いる。

分析の焦点である世帯所得については，所得四分位のダミー変数を用いたモデルと，所得水準の対数値を説明変数に用いたモデルをそれぞれ推計した。その他の個人・世帯属性に関する説明変数としては，第3章における分析を参考に，子どもの年齢（各歳のダミー変数），性別（女児＝1），出生順位（第一子＝1），両親の学歴（就学年数 13 年以上＝1），就業状態（昨年 1 年間に就業＝1）を用いた。これに加え，コントロール変数として世帯の居住地域（北東部，北中部，南部，西部）および大都市圏居住（大都市圏の中心都市，大都市圏の中心都市以外，非大都

表 6-3 学力の決定要因

被説明変数	偏差値（読解）	偏差値（語彙）	偏差値（数学）
(a) 所得階級を用いた結果			
所得階級（基準：第1四分位）			
第2四分位	1.8325**	3.0612***	1.3803
	(0.9059)	(0.8864)	(0.8690)
第3四分位	2.1690**	2.4910***	2.5327***
	(0.9650)	(0.9293)	(0.8964)
第4四分位	4.2660***	4.9119***	4.1114***
	(1.0465)	(0.9902)	(0.9688)
自由度調整済み決定係数	0.1437	0.1239	0.1442
(b) 対数所得を用いた結果			
対数所得	1.3087***	1.2982***	1.1478***
	(0.3294)	(0.3083)	(0.3198)
自由度調整済み決定係数	0.1437	0.1239	0.1442
観測数	1,444	1,449	1,446

（注） 推計結果の上段は係数，下段のカッコ内の数値は不均一分散に対して頑健な標準誤差。***，**，*は推定された係数がそれぞれ1%，5%，10%水準で統計的に有意であることを示す。被説明変数はPIATのスコアを平均50，標準偏差10に変換したもの。子どもの年齢（各歳ダミー），性別，出生順位（第一子＝1），両親の就業および学歴，配偶者／パートナーの有無および居住地域・大都市圏ダミーの推計結果は省略。

市圏，その他）を示すダミー変数をコントロールしている。また，配偶者ないしはパートナーとの同居を示すダミー変数をコントロールしている[15]。

推計結果は表 6-3 に示される。表 6-3 では，すべての年齢層（7～15歳）の子どものサンプルをプールし，3 科目の偏差値を被説明変数に用いたモデルの推計結果を報告している。世帯所得の変数として，四分位ダミー変数を用いた結果と，世帯所得の対数値を用いた結果を併記している。

所得四分位のダミー変数を用いた推計結果を見ると，とくに第3，第4所得四分位の家計の子どもは，（第1所得四分位の家計と比較して）有意に偏差値が高くなる傾向が示されている。たとえば，第4四分位ダミーについて得られた係数の推計値は 4.11～4.91 であり，第3章（表3-2；76頁）の日本の推計結果

---

15) これらに加えて，子どもの人種（黒人，ヒスパニック，非黒人かつ非ヒスパニック）および母親の配偶関係（未婚・有配偶・その他）を説明変数に加えた推計も行ったが，全体的な傾向は変わらない。推計結果の詳細はウェブ付録参照。

（同じダミーの係数の推計値は2.74, 2.88）よりも若干大きくなったが，顕著な違いは見られなかった。ただし，脚注12）でも述べた通り，日米の所得分布には大きな違いがあり，所得階層間での実際の所得水準の差は，米国の方が大きくなっていることに注意が必要である。

一方，世帯所得の対数値を用いた結果を見ると，対数所得の係数はいずれの場合にも統計的に有意に正の値となることが示されている。推計結果からは，世帯所得の10%の上昇は，各科目の偏差値をおおよそ0.11～0.13ポイント上昇させることがわかる。係数の大きさは，子どもの人種をコントロールすると小さくなるが，それでもなお全サンプルを用いた推計結果については，いずれも正かつ有意な結果が得られている。

世帯所得と学力の有意な相関は，JCPSを用いた分析でも観察されているが，係数の大きさは国語で2.798，数学で3.069となっており（表3-2；76頁），ここで得られた値よりもかなり大きい。ただし，以下に挙げるいくつかの理由から，結果の解釈には慎重になる必要がある。

第1に，今回用いたモデルの特定化によって，米国における世帯所得の効果が過小に推計されている可能性がある。たとえば，上記の推計では両親の学歴を説明変数に加えているが，学歴は世帯所得と強い正の相関を持つため，世帯所得の影響を計測するという意味では，過剰なコントロールとなっている可能性がある[16]。いま，就学年数が所得に与える効果は，米国でより大きいとすれば[17]，この変数をコントロールすることで，米国における世帯所得の効果は過小に推計されることになる。実際，両親の教育水準を説明変数から除くと，世帯所得の係数は1.9～2.1まで大きくなる[18]。ただし，それでもなおJCPSを用いた推計によって得られた係数の方が大きくなっている。

第2に，観測不可能な家計・個人属性のうち，子どもの学力と所得の双方に

---

[16] ただし，両親の学歴は，観察できない子どもの能力などの代理変数としての役割も持つため，単純に説明変数から除外してしまうと，別の問題を生じさせることは明らかである。

[17] Kambayashi, Kawaguchi, and Yokoyama（2008）は日本における学歴間賃金格差が米国と比較して広がっていないことを示唆している。双生児のサンプルを用いた教育のリターンに関する推計結果を見ると，日本におけるリターンは約9%である一方（Nakamuro and Inui 2012），米国では約13%に達するという結果もある（Ashenfelter and Krueger 1994）。

影響を与える要因があれば，推計された世帯所得の影響はバイアスを持つ。これらは，たとえば遺伝的な要素（親子間で共有される遺伝的背景）であったり，親の教育方針や家庭の文化的背景であったりするかもしれない。もし，日本の方がこれら観測不可能な属性が世帯所得と学力に与える影響が強ければ，その影響を統御せずに分析を行うと，所得と学力の間に見かけ上の相関が強く発生する。ただし，これらの影響が日米で異なるという実証的な根拠は乏しく，本質的な検証を行うためにはパネルデータを用いた推計手法の活用などが必要である。

第3に，世帯所得の定義の違いが，結果に影響をもたらしている可能性がある。前述の通り，NLSY79における世帯所得は社会保障給付を含んでいるため，厳密にいえば，これらを含まないJCPSの世帯所得との単純な比較は困難である。ただし，一般に社会保障給付による移転は所得のばらつきを小さくすると考えられるため，この定義の違いは，むしろCNLSYにおける世帯所得の係数を大きくする方向に働くと考えられる。

第4に，学力変数の標準化の違いが起因している可能性がある。すでに述べたように，米国の学力変数は年齢ごとに標準化が行われている。その中には，異なる学年の子どもが含まれるため，同じテスト項目を既習の子どもとそうでない子どもが混在する。同一学年内での学力の差は所得の影響を大きく受ける可能性があるが，学年を越えた差は所得の影響をあまり受けない可能性がある。

上記のような留保はあるものの，本節における結果は，日米の比較において，世帯所得が学力水準に与える影響は日本の方がより大きいという可能性を示唆する。わが国では，学力に影響を与える要因として，学校外における教育投資（塾・家庭教師など）が果たす役割が大きく，所得水準による学校外教育へのアクセスの違いが，より大きな所得の効果を生んでいる可能性がある。

世帯所得の効果が，子どもの年齢に応じて異なるかを確かめるために，年齢別にサンプルを分割（7～9歳，10～12歳，13～15歳）して，同様の推計を行った。推計結果は表6-4に示される。対数所得の係数の推計結果からは，年齢が上

---

18) これに加え，補足的な分析によると，米国では所得の上昇に伴って限界的な効果が大きくなる可能性が示されている。これを考慮し，所得水準によって異なる係数を許容するモデルを推計したところ，表6-3の結果よりは大きい係数が得られたが，やはり日本のケースよりは小さい値となった。

表 6-4 子どもの年齢別推計

被説明変数	偏差値（読解）			偏差値（語彙）			偏差値（数学）		
子どもの年齢	7～9歳	10～12歳	13～15歳	7～9歳	10～12歳	13～15歳	7～9歳	10～12歳	13～15歳
(a) 所得階級を用いた結果									
所得階級（基準：第1四分位）									
第2四分位	5.107**	1.760	1.041	4.827**	3.586**	2.285*	1.730	1.269	1.415
	(2.080)	(1.832)	(1.229)	(2.027)	(1.657)	(1.282)	(1.998)	(1.662)	(1.228)
第3四分位	2.449	3.444**	1.888	2.045	2.800*	2.837**	1.860	2.398	3.090**
	(1.961)	(1.715)	(1.422)	(2.051)	(1.651)	(1.377)	(1.927)	(1.572)	(1.324)
第4四分位	4.924**	6.222***	3.322**	4.360*	5.235***	4.992***	3.870*	3.738**	4.482***
	(2.224)	(1.795)	(1.567)	(2.217)	(1.743)	(1.479)	(2.213)	(1.690)	(1.446)
自由度修正済み決定係数	0.1129	0.1708	0.2076	0.1282	0.1596	0.1514	0.1602	0.1535	0.1890
(b) 対数所得を用いた結果									
対数所得	1.525*	1.677***	1.173**	1.575*	1.387***	1.169**	1.693**	0.845*	1.215**
	(0.891)	(0.503)	(0.488)	(0.801)	(0.464)	(0.477)	(0.718)	(0.499)	(0.506)
自由度修正済み決定係数	0.0980	0.1626	0.2083	0.1175	0.1537	0.1426	0.1656	0.1492	0.1842
観測数	277	463	704	277	466	706	275	465	706

（注）推計結果の上段は係数，下段のカッコ内の数値は不均一分散に対して頑健な標準誤差．***，**，*は推定された係数がそれぞれ1%，5%，10% 水準で統計的に有意であることを示す．被説明変数は PIAT のスコアを平均50，標準偏差10に変換したもの．所得以外は表 6-3 と同様の説明変数をコントロールしている．

がるほど所得の影響が小さくなる傾向が見られる[19]．一方で，所得階級での差を見ると，年齢が上がると語彙や数学においては学力差が開く傾向にある．いずれについても年齢と所得の影響の大きさの関係は単調ではなく，かつ対数所得と所得四分位のいずれの指標を用いるかで傾向も若干異なるため，この結果のみで明確な結論を得ることは難しい[20]．

結果が不安定になるのは，年齢別の観測数が十分でないことにも起因すると

---

[19] 一方で，図 6-1～6-3 では，年齢が上がるにつれて所得階層間の学力差が拡大することが示されており，一見すると矛盾する結果であるように見える．このことは，前述した両親の学歴と子どもの学力の関係から説明可能であるように思われる．いま，両親の学歴の影響は，子どもの年齢が上がるにつれて大きく（かつ有意に）なる傾向が確認されている（詳細はウェブ付録参照）．そのため，学歴をコントロールすると，子どもの年齢が上がるにつれて所得の影響は小さくなる．

[20] ちなみに，モデルの説明力の指標である決定係数を比較すると，全般的に日本よりも米国のデータによる分析の方が，回帰分析の決定係数が高い．米国の学力データの方が，家庭背景変数による説明力が高いのだが，その理由は，すでに述べた通り米国の学力変数は学年を通じて同一のテストである PIAT を利用しているからである．日本のデータを学年ごとに分割して分析すると，決定係数は米国とほぼ同じになる．ただし，その場合でも所得の係数に大きな変化はない．

図 6-6 所得の 10% の上昇による影響

(a) 読 解

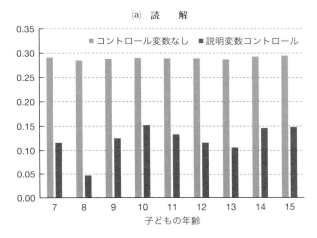

(b) 語 彙

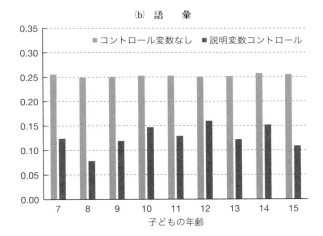

考えられるため，サンプルをプールして，年齢ごとに対数所得の係数が異なることを許容するモデルを推計した。分析に当たっては，世帯所得の対数値と子どもの各年齢ダミーの交差項を導入している。年齢ごとに推計された所得の影響は図 6-6 で示される。

図 6-6 では，世帯所得に関連する変数のみを説明変数に加えた場合の結果（コントロール変数なし）と，表 6-3 と同様の個人コントロール変数を加えた場合の結果（説明変数コントロール）を併記している。これによれば，読解・語

図 6-6（続き）

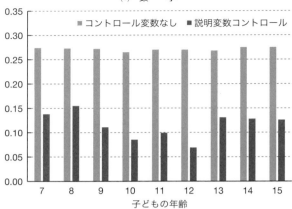

(c) 数 学

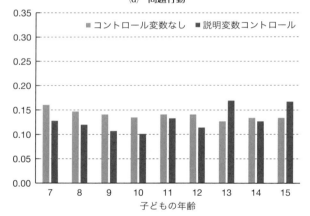

(d) 問題行動

（注）被説明変数は PIAT のスコアもしくは問題行動尺度を平均 50，標準偏差 10 に変換したもの。グラフの高さは，所得の 10% 上昇が偏差値に与える影響。説明変数をコントロールした結果では，子どもの年齢（各歳ダミー）・性別・出生順位，両親の学歴・就業状態，居住地域・都市圏を含めている。

彙・数学のいずれについても，他の世帯属性を考慮することで所得の影響は顕著に小さくなることがわかる。

　個人コントロール変数を加えた結果を見ると，読解および語彙に関して，子どもの年齢が上がるにつれて対数所得の係数が大きくなっているようにも見え

るが，全体としては明確な傾向は観察されない。ただし，係数の統計的有意性については，年齢が高くなるほどより有意性が高まる傾向が見られる。このような傾向は，JCPSを用いた分析でも共通して観察されている[21]。

6　問題行動の決定要因の比較

本節ではクロスセクションで見た問題行動（BPI）の決定要因に関する分析を行う。比較の対象は第5章における分析結果である。使用するデータの範囲・年度と説明変数群は前節と同じである。

推計結果は表6-5に示される。前節と同様，すべての年齢層の子どもをサンプルとした推計結果（第1列）に加え，年齢に基づいてサンプルを分割（7～9歳，10～12歳，13～15歳）し，各々のサンプルに対して同一の説明変数を利用した推計結果（第2～4列）を示した。

「全サンプル」の推計結果によると，対数所得の係数は統計的に有意に負の値となることが示されており，世帯所得の1％の上昇は問題行動の偏差値をおおよそ1.3ポイント減少させることがわかる。これに対応する日本の結果として，第5章の表5-2（117頁）の問題行動スコアの推計をみると，世帯所得の1％の上昇が問題行動の偏差値に及ぼす影響は，おおよそ1.1ポイントであったから，世帯所得が問題行動に与える影響は日本の方が若干低いといえるかもしれない。所得四分位のダミー変数を説明変数に用いたモデルの推計結果によれば，とくに家計の所得階層が上がるにつれて，（第1所得四分位の家計と比較して）有意に問題行動が減少することが示される。

年齢別のサンプルで見てみると，世帯所得が問題行動減少に与える影響は，7～9歳と13～15歳において推計値の値が比較的大きく，統計的にも有意である。ただし，所得階層ダミー変数を入れた推計結果では，10～12歳のサンプ

---

[21] 本章の図6-6と，JCPSに基づく第3章の図3-7（77頁）は，ともに，個人属性変数を制御することで，子どものアウトカムに対する世帯所得の説明力がどの程度変化するかを検討したものである。ただし，個人属性変数として追加している変数が異なるため厳密な比較にはならない。日本の分析で追加する個人属性変数を，米国の分析での変数と可能な限り近づけて作成した場合については，ウェブ付録を参照のこと。

表 6-5　問題行動尺度の決定要因

	全サンプル	7～9 歳	10～12 歳	13～15 歳
(a) 所得階級を用いた結果				
所得階級（基準：第 1 四分位）				
第 2 四分位	−2.0480**	−4.510**	−1.721	−1.499
	(0.9355)	(2.223)	(1.878)	(1.299)
第 3 四分位	−3.2167***	−4.121*	−3.590*	−2.635**
	(0.9590)	(2.237)	(1.962)	(1.315)
第 4 四分位	−4.0549***	−7.382***	−3.428*	−3.362**
	(1.0232)	(2.507)	(2.067)	(1.382)
自由度調整済み決定係数	0.0318	0.0765	0.0441	0.0580
(b) 対数所得を用いた結果				
対数所得	1.3087***	−2.999***	−0.706	−1.363***
	(0.3294)	(0.868)	(0.582)	(0.428)
自由度調整済み決定係数	0.0342	0.0895	0.0380	0.0626
観測数	1,534	284	501	749

（注）　推計結果の上段は係数，下段のカッコ内の数値は不均一分散に対して頑健な標準誤差。＊＊＊，＊＊，＊は推定された係数がそれぞれ1％，5％，10％水準で統計的に有意であることを示す。被説明変数は問題行動のスコアを平均50，標準偏差10に変換したもの。子どもの年齢（各歳ダミー），性別，出生順位（第一子＝1），両親の就業および学歴，配偶者／パートナーの有無および居住地域・大都市圏ダミーの推計結果は省略。

ルでも第3，第4所得四分位のダミーの影響が強く出ており，必ずしも一貫性のある結果とはなっていない。

　結果は省略しているが，他のコントロール変数の中では，女子ダミーの係数が有意にマイナスであり，日本のデータでの結果の傾向と一致している。しかし，日本のデータの分析では統計的に有意な影響のあった親の学歴（とくに母親）や出生順位は統計的に有意な結果を与えていない。

7　おわりに

　本章では，第3章および第5章におけるJCPSを用いた分析結果との比較を念頭に，米国のデータを利用して，世帯所得が子どもの学力と非認知能力に与える影響を検討した。具体的には，子どもの学力と非認知能力に関して，視覚的に見た格差の動態の確認，およびクロスセクションデータに基づく決定要因

の分析を行った。

　前者の格差動態の分析からは，所得階層間の学力格差は子どもの年齢が上がるにつれて拡大する傾向にあるが，問題行動の格差は年齢を通じてほぼ変わらないか，一部では縮小傾向にあることが明らかになった。この結果は，子どもの年齢が上がるにつれて所得階層間の学力格差は縮小し，問題行動格差は拡大する傾向にある日本の結果と対照的なものであった。

　一方，後者のクロスセクション回帰分析の結果からは，日本と同様，世帯所得の高さは学力を向上させ，問題行動を減少させる傾向にあることが示された。また，米国の分析の結果得られた対数世帯所得の係数の大きさは，日本の結果と比べて，学力では小さく，問題行動では（絶対値で見て）大きくなる可能性が示唆された。

　今後は，データの蓄積とともに，パネル構造をより精緻に利用した分析を行うとともに，米国以外の国のデータを利用した比較も実施する必要があるであろう。

▼ 参考文献

Akabayashi, H., R. Nakamura, M. Naoi, and C. Shikishima (in press) "Toward an International Comparison of Economic and Educational Mobility: Recent Findings from the Japan Child Panel Survey," *Educational Studies in Japan: International Yearbook*, No. 10.

Ashenfelter, O., and A. Krueger (1994) "Estimates of the Economic Return to Schooling from a New Sample of Twins," *American Economic Review*, 84(5): 1157-1173.

Baker, P. C., C. K. Keck, F. L. Mott, and S. V. Quinlan (1993) *NLSY Child Handbook, Revised Edition: A Guide to the 1986-1990 National Longitudinal Survey of Youth Child Data*, Center for Human Resource Research, Ohio State University.

Blanden, J., I. Katz, and G. Redmond (2012) "Persistent Inequality? A Comparison of the Impact of Family background on Children's Outcomes in the UK and Australia," in J. Ermisch, M. Jäntti, and T. Smeeding, eds., *From Parents to Children: the Intergenerational Transmission of Advantage*, Russell Sage.

Bradbury, B., M. Corak, J. Waldfogel, and E. Washbrook (2012) "Inequality in Early Childhood Outcomes," in J. Ermisch, T. M. Smeeding, and M. Jäntti, eds., *From Parents to Children: The Intergenerational Transmission of Advantage*, Russell Sage.

Carneiro, P., and J. J. Heckman (2004) "Human Capital Policy," in J. J. Heckman, A. B. Krueger, and B. M. Friedman, eds., *Inequality in America: What Role for Human*

Capital Policies? MIT Press.
Dang, H.-A., and F. H. Rogers (2008) "The Growing Phenomenon of Private Tutoring: Does It Deepen Human Capital, Widen Inequalities, or Waste Resources?" *The World Bank Research Observer*, 23(2): 161-200.
Duncan, G. J., and K. A. Magnuson (2011) "The Nature and Impact of Early Achievement Skills, Attention Skills, and Behavior Problems," in G. J. Duncan, and R. J. Murnane, eds., *Whither Opportunity?: Rising Inequality, Schools, and Children's Life Chances*, Russell Sage.
Duncan, G. J., and R. J. Murnane (2011) *Whither Opportunity? Rising Inequality, Schools and Children's Life Chances*, Russell Sage.
Ermisch, J., M. Jäntti, and T. Smeeding (2012a) "Socioeconomic Gradients in Children's Outcomes," in J. Ermisch, M. Jäntti, and T. Smeeding, eds., *From Parents to Children: The Intergenerational Transmission of Advantage*, Russell Sage.
Ermisch, J., M. Jäntti, and T. Smeeding (2012b) *From Parents to Children: The Intergenerational Transmission of Advantage*, Russell Sage.
Farkas, G. (2011) "Middle and High School Skills, Behaviors, Attitudes, and Curriculum Enrollment, and Their Consequences," in G. J. Duncan, and R. J. Murnane, eds., *Whither Opportunity?: Rising Inequality, Schools and Children's Life Chances*, Russell Sage.
Feinstein, L. (2003) "Inequality in the Early Cognitive Development of British Children in the 1970 Cohort,"*Economica*, 70(277): 73-97.
Kambayashi, R., D. Kawaguchi, and I. Yokoyama (2008) "Wage Distribution in Japan, 1989-2003," *Canadian Journal of Economics*, 41(4): 1329-1350.
Lang, K. (2007) *Poverty and Discrimination*, Princeton University Press.
Nakamuro, M., and T. Inui (2012) "Estimating the Returns to Education Using a Sample of Twins: The Case of Japan," RIETI Discussion Paper Series 12-E-076.
OECD (2015) *In It Together: Why Less Inequality Benefits All*, OECD Publishing http://dx.doi.org/10.1787/9789264235120-en
Smeeding, T., R. Erikson, and M. Jäntti, eds. (2011) *Persistence, Privilege, and Parenting: The Comparative Study of Intergenerational Mobility*, Russell Sage.
Waldfogel, J., and E. Washbrook (2011) "Income-Related Gaps in School Readiness in the United States and the United Kingdom," in T. Smeeding, R. Erikson, and M. Jäntti, eds., *Persistence, Privilege, and Parenting: The Comparative Study of Intergenerational Mobility*, Russell Sage.

第7章

子どもの発達と出生時の健康
出生時体重は教育達成にどのような影響を与えるか？

野崎華世・佐野晋平

Overview
□ 近年，日本においても低体重出生児の割合が増加しているが，それが子どもの教育達成などとどのように関連しているかは解明されていない。
□ 本章では，出生時体重と，子どもの発達を示す変数（学力，問題行動，向社会性，QOL），親の教育投資との関連を検討した。
□ 出生時体重とその後の子どもの発達との間に，強い相関は観察されなかったが，2500g未満の子どもへの教育投資水準が高いことが明らかになった。
□ 教育投資が低体重出生児の不利な状況を改善させている可能性が考えられる。

1 はじめに

　近年，日本において，低体重出生児（Low Birth Weight: LBW，2500 g 未満）の割合が増えている。厚生労働省「人口動態調査」によると，出生児の平均体重は，1975 年から 2012 年の 37 年間で，男女ともに約 200 g 減少している。さらに，低体重出生児の割合は，1975 年に男 4.7％，女 5.5％ であったのに対し，2012 年に男 8.5％，女 10.7％ と増加している。OECD Health at a Glance 2013 によると，日本の低体重児の割合は，過去 30 年間で上昇傾向にあり，近年では OECD 国中の第 3 位と国際的に見ても高い水準であるといえる。

　日本における低体重出生児割合の増加の背景として，疫学の分野では，母親の喫煙率の増加，母親の低体重，母親の年齢の高さ，在胎週数の短さ，多胎出産の増加，初産割合の増加などを挙げている（Ohmi et al. 2001; Takimoto et al. 2003；中村 2011）。さらに，高齢出産もしくは不妊治療の増加により，母体の健康状態が悪い中での帝王切開が増加したこと，医療技術の進展により未熟児や早産児を救命できるようになったことが影響していることを指摘している（吉田・加藤・横山 2014）。

　これらに加え，経済学の分野でも，低体重児割合の増加に対して社会経済的地位（socioeconomic status: SES）の観点からの分析が行われている。小原・大竹（2010）は，都道府県別データを用い，失業率の高さや就業率の低さと出生児体重の間に負の関係があることを確認している。また，厚生労働省の「人口動態調査」出生票の個票を用いた川口・野口（2012）は，母親の年齢の高さ，在胎週数の短さ，出産経験の有無などに加え，父親が無職であるといった要因も，出生時の体重減少要因となっていることを示している。さらに，同一個人を追跡したパネルデータである厚生労働省の「21 世紀出生児縦断調査」を用いた川口・野口（2014）の分析では，父親よりも母親が出生児体重に影響を与えることを示している。とくに強く関連があるのは，喫煙と出産 1 年前のフルタイム就業であり，これらの経験が出生時体重を有意に引き下げていることを明らかにしている。

　では，出生時の体重が軽いと，その後の子どもの発達にどのような影響があるのだろうか。疫学的な観点からは，Barker（1990）による，生活習慣病の胎

児期発症説に基づく検証が行われてきた。すなわち，母体内および新生児期に低栄養状態にさらされることが原因で，高血圧，動脈硬化，糖尿病といった生活習慣病の発症確率が増加するかどうかについての分析が進められてきた。その多くの研究で，出生時体重が生活習慣病と関連することが検証されている（Osmond et al. 1993; de Boo and Harding 2006）。その後，医学的な分析は，出生時体重が生活習慣病と関連がある理由として，低栄養の子宮内での遺伝子発現制御系の変化を挙げ，分子生物学的な分析に発展している（詳しくは，福岡 2009 を参照されたい）。

経済学の観点からは，出生時体重とその後の教育達成や社会経済的成果との関連を検討した研究が，欧米を中心に行われてきた。子ども本人の教育達成は，家庭背景や遺伝的要因のみならず，出生時体重などで示される健康状態からも影響を受ける。既存研究では，豊富なデータセットを用い，出生時体重がその後の教育達成や所得および賃金に負の影響をおよぼすという結果を示している（Currie and Moretti 2003; Black, Devereux, and Salvanes 2007; Johnson and Schoeni 2011; Almond and Currie 2011; Yi et al. 2014）。

しかし，日本における分析はまだ少なく，さらに，得られた結果も欧米ほど強い関連は見られない傾向にある。小原・大竹（2009）の都道府県データを用いた分析によると，平均学力テストスコアは，平均体重と正の相関を持つ一方，新生児に占める低体重児の割合とは負の相関を持つことが示されている。個人のパネルデータを用いた川口・野口（2014）によると，低体重であることは 2 歳半時点での発達指標の低さと関連することが観察されているが，6 歳半時点での勉強時間，読書量や友だちの数との関連はあまり見られないことを示している。また，Nakamuro, Uzuki, and Inui（2013）は，インターネットによる独自調査を用いて，双子固定効果を考慮した分析を行った結果，一方で出生時の体重が低いほど 15 歳時点の学力が低い傾向にあることを示しているが，他方で教育年数や賃金との関連はないことも示している[1]。

日本における分析が少ない理由として，分析可能なデータの少なさが考えら

---

[1] 子どもの貧困も子どもの発達や健康に関わる重要な要因である。阿部（2013）では，貧困層と非貧困層で子どもの健康格差があることを指摘している。さらに，7 歳時点の主観的健康度に関する分析の中で，出生時体重が 1500 g 未満だった子どもは，2500 g 以上だった子どもよりも主観的健康度が悪いことを示している。

れる。川口・野口（2014）が利用している「21世紀出生児縦断調査」は，子どもを0歳から追跡している大規模パネルデータであるが，認知能力に関する情報がなく，出生時体重が学力などの認知能力に与える影響を分析できていない。Nakamuro, Uzuki, and Inui（2013）では，独自のインターネット調査により成人後の教育および経済的達成状況について考察しているが，15歳時点の学力は回顧情報であり，測定誤差が含まれている可能性も考えられる。教育達成の1つの重要な指標である学力への影響は，小原・大竹（2009）の都道府県データによる検証を除き，個票データレベルでは分析がされていない。加えて，既存研究ではデータセットの制約上，クロスセクションの分析であり，出生時体重が時間を通じてどのように影響を与えているのかは検討されていない。

そこで本章では，「日本子どもパネル調査（JCPS）」を用い，出生時体重と子どもの発達の関連を分析する。JCPSは，出生時体重と義務教育時点での学力の計測を子ども個人単位で行っている貴重なデータであるだけではなく，以下の2点においても追加的な利点がある。1点目は，子どもの発達を示す変数として，学力に代表される認知能力だけではなく非認知能力を検討できる点である。第5章でも詳しく述べられているように，近年，欧米を中心とするさまざまな研究で，非認知能力が成人後の社会経済的成果に影響を与えていることが指摘されており（Heckman and Rubinstein 2001; Heckman, Stixrud, and Urzua 2006; Lindqvist and Vestman 2011; Lee and Ohtake 2014），重要な観点であるといえる。2点目は，2時点ではあるが，パネルデータの特性を生かし，動態的な傾向を観察できる点である。出生時体重が義務教育時点のどの段階で影響を受けているのかを検討できる。本章で扱う対象者は，小学1年生〜中学3年生の子どもであり，川口・野口（2014）の分析（6歳半まで）とNakamuro, Uzuki, and Inui（2013）の分析（15歳以上）の間の年齢となり，既存研究に対しても補完的な分析になりうると考える。

一方で，本章の分析にも限界がある。まず，本章は，因果関係まで踏み込んだ分析を行っていない。後述するように，出生時体重から教育成果への影響のルートはさまざまであり，分析者が観察不可能な要因もさまざまに考えられる。また，分析対象が義務教育時点であることにも注意が必要である。これらの限界はあるものの，また相関関係であっても出生時体重の教育成果への影響を考察することは，格差の発生要因を検討するうえでも重要であると考える。

2 分析枠組みとデータ

　出生時体重と子どもの発達の関係を経済理論的な観点から整理してみよう[2]。出生時の体重は，出生時点の健康状態の代理指標と考えられ，出生時点の健康状態がその後の健康状態を変化させる。健康状態は人的資本投資に影響を与え，テストスコアや学歴といった教育達成に影響を与える。出生時体重そのものは，親の家庭背景に影響を受ける。たとえば，学歴の高い親は，出生時の健康状態が悪化しないような健康投資をより多く行っている可能性が考えられる。加えて彼ら自身の学歴の高さは，遺伝的な要因，教育方針や教育投資の多寡により，その子どもの教育達成に影響を与える。

　出生時体重と子どもの発達を計量経済学的に考察する1つの方法は，テストスコアなどを被説明変数にし，それに影響を与えるであろう観察可能な属性を制御したうえで，説明変数である出生時体重の係数を観察することである。しかし，観察できない個人や家庭背景要因の影響も受けると考えられるため，出生時体重の係数は必ずしも出生時体重の因果的な効果を示しているわけではない。したがって，出生時体重そのものの影響を考察する場合，分析者には観察できない，遺伝的要因や教育方針などの家庭環境をいかに制御するかが重要となる。既存研究では，出生時体重のみを変動させる操作変数法を用いるか，きょうだいや双子が識別できるデータセットを用い家庭環境の影響を除去する方法がとられている。ただし，本章では外生的に出生時体重のみを変動させる操作変数を探し出すことが困難であった点と，きょうだいを同時に観察できる，あるいは双子のサンプルが十分に確保できなかったため，これらの調整は行っていない。したがって，本章の結果を解釈する際にはこのような点で留意が必要である。

　本章で用いるデータは，他章と同様に2010～2013年のJCPSである。JCPSのサンプルは，日本家計パネル調査（JHPS），および慶應義塾家計パネル調査（KHPS）のサンプルの世帯の中の，小学1年生～中学3年生の子どもである。

---

[2] 小原・大竹（2009）は子どもの教育成果に関する分析を包括的にサーベイしている。本節の記述の多くは小原・大竹（2009）に依拠している。

JCPSでは，調査対象家計の子ども自身に回答してもらう「子ども票」と，その親に回答してもらう「親票」の2種類の調査票を用いている。

本章でとくに注目する出生時体重変数は，親票の回答から作成している[3]。第2章で言及されているように，出生時体重の数値は，母子手帳を参照し，記入を求めているため，測定誤差の問題は小さいと考えられる。回帰分析においては，基本的に親票から得られた出生時体重を100で除した数値を用い，頑健性を確認するために，「出生時体重の対数」「2500g未満ダミー」を別途用いる。なお，2500g未満は，WHO（World Health Organization）が定める低体重出生児の定義と同様である[4]。

認知能力に関しては，国語・算数／数学の因子得点の偏差値を用いている。具体的には，第3章と同様に，それぞれの因子得点を学年ごとに平均50，標準偏差10となるように標準化した偏差値を使用している。非認知能力に関しては，親から見た子どもの「問題行動」と，親から見た子どもの「向社会性」そして「QOL」合計スコアを用いる。問題行動と向社会性は，「子どもの強さと困難さアンケート」（Strengths and Difficulties Questionnaire: SDQ）の指標を用いている。問題行動スコアが高いほど問題行動が多く，向社会性スコアが高いほど協調性や共感性が高い指標である。子どものQOLは，子ども用QOL尺度「KINDL^R」を用いている。得点が高いほど適応感が高くなる指標であり，子ども自身が回答している。そのため，質問項目の内容が十分に把握できる年齢，

---

[3] ただし，以下の点に注意が必要である。1点目は，出生時体重の設問は第2回調査（KHPSサンプル）から導入されたため，第1回調査（JHPSサンプル）の回答者の出生時体重は，第3回調査（JHPSサンプル）も回答している子どもしか補完できていないことである。その結果，本分析では，JHPSサンプルが相対的に少なくなっている。2点目は，出生時体重の無回答者の傾向である。後述する表7-1では，それぞれの出生時体重の平均値を算出しているが，平均50であるはずの偏差値の平均値で50を超える値が算出されている場合がある。とくに，国語と算数／数学の因子得点の偏差値は，出生時体重を回答していないグループの方が低い傾向にある。同様に，出生時体重を回答していないグループの方が，問題行動が多く，教育費支出が多い傾向があるが，向社会性，QOLでは，グループ間で差はなかった。

[4] また，出生時体重は在胎週数と関連が強い，つまり在胎週数が短いほど，出生時体重は軽くなる傾向になる。そのため，在胎週数に比して体重が軽い「Light-for-date」や在胎週数に比して体重も身長も小さい「Small for gestational age」についても分析を行うことも検討したが，該当観測数が小さくなるため，結果が安定せず，今回の分析には含めていない。

図 7-1 出生時体重の分布

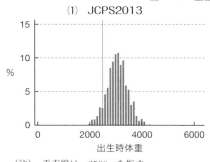
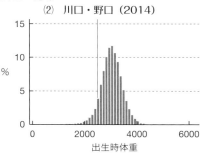

(注) 垂直線は，2500 g を指す．
(出所) (2)は川口・野口（2014），8 頁より．

具体的には，小学3年生以上の子どものみ調査を行っている．

また，出生時体重が軽い子どもの発達が遅いとするならば，親はその子どもへ多く教育投資を行う可能性が考えられる（Yi et al. 2014）．そこで，出生時体重によって子どもへの教育費支出に差があるか確認するために，その子どもへの「教育費支出（合計）」を用いている．ただし，この教育費支出は，出生時点からの累積額ではなく，調査時点の額であることに注意が必要である．

学力テスト，問題行動，向社会性，QOL，教育費支出に関する回帰分析の説明変数は，それぞれ第3，5，8章で用いられている変数と同じ変数を導入している．

3 出生時体重の分布と属性の関係

出生時体重の分布を確認しよう．図 7-1 の(1)は，JCPS を用いた分布，(2)は，「21 世紀出生児縦断調査」を用いた川口・野口（2014）による分布である．JCPS の出生時体重は，3000 g を山に大まかに正規分布しており，2500 g 未満の新生児は，8.35％ ほどとなっている．2013 年の「人口動態調査」の割合である 9.6％ と比べるとやや少ない割合となっている．「人口動態調査」から抽出を行い，第1回調査で約4万7000人もの人が回答している「21世紀出生児縦断調査」での分布（図 7-1 (2)）と比較しても，JCPS の方が多少分布の広がりが小さいが，おおむね同じ傾向であることがうかがえる．

表 7-1　出生時体重別の平均値と標準偏差

	出生時体重	2500 g 未満	2500〜2999 g	3000〜3499 g	3500 g 以上
国語	平均値	51.30	50.83	50.62	50.21
	標準偏差	9.61	10.07	9.44	8.94
算数／数学	平均値	51.30	50.62	50.59	50.20
	標準偏差	10.08	10.06	9.38	9.17
世帯所得（対数）	平均値	6.50	6.46	6.49	6.48
	標準偏差	0.42	0.41	0.44	0.40
女子	平均値	0.59	0.54	0.44	0.34
	標準偏差	0.49	0.50	0.50	0.47
早生まれ	平均値	0.18	0.26	0.25	0.23
	標準偏差	0.38	0.44	0.43	0.42
第一子	平均値	0.64	0.54	0.46	0.41
	標準偏差	0.48	0.50	0.50	0.49
父親：大卒以上	平均値	0.49	0.44	0.43	0.47
	標準偏差	0.50	0.50	0.49	0.50
母親：大卒以上	平均値	0.13	0.18	0.18	0.18
	標準偏差	0.34	0.38	0.39	0.38
父親：正規雇用	平均値	0.84	0.75	0.81	0.80
	標準偏差	0.37	0.43	0.39	0.40
母親：正規雇用	平均値	0.07	0.10	0.13	0.11
	標準偏差	0.26	0.30	0.34	0.32
きょうだい数	平均値	2.16	2.32	2.43	2.47
	標準偏差	0.76	0.77	0.85	0.81
私立	平均値	0.05	0.06	0.04	0.07
	標準偏差	0.22	0.24	0.20	0.26
父親：出産時年齢	平均値	32.73	32.07	31.90	33.38
	標準偏差	4.49	5.32	5.03	5.41
母親：出産時年齢	平均値	30.95	29.89	29.88	30.79
	標準偏差	4.13	4.45	4.05	4.84
観測数		140	611	752	205
問題行動	平均値	49.77	49.83	49.06	50.40
	標準偏差	9.09	9.91	9.44	10.65
向社会性	平均値	49.87	49.11	50.85	48.94
	標準偏差	10.18	10.29	9.34	10.27
観測数		95	474	560	153
QOL	平均値	50.89	49.14	51.12	49.83
	標準偏差	9.43	10.23	9.35	10.30
観測数		78	362	452	129
教育費支出（合計）（対数）	平均値	9.97	9.88	9.87	9.77
	標準偏差	0.67	0.74	0.72	0.82
観測数		139	609	750	205

　表 7-1 は，出生時体重を 4 つのグループ（2500 g 未満，2500〜2999 g，3000〜3499 g，3500 g 以上）に分け，グループ別のそれぞれの変数の平均値と標準偏差を示している。出生時体重が 2500 g 未満の子どもは，他のグループと比べ国語や算数／数学の成績が良い傾向が見られる。しかし，2500 g 未満とそうでな

い子どもの平均値の差の検定を行った結果，2500ｇ未満で生まれた子どものテストスコアが有意に高いという傾向は見られなかった。また，問題行動，向社会性，QOLに関しては，一貫した傾向は見られない。一方で，教育費支出は，出生時体重が2500ｇ未満の子どものグループが他より高い傾向が見られる。

その他の変数に関しては，高世帯所得，女子，第一子，父親大学卒以上，父親正規雇用，父母の年齢が高い場合に，出生時体重が軽い傾向にある。一方で，早生まれ，母親大学卒以上，母親正規雇用の場合に，出生時体重が重い傾向がある[5]。私立小学校・中学校に通っているかどうかは一貫した関係は見られない。

4 出生時体重と子どもの発達の関連

4-1 出生時体重と認知能力

記述統計の観察によると，出生時体重と子どもの発達は強い関連が見られないことが示唆される。しかし，本書の第3章などで示されているように，学力は親の所得などの子どもが置かれる環境等の違いに影響を受ける。そこで本節では，所得などの観察可能な変数を制御したうえで，出生時体重と学力テストスコアとの関連を検討する[6]。説明変数は第3章と同じく，子ども自身の属性を示す変数（女子，早生まれ，第一子，私立，学年を示す各ダミー変数），世帯の属性を示す変数（世帯所得〔対数〕，きょうだい数，父親・母親が大卒以上ダミー，父親・母親が正規雇用ダミー，政令指定都市ダミー，10ブロックの地域ダミー）である。

---

5) 川口・野口（2014）では，母親の学歴は，低体重児となる確率とは統計的に有意な関係は認められないが，出生時に過体重児である確率を有意に引き下げることを示している。本章のデータではその傾向が見られないため，その点は留意が必要である。また，川口・野口（2014）は母親の就労についても，1年前のフルタイム就労が新生児の体重を有意に引き下げることを示している。本章のデータは，調査時点の就労状態を示すので厳密には比べられないが，本章では，調査時点の母親の正規雇用と出生時体重の関連は見られない。

6) 本節の回帰分析は，パネル化可能サンプルをプールして分析を行っているが，初回調査のみ用いたクロスセクションでの推計も行い，本結果と同様の傾向があることを確認している。

表 7-2 学力と出生時体重の関係

	国語		算数／数学	
	(1)	(2)	(3)	(4)
出生時体重/100	−0.0872	−0.0224	−0.0684	−0.0166
	(0.0550)	(0.0544)	(0.0568)	(0.0558)
世帯所得	3.355***	2.897***	3.675***	3.212***
（対数）	(0.574)	(0.622)	(0.577)	(0.637)
女子		1.407***		0.509
		(0.444)		(0.449)
早生まれ		−1.498***		−1.748***
		(0.536)		(0.538)
第一子		0.0365		0.306
		(0.488)		(0.486)
父親：大卒以上		2.234***		2.310***
		(0.503)		(0.506)
母親：大卒以上		2.708***		2.200***
		(0.618)		(0.650)
父親：正規雇用		−1.331**		−1.275**
		(0.568)		(0.579)
母親：正規雇用		−2.565***		−2.148***
		(0.700)		(0.719)
きょうだい数		−2.122***		−1.819***
		(0.309)		(0.312)
私立		1.642		1.226
		(1.153)		(1.178)
定数項	32.43***	38.18***	28.62***	34.34***
	(4.454)	(4.631)	(4.467)	(4.761)
自由度調整済み決定係数	0.02	0.096	0.022	0.081
観測数	1708	1708	1708	1708

(注) 推計方法は OLS である。***，**，*は，それぞれ 1％，5％，10％ 水準で有意であることを示している。カッコ内は不均一分散に対して頑健な標準誤差を示している。この他に説明変数として，学年ダミー，調査年ダミー，政令指定都市ダミー，居住地域10区分ダミーを使用している。推計結果の詳細はウェブ付録を参照のこと。

　表 7-2 は，出生時体重と国語・算数／数学のテストスコアとの関連を示したものである。表 7-2 の(1)列および(3)列は出生時体重に加え世帯所得など最低限の説明変数を含めた結果であり，(2)列および(4)列はさまざまな属性変数を追加した結果である。いずれの推計結果においても出生時体重の係数はマイナスの値であるが，統計的に有意ではない。表 7-1 で観察された出生時体重グループごとのテストスコアの平均値同様に，出生時体重とテストスコア

には明確な関連は見られない[7]。

その他の変数は，本書の第3章の結果と整合的である。世帯所得はテストスコアに対して正で統計的に有意であり，その係数値も大きい。国語に関して女子は男子と比べ成績が高いものの，算数／数学に性差は観察されない。早生まれであること，きょうだい数が多いことはテストスコアと負の相関を持ち，第一子かどうかはテストスコアとは相関しない。両親が大学卒以上であることはテストスコアに正で統計的に有意であり，その係数値も大きい。両親の就業とテストスコアは負の相関を持つ。観察可能な属性を制御したうえでは，私立とそれ以外でテストスコアに有意な差は観察されない。

4-2 出生時体重と非認知能力

出生時体重と非認知能力との関係を分析したものが表7-3の(1)列から(6)列である。なお，推計式の特定化は第5章と同様にしている。非認知能力の指標として，問題行動((1), (2)列)，向社会性((3), (4)列)，QOL((5), (6)列)を用いた。なお，問題行動の指標のみ，値が大きいほど悪い状況を示すが，それ以外の指標は値が大きいほどよい状況を示す。推計結果によると，問題行動を被説明変数とした場合，出生時体重の係数は負であるが，統計的に有意な関係は観察されない。向社会性を被説明変数とした場合，さまざまな属性を制御すると，出生時体重と正の相関で統計的に有意である。すなわち，出生時体重が重いことは，義務教育時点での協調性や共感性の高さと相関を持つ可能性を示唆している。また，QOLと出生時体重は統計的に有意な関係にない。

4-3 出生時体重と教育費支出の関係

出生時体重と学力テストスコア，および向社会性を除く非認知能力とは統計的に明確な関係が観察されなかった。表7-1によると，低体重とされる2500g未満のテストスコアは，他のグループと比べ低くなく，むしろ高いといえる。

---

[7] 出生時体重だけではなく，現在の体重を追加した分析も行ったが，関連は見られなかった。さらに，学年ごとの交差項を用いた分析も行ったが，学年による差も確認されなかった。

表 7-3 非認知能力,教育費支出と出生時体重

	問題行動		向社会性		QOL		教育費支出	
	(1)	(2)	(3)	(4)	(5)	(6)	(7)	(8)
出生時体重/100	−0.103	−0.0794	0.160**	0.154**	0.0251	0.0766	0.0115***	0.0079*
	(0.0657)	(0.0643)	(0.0691)	(0.0702)	(0.0750)	(0.0778)	(0.00411)	(0.0040)
世帯所得	−2.119***	−0.887	−1.739***	−2.188***	2.944***	2.041**	0.365***	0.295***
(対数)	(0.658)	(0.710)	(0.674)	(0.735)	(0.840)	(0.921)	(0.0423)	(0.0436)
A	yes	yes	yes	yes	yes	yes	yes	yes
B	yes	yes	yes	yes	yes	yes		yes
C	yes	yes	yes	yes	yes	yes		
D		yes		yes		yes		yes
E		yes		yes		yes		
F								yes
観測数	1282	1282	1282	1282	1021	1021	1703	1703
自由度修正済み決定係数	0.026	0.085	0.025	0.034	0.014	0.047	0.139	0.204

(注) 推計方法は OLS である。***,**,*は,それぞれ 1%,5%,10% 水準で有意であることを示している。カッコ内は不均一分散に対して頑健な標準誤差を示している。表中の A〜D が「yes」である場合,推計の際に以下の変数群をコントロールした。
　　A:学年ダミー,調査年ダミー,政令指定都市ダミー,居住地域 10 区分ダミー,定数項。
　　B:女子ダミー,出産時の母親の年齢。C:早生まれダミー。D:高校生以下のきょうだい数,父大卒ダミー,母大卒ダミー,父有業ダミー,母有業ダミー,私立ダミー。E:出生順位,父親健康度,母親健康度,資産,勉強時間,幼稚園ダミー。F:第一子ダミー。
　　問題行動は,値が大きければ大きいほど問題行動が多いという変数である。そのため,係数が正に有意であれば,問題行動が多いことを意味する。一方で,向社会性,QOL に関しては,係数が正に有意であれば,社会性や QOL が高いことを意味する。推計結果の詳細はウェブ付録を参照のこと。

1つの可能性は,出生時体重が低いなど出生時点での健康状況が悪い子どもに対して重点的に教育投資を行う可能性である (Yi et al. 2014)。この可能性を検討するために,本項では,義務教育段階であるが,出生時体重と教育費支出の関係を検討する。なお,教育費支出額は,課外活動や学費等を含めた数値である。

表 7-3 の(7),(8)列によると,出生時体重とその子どもへの教育費支出は,統計的に有意に負の相関が見られる。出生時体重が軽いほど教育費支出が多いという傾向が見られた。この結果は,不利な健康状況である子に対してそれを補完するように教育投資を行っている可能性を示唆しているが,解釈には留意が必要である。まず今回用いた教育費支出は,累積額ではなく,調査年の子どもへの教育費支出額である。さらに,観察されない特定の教育方針を持つ家計の影響も含めて捉えてしまっている可能性も否定できない。これらの点をふまえた分析については,今後の課題である。

表 7-4 頑健性の確認

	国語 (1)	算数／数学 (2)	問題行動 (3)	向社会性 (4)	QOL (5)	教育費支出 (6)
出生時体重/100	−0.0224 (0.0544)	−0.0166 (0.0558)	−0.0794 (0.0643)	0.154** (0.0702)	0.0766 (0.0778)	−0.0079* (0.0040)
自由度調整済み決定係数	0.096	0.081	0.085	0.034	0.047	0.204
出生時体重 （対数）	−0.554 (1.504)	−0.298 (1.579)	−2.532 (1.681)	3.834** (1.852)	2.332 (2.114)	−0.198* (0.105)
自由度調整済み決定係数	0.096	0.081	0.086	0.034	0.047	0.204
低出生時体重 （2500 g 未満）	0.0386 (0.832)	0.238 (0.849)	0.444 (0.994)	−0.298 (1.067)	0.338 (1.103)	0.069 (0.0553)
自由度調整済み決定係数	0.096	0.081	0.084	0.030	0.046	0.203
観測数	1708	1708	1282	1282	1021	1703

（注） ***，**，*は，それぞれ 1%，5%，10% 水準で有意であることを示している。カッコ内は不均一分散に頑健な標準誤差を示している。それぞれの説明変数は，表 7-2，表 7-3 で示したすべての変数を使用している。問題行動は，値が大きければ大きいほど問題行動が多いという変数である。そのため，係数が正に有意であれば，問題行動が多いことを意味する。一方で，向社会性，QOL に関しては，係数が正に有意であれば，社会性や QOL が高いことを意味する。推計結果の詳細はウェブ付録を参照のこと。

4-4 頑健性の確認

表 7-4 は，出生時体重の指標をレベルの数値だけではなく，「出生時体重の対数」「2500 g 未満（2500 g 未満で生まれた子どもダミー）」を用いて回帰分析を行った推計結果の，それぞれの係数である。この結果を見ても，出生時低体重とその後の子どもの学力や問題行動，QOL の間に大きな関連はないことがわかる。向社会性と教育費支出に関しては，出生時体重との関連はあるが，低体重ダミーとの関連はない。指標を変更したとしても，結果は頑健であるといえる[8]。

5 時系列的変化

図 7-2 は，パネル化できるサンプルを用いて，1 回目と 2 回目の国語および算数／数学のテストスコアと出生時体重との関係を表したものである。出生時

---

[8] 家族固定効果を考慮した推計結果はウェブ付録を参照のこと。

図 7-2 出生時体重と学力の変化（偏差値化された因子得点：国語，算数／数学）

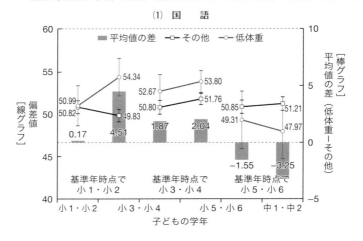

(1) 国　語

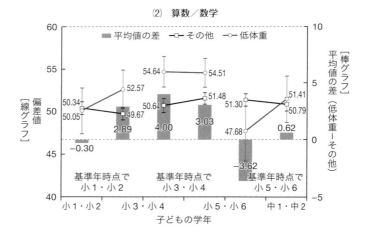

(2) 算数／数学

体重が 2500 g 未満の子どもを「低体重」，その他の子どもを「その他」としている。これを見ると，低学年では，低体重の子どもの成績が少し高い傾向にあるが高学年になるとその差はなくなる傾向がうかがえる。図 7-3 は，問題行動および向社会性の推移と出生時体重の関係を表したものである[9]。問題行動

---

9) 図 7-3 と図 7-4 は，学年ごとに，図 7-5 は，調査年ごとに標準化した z 得点を用いている。

図7-3 出生時体重と問題行動・向社会性

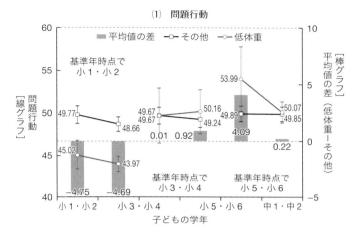

(1) 問題行動

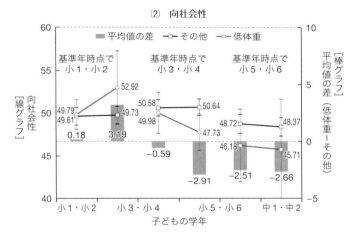

(2) 向社会性

(注) 問題行動は、値が大きければ大きいほど問題行動が多いという変数である。一方で、向社会性は、値が大きければ、社会性が高いことを意味する。

は低学年では低体重の方が低いが、高学年以上になると逆転する傾向にある。向社会性は、逆の傾向があり、低学年では低体重の方が高いが、高学年以上になると、低体重で生まれた子どもの方が、社会性が低い傾向にある。図7-4は、QOLの推移と出生時体重の関係を表したものであるが、QOLは、低体重の方が少し高い傾向があるように見えるが、有意な差は見られない。

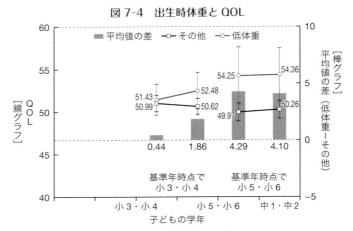

図 7-4　出生時体重と QOL

(注)　QOL は小学 3 年生以上の子どものみで集計されている。

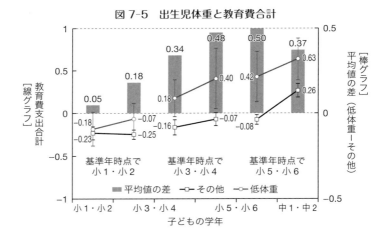

図 7-5　出生児体重と教育費合計

　以上により，時系列で見ると，おおむね，小学校低学年の頃は，むしろ低体重で生まれた子どもの方が，学力が高く，その後学年が上がるに従って差がなくなる，もしくは逆転する傾向にあることがわかる。考えられる仮説の 1 つは，教育投資のタイミングが異なる可能性である（Heckman and Mosso 2014）。図 7-5 は，教育費支出の推移と出生時体重の関係の時系列推移を表したものである。一貫して，低体重児の方が教育費を多く支出している傾向にあることがうかがえる。このように低体重出生児への教育投資は一貫して多いことから，低体重

出生児へは幼い頃から教育投資を行っている可能性がある。つまり，低体重出生の不利を補うために，早いタイミングで親が教育投資を行い，その結果，低学年ではむしろ低体重出生の子どものパフォーマンスが良く，その後，他の子どもも教育投資を受ける結果，その差はなくなる，もしくは逆転している可能性が考えられる。ただし，ここで用いた教育費支出は，調査時点の総額であって，累積額ではない。実際にどのタイミングから教育投資を行っているのか，さらには投資の中身，投資額についても出生時体重ごとに詳しい検討をする必要がある。

6 おわりに

　本章の分析では，出生時体重と小中学校時の発達についての分析を行った。具体的には，学力（国語と算数／数学），問題行動，向社会性，QOLをアウトカムとして，出生時体重との関連を調べた。分析の結果，いずれにおいても，出生時体重との関連はほとんど見られなかった。加えて，出生時体重が2500g未満であった子どもとそうでない子どもでも，これらの変数との関連は見られなかった。川口・野口（2014）でも，2500g未満の子どもは，2歳半時点では発達が遅れていたが，6歳半時点では，行動の差はほとんどなくなると結論づけている。わが国においては，就学前教育および小学校教育における給食などの栄養管理・生活習慣管理が適切に行われている傾向があり，低体重出生児の発達にも寄与している可能性がうかがえる。

　さらに，本分析では，低体重出生児であるほど教育費を多く支出している傾向を示した。この教育費は，調査時点の額であることに注意が必要だが，出生時体重が軽く生まれてきた子どもに対して，その不利な状況を補填するように，両親がその子どもに対してより多くの投資をしてきた可能性が考えられる。とくに，時系列的に見ると，小学校低学年のうちは低体重出生児の子どもの方が，そうでない子どもより学力等の指標が良い傾向がうかがえる。低体重出生児を持つ親は早くから教育投資を行うなど，成長過程での影響によって，わが国においては出生時点での差を補っている可能性が考えられる。

　ただし，本分析では，データの制約上，教育投資のタイミングの差について

の詳しい分析は行えていない。また，個人の観察できない能力についても考慮することができていない。加えて，中学3年生までの効果であり，その後の発達段階においての影響についての考察も行えていない。こうした，さらに因果関係の解明に踏み込むためのより詳細な分析を行うためにも，さらなる継続したデータの整備が求められていると考える。

▼ 参 考 文 献

阿部彩（2013）「子どもの健康格差の要因――過去の健康悪化の回復力に違いはあるか」『医療と社会』22（3）：255-269頁。

川口大司・野口晴子（2012）「新生児の体重はなぜ減少しているのか」井堀利宏・金子能宏・野口晴子編『新たなリスクと社会保障――生涯を通じた支援策の構築』東京大学出版会：17-33頁。

川口大司・野口晴子（2014）「低体重出生――原因と帰結」北村行伸編『応用ミクロ計量経済学2』日本評論社：3-23頁。

小原美紀・大竹文雄（2009）「子どもの教育成果の決定要因」『日本労働研究雑誌』588：67-84頁。

小原美紀・大竹文雄（2010）「親の失業が新生児の健康状態に与える影響」『日本労働研究雑誌』595：15-26頁。

中村敬（2011）「出生体重低下の現況とその背景」『小児科臨床』64（11）：2274-2285頁。

福岡秀興（2009）「新しい成人病（生活習慣病）の発症概念――成人病胎児期発症説」『京都府立医科大学雑誌』118（8）：501-514頁。

吉田穂波・加藤則子・横山徹爾（2014）「人口動態統計からみた長期的な出生時体重の変化と要因について」『保健医療科学』63（1）：2-16頁。

Almond, D., and J. Currie (2011) "Killing Me Softly: The Fetal Origins Hypothesis," *Journal of Economic Perspectives*, 25 (3): 153-172.

Barker, D. J. (1990) "The Fetal and Infant Origins of Adult Disease," *BMJ*, 301 (6761): 1111.

Black, S. E., P. J. Devereux, and K. Salvanes, (2007) "From the Cradle to the Labor Market?: The Effect of Birth Weight on Adult Outcomes," *Quarterly Journal of Economics*, 122 (1): 409-439.

Currie, J., and E. Moretti (2003) "Mother's Education and the Intergenerational Transmission of Human Capital: Evidence from College Openings," *Quarterly Journal of Economics*, 118 (4): 1495-1532.

de Boo, H. A., and J. E. Harding (2006) "The Developmental Origins of Adult Disease (Barker) Hypothesis," *Australian and New Zealand Journal of Obstetrics and Gynaecology*, 46 (1): 4-14.

Heckman, J J., and S. Mosso (2014) "The Economics of Human Development and Social Mobility," NBER working paper, No. 19925.

Heckman, J. J., and Y. Rubinstein (2001) "The Importance of Noncognitive Skills: Lessons from the GED Testing Program," *American Economic Review*, 91 (2): 145-149.

Heckman, J. J., J. Stixrud, and S. Urzua (2006) "The Effects of Cognitive and Noncognitive Abilities on Labor Market Outcomes and Social Behavior," *Journal of Labor Economics*, 24 (3): 411-482.

Johnson, R. C., and R. F. Schoeni (2011) "The Influence of Early-Life Events on Human Capital, Health Status, and Labor Market Outcomes over the Life Course," *B. E. Journal of Economic Analysis & Policy*, 11 (3): 1-55.

Lee, S. Y., and F. Ohtake (2014) "Procrastinators and Hyperbolic Discounters: Transition Probabilities of Moving from Temporary into Regular Employment," *Journal of the Japanese and International Economies*, 34: 291-314.

Lindqvist, E., and R. Vestman (2011) "The Labor Market Returns to Cognitive and Noncognitive Ability: Evidence from the Swedish Enlistment," *American Economic Journal: Applied Economics*, 3 (1): 101-128.

Nakamuro, M., Y. Uzuki, and T. Inui. (2013) "The Effects of Birth Weight: Does Fetal Origin Really Matter for Long-Run Outcomes?" *Economics Letters*, 121 (1): 53-58.

Ohmi, H., K. Hirooka, A. Hata, and Y. Mochizuki (2001) "Recent Trend of Increase in Proportion of Low Birthweight Infants in Japan," *International Journal of Epidemiology*, 30 (6): 1269-1271.

Osmond, C., D. J. Barker, P. D. Winter, C. H. Fall, and S. J. Simmonds (1993) "Early Growth and Death from Cardiovascular Disease in Women," *BMJ*, 307 (6918): 1519-1524.

Takimoto, H., N. Yoshiike, A. Katagiri, H. Ishida, and S. Abe (2003) "Nutritional Status of Pregnant and Lactating Women in Japan: A Comparison with Non-Pregnant/Non-Lactating Controls in the National Nutrition Survey," *Journal of Obstetrics and Gynaecology Research*, 29 (2): 96-103.

Yi J., J. J. Heckman, J. Zhang, and G. Conti (2014) "Early Health Shocks, Intrahousehold Resource Allocation, and Child Outcomes," NBER Working Paper, No. 20757.

第8章 教育投資と経済格差
家庭環境は教育費支出にどのような影響を与えるか？

佐野晋平・妹尾渉・中村亮介・野崎華世

> **Overview**
> ☐ 家庭背景の違いは，教育投資の水準にどのような影響を与えるだろうか。
> ☐ 本章では，親の経済力・学歴と子どもへの教育費支出の関係を検討した。
> ☐ 世帯所得・両親の学歴は，子どもへの教育費支出と関連しており，低学年の時点から所得や親の学歴による差が観察される。
> ☐ 教育投資のタイミングが親の属性により変わりうることが考えられ，両親の教育に対する熱意の差が投資の差を生む可能性が示唆される。

1 はじめに

　家計の教育投資は子どもの人的資本形成の重要な手段の1つであるが，その水準は親の経済力や学歴といった家庭背景に影響を受ける。とりわけ，近年深刻化している子どもの貧困の問題（阿部 2008, 2014）やその長期的な帰結（Oshio, Sano, and Kobayashi 2010）を考慮すると，経済格差から派生する教育格差の広がりは，次世代の経済格差に伝播する可能性を持つ（**Column** ⑤も参照；184頁）。

　では，家庭背景の違いから生み出される教育の格差は，一体，どれほどなのであろうか。異質な家計の教育投資の決定要因を把握するためには，家計単位で調査されたマイクロデータによる分析が不可欠である。わが国における既存研究では，主として総務省の「全国消費実態調査」による分析が行われてきた。1989年のデータを用いローレンツ曲線に基づく所得階層別の教育費支出の所得弾力性を推計した Hashimoto and Heath（1995）は，300〜1000万円までの所得階層で所得弾力性が高いが，1000万円を超えると所得弾力性が下がる傾向を発見している。1984年と1994年のデータを用いて消費支出に占める教育費の割合と家庭属性の関係を推計した永瀬・長町（2002）は，1984年と比べ1994年で全体的に家庭の教育費負担が増大していることを確認している。1989, 1994, 1999年の「全国消費実態調査」リサンプリングデータを用いた平尾・永井・坂本（2007）は，分析期間の10年間で教育費支出の階層間格差が拡大したことを指摘している。出島（2011）は2004年の「全国消費実態調査」匿名データを用い，教育費支出の所得弾力性は1の近傍であることを報告しているが，所得だけではなく資産状況が教育費支出に影響を与える可能性を示唆している。

　「全国消費実態調査」は世帯収入と支出に関する大規模調査であるが，家計の教育投資行動と強く関連すると考えられる親の学歴を得ることができない。そのため，公的データでは必ずしも把握されていない家庭背景と教育投資を含むサーベイ調査を用いた分析が行われてきた。四方（2007）は，2004年の「慶應義塾家計パネル調査（KHPS）」を用い，子どもの教育費支出や教育達成は，親の所得や教育水準と相関しているかを，トービットモデルを用いて推計する

1 はじめに

ことにより検証している。推計結果によると，世帯所得が高いほど，父親の学歴が高いほど，父親の年齢が高いほど，また両親の年齢差が大きいほど，教育関連支出が多いことを確認している。戸田（2010）は，子どもへの教育費支出の決定要因を，きょうだい数や出生順序に焦点を当てつつ，家計経済研究所の「消費生活に関するパネル調査」の第17回調査のクロスセクションデータを用いて分析している。推計結果によると，世帯所得や両親の学歴が高いほど教育費支出が多いことを確認したうえで，個人単位か世帯単位の分析かどうか，在学学校別かどうかで決定要因が異なることを発見している。

既存研究では，世帯所得と教育投資に一定の関係が認められるものの，いくつかの点でさらなる分析が必要な点も存在する。第1に，多くの研究では，戸田（2010）を除き，世帯所得と子ども1人当たりの平均教育費支出の関係を分析している点である。子どもの年齢を制御しているものの，それだけで家計内の子どもの異質性を十分に捉えているとは限らず，戸田（2010）と同様に，子ども個人への教育投資を分析する必要がある。

第2に，対象となる子どもの年齢が幅広い点である。高等学校や大学等に進学する子どもが分析サンプルに含まれている場合，教育費支出は多くなる傾向があり，既存研究の分析ではこれらの影響が含まれている可能性も否定できない。加えて，教育投資は各年齢・各学年で一様に実施されるとは限らない。Cunha et al. (2006) により理論的に示されているように，教育投資のリターンはその初期段階で大きく，それを考慮している家計は年少段階でより重点的に教育投資を実施している可能性が考えられる。文部科学省の「子ども教育費調査」を詳細に分析した卯月（2012）は，教育費支出は義務教育段階，学年ごとで異なることを指摘しているが，それが家計の属性で異なるかどうかまでは検証されていない。

第3に，家計の教育投資の動態的な行動については未解明である。教育投資のリターンが子どもの年齢で異なるのであれば，教育に対する熱意の高い親はより早いタイミングで投資を行う可能性がある。このような状況を検討するためには，子どもを追跡したパネルデータによる分析が必要であるが，「消費生活に関するパネル調査」はパネルデータであるが調査対象は成人女性であり，一部の調査時点で子どもに関する詳細な情報を聞いているものの，彼女らの子どもの年齢層は幅広く，子どもに関する情報はパネルデータになっているとは

限らない[1]。

　第4に，教育投資と学力など子どもの成果との関連は明らかではない。文部科学省・国立教育政策研究所による「全国学力・学習状況調査」は悉皆あるいは抽出調査であるが，主として単年度の学力の把握を目的としているため，パネルデータではなく，家庭背景の情報が収集されているわけではない。ただし，2013年に「きめ細かい調査」として「全国学力・学習状況調査」対象者の一部に対し家庭背景の情報を詳細に尋ねており，この結果を分析した山田（2014）によると，世帯収入と学力には正の相関があることを確認している。このように，家計の教育費支出，両親の属性，子どもの成果を関連づけたうえに，パネルデータによって動態的な傾向を確認した研究は，わが国において存在しない。

　これまでも述べてきた通り，本章で用いる「日本子どもパネル調査（JCPS）」は，上記のデータの制約に対処した特徴を持っている。JCPSは家計パネルデータである日本家計パネル調査（JHPS），慶應義塾家計パネル調査（KHPS）回答者の子どもに対し追跡調査している。そのため，家計・親の属性と義務教育段階の子どもの情報を関連づけた分析を可能とする。JCPSを用いた本書の他章では，アウトカムや非認知能力の決定要因を分析しており，推計結果によると，世帯所得の違い，親の学歴状況の違いによりアウトカムに差が生じていることを発見している。本章の目的は，これらのギャップの背景として，教育投資がどのような役割を果たしているのかを検討することにある。

　本章では，このようなJCPSの特徴を生かし，家庭背景と教育投資の関係について，静学的・動態的観点から分析を行う。静学的な観点からは，既存研究との比較を念頭に置き，主として世帯所得・両親の学歴と教育費支出の関係を明らかにする。JCPSの特徴を生かし義務教育対象者に焦点を当て，世帯では

---

1) パネル分析を行う点は個人効果を制御するという視点からも重要である。Kaushal, Magnuson, and Waldfogel（2011）は，CEXとECLS-Kを用い，総家計支出のさまざまな教育関連費支出に対する影響を分析している。とくに，SES別，支出分位別，固定効果を制御したケースの分析結果によると，支出分位が高いと，世帯1人当たりの旅行に対する支出への弾力性が高い，子ども1人当たりのnoncollege tuitionやchild careへの支出への弾力性が高いが，四分位と五分位を比べると，その大きさは四分位の方が大きい，固定効果を制御するとクロスセクションと比べその係数値が小さくなることを発見している。

なく各子どもに対する投資が，学年ごと，所得階層ごと，支出項目ごとに異なるかを検証する。動態的な観点からは以下の2点に着目する。1点目は，教育投資の動態的な傾向である。調査は2時点であるが，同一個人内での変動を確認することに加え，学年ごとに集計し「擬似的な」パネルデータとみなすことで小学1年生から中学2年生に至る動態的な傾向を確認する。とりわけ，家計の社会経済的状況により教育投資に差が生じているかに注目する。2点目は，基準年の学力と，次調査年の所得と教育費支出の関係の確認である。教育投資が学力に貢献しているのか，あるいは学力を補完するために重点的に教育投資を行うかどうかは，横断面調査では明らかにすることが困難である。JCPSのパネルデータとしての特徴を生かし，過去の学力水準が現時点の教育投資に与える影響を検証する。

　一方で，本章の分析は，因果関係の解明にまで踏み込んでいないことに留意が必要である。教育投資と家庭背景に関する内生性の問題は，教育方針などといった観察されない家計要因による影響だけではなく[2]，教育投資と子どもの学力の同時決定によっても生じる。後者については，過去の学力を制御する分析により一定程度対処しているともいえるが，完全ではない。そのため，本章の分析は条件付きの相関関係を検討しているといえるが，相関関係であったとしても，前述した既存研究の補完的な分析結果が提示できる意義があると考えられる。

　本章の構成は以下の通りである。次節は本章の分析で用いるデータと変数について述べる。第3節は，静学的な分析としてクロスセクションデータをプールした回帰分析により家庭背景と教育投資の関係を分析する。第4節は動態的な分析として，グループ分けした家庭背景ごとの教育費の推移をグラフを用いて示すのと，パネルデータとしての特徴を利用した回帰分析による過去の学力と現在の教育投資の関係を示し，第5節でまとめる。

---

[2] 戸田（2010）は世帯固定効果を導入することで対処している。

Column ⑤　子どもの貧困

2013 年 6 月に「子どもの貧困対策の推進に関する法律」(以下、「子どもの貧困対策法」) が国会の全会一致で成立した (施行は翌 2014 年 1 月)。このような動きが起きた背景には、年々深刻化する子どもの貧困問題がある。

貧困の捉え方にもさまざまな考え方があるが、近年着目されているのは、OECD (経済協力開発機構) でも採用されている「相対的貧困」という考え方である。そこでは、所得水準のちょうど真ん中の世帯を基準にして、その基準の半分に満たない所得で生活する人々を貧困と定義する。厚生労働省の「国民生活基礎調査」に基づく推計では、2012 年時点の日本の子どもの貧困率は 16.3%、とりわけ、ひとり親世帯の場合は、54.6% にも達している。18 歳未満の子どものうち、実に 6 人に 1 人、ひとり親世帯では、ほぼ 2 人に 1 人が相当し、これらの数値は、OECD 加盟国の中でも下位にある (内閣府 2014a、第 1-3-39 図)。また、日本の子どもの貧困率に関しては、30 年前と比べて約 1.5 倍に増えており、その間の日本社会全体の貧困率の伸びをも上回っている状況である。

また、就学援助の対象となる要保護・準要保護児童生徒の割合も年々増え続けている。この公的な支援の対象となるのは、経済的に就学が困難な児童生徒の保護者であり、生活保護世帯を対象とする要保護と、各自治体が定めた生活保護に準ずる世帯を対象とする準要保護からなる。2013 年の数値では、要保護と準要保護を合

子どもの貧困率

(出所) 厚生労働省「国民生活基礎調査」より筆者作成。

2　用いるデータと変数

本章の分析で用いるデータは、JCPS の 2010、2011、2012、2013 年調査である。調査および主要な変数については第 2 章にて詳細に説明されているため、

わせて15.4%，数にして約150万人もの児童生徒がその支援を受けている（文部科学省 2015）。文部科学省の作成した以下のグラフからは，この就学援助の割合が，過去20年の間にほぼ1.5倍に増えていることがわかる。少子化にもかかわらず支援を受けている児童生徒数が大幅に増加している現状を示している。

では，子どもの貧困の問題はどこにあるのだろうか。これまでの日本のいくつかの調査研究から，貧困家庭にある子どもは，児童虐待，ネグレクト，非行，学力問題など，さまざまな点で困難な状況にあることが指摘されている（阿部 2008）。厚生労働省の調査でも貧困は子どもの健康に影響を与えることが明らかになっている（阿部 2011）。また，厚生労働省の調査では，ほぼ全員が高校へ進学し，そのうちの約半数が大学や専門学校等へ進学する時代にあっても，生活保護世帯の子どもの高等学校等進学率は9割前後，大学等進学率は3割程度に留まることが報告されている（内閣府 2014b）。このような家庭の社会経済的背景が教育投資の多寡や教育達成の差異といった教育格差を生み出し，大人になってからの所得格差へとつながっていくことが経済理論的にも予想され（**Column** ②；16頁），諸国では長期追跡データによる研究が進んでいる。　　　　　　　　　　　　　　　【次頁へ】

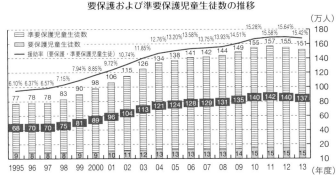

要保護および準要保護児童生徒数の推移

(注)　要保護児童生徒数　：生活保護法に規定する要保護者の数。
　　　準要保護児童生徒数：要保護児童生徒に準ずるものとして，市町村教育委員会がそれぞれの基準に基づき認定した者の数。
(出所)　文部科学省「『平成25年度就学援助実施状況等調査』等結果」（2ページより転載）。

本節では分析に利用した変数について，補足的な説明を行う。

分析の主要な変数は，教育投資の量であるが，本章では親が回答した子どもに対する教育費支出[3]を用いた。教育費支出は，それぞれの子ども個人に対する「課外活動費[4]（学習塾や学校外での習い事など）」「学費（授業料・給食費・教材費を含む）」「お小遣い（お年玉除く）」「その他（お年玉など）」の支出額からな

貧困問題の最も厄介な点は，それが世代間で継承されやすいメカニズムを内包しているという点である。ある人が貧困であることは，その子どもにとって相対的に不利な立場からのスタートになることは否めない。もちろん，個人の努力で克服可能なものもあるだろうが，先に挙げたような困難な状況も抱えながら，将来にかけてより良い結果を残すことは大変難しいと言わざるをえない。家庭が貧困であったがゆえにうまくいかず，結果として，その次の世代の子どもたちもまた同じ困難に直面するという負の連鎖が発生しやすいのである。道中（2009）は，ある地域の調査結果から，生活保護世帯の4軒に1軒の割合で親世代もまた生活保護の対象であったことを報告している。

この「子どもの貧困対策法」の成立を受けて，2014年8月には支援の具体的な方策をまとめた「子供の貧困対策に関する大綱」が閣議決定された。ここでは，貧困対策の目的として「貧困の世代間連鎖を断ち切ることを目指す」ことが明記されるとともに，子どもへの直接的な「教育の支援」だけでなく，子どもの周辺にいる保護者や家庭も対象とした「生活の支援」，「保護者に対する就労の支援」，「経済的支援」といった，総合的な支援を推し進めていくことが約束されている。

しかしながら，子どもの発達のどの時点での貧困がその子の学力や非認知能力に最も負の影響を与えるのか，どのような経路によって影響を与えるのか，そのメカニズムの詳細や効果のある政策に関して，わが国は基礎的研究に乏しい。その解明に向けた基本的な事実を発見することが本書の目的の1つである。

▼ 参 考 文 献

阿部彩（2008）『子どもの貧困――日本の不公平を考える』岩波書店。
阿部彩（2011）「子どもの健康格差は存在するか――厚労省21世紀出生児パネル調査を使った分析」IPSS Discussion Paper Series, No. 2010-J03。
内閣府（2014a）『平成26年度 子ども・若者白書』。
内閣府（2014b）「子供の貧困対策に関する大綱」。
道中隆（2009）『生活保護と日本型ワーキングプア――貧困の固定化と世代間継承』ミネルヴァ書房。
文部科学省（2015）「『平成25年度 就学援助実施状況等調査』等結果」。
　http://www.mext.go.jp/component/a_menu/education/detail/__icsFiles/afieldfile/2015/10/06/1362483_19_1.pdf（参照 2016年5月18日）

【妹尾渉・佐野晋平】

---

3) 設問の文言は調査年により若干異なる。2010年は「Aさんのための支出……」，2011年以降は「過去1年間のAさんのための支出……」，さらに2012年以降では「昨年11月頃……」となっている。教育費の細目を集計する際には，すべて月額換算している。

4) 課外活動費に関する設問は，2011年以前と2012年以後で一部変更されている。2011年以前では，課外活動にかかった全費用の合計を尋ねているが，2012年以降は，それぞれの課外活動（芸術，スポーツ，学習系，塾・家庭教師）ごとに尋ねている。そのため，2012年以降は，それぞれの課外活動費の合計を算出し，分析に用いている。

表 8-1 記述統計

	平均	標準偏差	観測数
子どもへの教育費支出額合計（対数値）	9.937	0.692	1782
子どもの課外活動費（対数値）	9.173	1.059	1813
子どもの学費（対数値）	8.942	0.732	2229
対数世帯所得	6.436	0.471	2216
女子ダミー	0.479	0.500	2328
早生まれダミー	0.239	0.426	2328
第一子ダミー	0.480	0.500	2272
父親：大卒以上ダミー	0.429	0.495	2268
母親：大卒以上ダミー	0.165	0.372	2311
高校生までのきょうだい数	2.223	0.796	2328
私立学校通学ダミー	0.054	0.226	2267
父親：有業ダミー	0.984	0.125	2254
母親：有業ダミー	0.665	0.472	2307

り，「その他」を除き1カ月当たりの平均的な額が報告されている。主たる分析対象はこれらの合計額である「子どもへの教育費支出額合計」であり，これは既存研究で用いられてきた指標と共通している。加えて，教育費支出の中身による違いを検討するため「子どもへの課外活動費」と「子どもの学費」もそれぞれ用いている[5]。

表 8-1 ではサンプルにおける変数の平均値と標準偏差を示している（欠損のため観測数は異なる）。教育費支出額合計は月額ベースで約2万円，年額換算すると約24.8万円である。課外活動費は月額約9600円，年額約11.5万円，学費は月額約7600円，年額約9.1万円である。また，学年別に見ると教育費支出額合計は小学校低学年の場合に年額約19.8万円，小学校高学年の場合に年額約23.3万円，中学生の場合に年額約32.2万円である。

子どもおよび家計の属性はそれぞれJCPSの設問票およびJHPS，KHPSの親票より作成した。子どもに関する情報は，高校生までのきょうだい数，性別，

---

5) なお，子どもの学費への支出額がきわめて多いサンプルが存在している。その理由は測定誤差の問題あるいは調査票の設計による問題が示唆されるが，いずれかを識別することは困難である。「平成24年度 子供の学習費調査」から授業料を含む学校教育費の私立中学校3年間の平均支出額（年額約99.8万円）を考慮し，極端な値が観察されるサンプルを除外した。具体的には調査年ごとに子どもの学費への支出の分布を確認したうえで，上位1%に当たる学費を回答したサンプルを欠損値とした。

早生まれかどうか，学年，私立学校に所属したかどうかの変数をそれぞれ用いた。きょうだい数は，親票で対象者の「子ども」とした家族の人数から高校を卒業した年長のきょうだいは除いた高校生までのきょうだい数である。家計に関する属性は，世帯所得，両親の学歴（大学卒以上かどうか），両親の就業（有業ダミー），日本を10の地域に分けた地域ダミー，政令指定都市ダミーを用いた。なお，世帯所得は対数変換した数値もしくは所得四分位（各分位の平均値はそれぞれ第1四分位：約380万円，第2四分位：約574万円，第3四分位：約739万円，第4四分位：約1108万円）に分類し用いた。

分析サンプルは，後述する分析アプローチにより若干異なる。静学的な分析では，クロスセクション分析として利用可能なすべてのサンプルを分析対象とした。動態的な分析では，2時点ではあるが同一個人内の変動を分析対象とするため，2時点とも学力および教育費支出額が観察可能なサンプルを分析対象としている。そのため，静学的な分析は観測数が約2000あるのに対し，動態的な分析では約660となる。

3 静学的な分析

3-1 推計モデル

家計の教育投資と所得の関係を回帰分析により確認する。ベンチマークの推計モデルは，対数変換した子ども1人当たりの教育費支出を被説明変数とし，対数変換した世帯所得，性別などの子ども自身の属性や親の就業状態などの家計の属性を説明変数として用いる。これは，既存研究と比較するためのベースモデルであり，主として世帯所得と教育費支出の関係を議論するためのものである。分析単位は子どもであり，被説明変数はそれぞれ，子どもに対する教育費支出の合計，課外活動への支出，学費である。最も関心のあるパラメータは，世帯所得の対数値の係数であり，1%の所得の上昇が何%教育費支出を変化させるかを問題にする。

世帯所得が教育費支出に与える影響の学年ごとの違いを捉えるため，ベンチマーク推計モデルの説明変数の対数世帯所得の代わりに，対数世帯所得と各学

年ダミーの交差項を含めた推計式を検討する。各学年ダミー変数と対数世帯所得の係数は，所得弾力性が，学年ごとに異なる様子を示す。また，所得の教育費支出に与える影響が家庭属性を追加的に含めるかどうかでどの程度変化するか検討する（Kaushal, Magnuson, and Waldfogel 2011）。

学年ごとの違いと所得階層ごとの違いを，異なる角度から検討するために以下の2つの推計も行う。1つめは，各学年のサンプルサイズが必ずしも多くないことを考慮し，3学年ごとに集計した学年グループダミー（小学校低学年，高学年，中学生）と対数世帯所得との交差項の検討である。2つめは，サンプルを学年グループごとに分け，所得四分位ダミー（基準は第1四分位）を用い，所得グループごとの教育費支出が発達段階で異なるかどうかを確認する。推計方法は最小2乗法（OLS）である[6]。

3-2 教育投資の水準は家庭背景・学年によって異なるのか

表8-2は世帯所得と教育費支出の関係を示したものである。所得係数を検討する前に，紙面の制約上割愛した子どもと家計属性が教育投資に与える影響について述べる（詳細は本書ウェブ補論を参照）。

子どもの属性が教育費支出合計に与える影響は先行研究とおおむね整合的である。女子であることが教育費支出合計，課外活動費に与える影響は正ではあるが，統計的には有意でない。早生まれかどうかと教育費支出合計の間には統計的に有意な関係は観察されないが，学費に対して有意なマイナスの効果が観察される。きょうだい数は教育費支出合計に対してマイナスで統計的に有意であることから，子どもの人数と1人当たりの教育費支出とのトレードオフを確認できる。私立ダミーは教育費支出合計と学費でプラスに有意である。両親の就業に関しては，教育費支出合計への有意な相関は確認できなかった。

次に，所得と教育費支出の関係を検討しよう。表8-2の(1)〜(3)列はそれ

---

[6] 被説明変数である支出額が0であるサンプルが多く存在するような打ち切りデータの場合，しばしばトービットモデルが採用される。実際，四方（2007）は被説明変数である教育費支出の非ゼロ割合が約70%だったため，トービットモデルで分析している。ただし，本章における被説明変数の非ゼロ割合を計算すると，教育費支出0.998，課外活動0.868，学費0.993，小遣い0.773，その他0.966であるため，OLSを採用した。

表 8-2 世帯所得が教育費支出に与える影響

		子どもへの教育費支出額合計			子どもの課外活動費			子どもの学費		
		(1)	(2)	(3)	(4)	(5)	(6)	(7)	(8)	(9)
対数所得		0.339*** (0.037)			0.408*** (0.057)			0.174*** (0.038)		
対数所得 ×	小1		0.249*** (0.083)	0.253** (0.109)		0.342** (0.136)	0.354** (0.173)		0.082 (0.064)	0.071 (0.091)
	小2		0.478*** (0.143)	0.427*** (0.135)		0.385** (0.172)	0.486** (0.202)		0.142 (0.108)	0.099 (0.127)
	小3		0.350*** (0.128)	0.333** (0.131)		0.403** (0.166)	0.443*** (0.169)		0.079 (0.095)	0.136 (0.111)
	小4		0.405*** (0.092)	0.444*** (0.117)		0.546*** (0.158)	0.608*** (0.198)		0.169* (0.090)	0.174* (0.104)
	小5		0.234*** (0.078)	0.297*** (0.095)		0.313** (0.138)	0.447*** (0.172)		−0.014 (0.075)	0.024 (0.101)
	小6		0.539*** (0.123)	0.452*** (0.118)		0.625*** (0.197)	0.623*** (0.184)		0.282*** (0.105)	0.246** (0.110)
	中1		0.283*** (0.085)	0.286*** (0.102)		0.415** (0.165)	0.627*** (0.206)		0.272*** (0.094)	0.205** (0.095)
	中2		0.257** (0.121)	0.148 (0.123)		0.455** (0.209)	0.330 (0.202)		0.040 (0.158)	−0.021 (0.142)
	中3		0.358*** (0.115)	0.234* (0.130)		0.241 (0.175)	0.071 (0.224)		0.520*** (0.149)	0.237* (0.137)
父親：大卒以上 ダミー				0.099*** (0.036)			0.043 (0.057)			0.031 (0.033)
母親：大卒以上 ダミー				0.143*** (0.046)			0.143** (0.071)			0.056 (0.044)
自由度調整済み 決定係数		0.158	0.159	0.231	0.082	0.080	0.123	0.111	0.118	0.223
観測数		1698	1698	1546	1723	1723	1587	2121	2121	1927

(注) ***, **, *はそれぞれ 1%, 5%, 10% 水準で有意であることを示している。カッコ内は不均一分散に頑健な標準誤差を示している。対数所得 × 第 X 学年とは，対数所得と学年ダミーの交差項の係数を示す。(1), (2), (4), (5), (7), (8) 列は学年ダミー，政令指定都市ダミー，居住地域 10 区分，調査年ダミー，定数項をコントロールした。その他の列にはさらに，女子ダミー，早生まれダミー，第一子ダミー，父親大卒以上ダミー，母親大卒以上ダミー，きょうだい数，私立通学，父有業ダミー，母有業ダミーをコントロールした。

ぞれ教育費支出額合計の結果を示している。学年，地域，調査年のみを制御した (1) 列の結果によると，所得弾力性は約 0.34 である。対数所得の係数が学年により異なるかを検討した (2) 列によると，大まかな傾向として学年ごとに所得弾力性は異なるが，学年が上がるごとに支出が増えるといった，単調な関係にはなく，むしろばらついているといえる。両親の学歴など個人属性を制御した (3) 列においても同様の傾向が見られるが，中学 2 年生では所得による教育費支出の差が観察されない。

教育費を課外活動への支出と学費に分けた場合を検討したのが，表 8-2 の (4)～(9) 列である。所得弾力性は，課外活動で約 0.41，学費で約 0.17 であり，

課外活動への支出は所得に強く反応することがわかる。学年ごとの所得の差は，教育費支出額合計と同様に一様な傾向が観察されないものの，課外活動への支出と学費とでは若干の差異も観察される。課外活動への支出に関しては，中学2，3年生について有意な所得の差は観察されないが，それ以外では学年ごとに所得差が観察され，小学6年生でその係数値が最も大きくなる（(5)列）。課外活動費は，質問票によると，スポーツや学習塾などいわゆる習い事への支出が計上されていると考えられる[7]。中学2，3年生で所得差が消える背景には，所得によらず塾などの学校外教育が他の学年と比べて増えている可能性が高い[8]。

一方で学費に関しては，小学4，6年生，中学1，3年生で有意な所得差が観察されるが，それ以外では所得差は観察されない。学費の差異は，私立学校かどうかの差を示していそうだが，私立ダミーを含む個人属性を制御したとしても（(9)列），係数値は小さくなる傾向があるものの，学年ごとの所得差は観察される。質問票によると，学費として「授業料・給食費・教材費等を含む」額の報告を求めており，修学旅行や部活動費が計上されている可能性がある。

JCPSは義務教育対象者の幅広いサンプルをカバーできているものの，各学年のサンプルは必ずしも多いとは限らない。先に確認された傾向を別の角度から確認するため，小学校低学年・小学校高学年・中学生で分類したグループダミーと対数所得の交差項を検討した結果が表8-3である。表8-2と同様に，所得弾力性の値は学年グループごとに単調な関係になく，課外活動費が所得により感応的である傾向が確認できる。課外活動の所得差は小学校高学年で最も高くなる。学費の所得差は小学校低学年では観察されないが，高学年や中学生では観察される。これらの分析をまとめると教育費支出額合計に関する変動は主に課外活動への支出の変動で説明されることが確認された。

教育費支出が所得階層間で異なるかどうかを検討するために，対数所得を所得分位ダミーに変えて推計した結果が表8-4である。教育費支出額合計に関しては，第1所得四分位と比べ，所得の上位層になるに従い差が拡大することが確認される。サンプルを小学校低学年，小学校高学年，中学生に分けて同様

---

[7] ただし，2010，2011年の調査では，具体的な内訳が尋ねられていない。
[8] 塾が補習的な内容なのか進学を意図したものなのかの識別はできない。

表 8-3 小学校低学年・高学年・中学生別教育費と所得

		子どもへの教育費支出額合計			子どもの課外活動費			子どもの学費		
		(1)	(2)	(3)	(4)	(5)	(6)	(7)	(8)	(9)
対数所得		0.348***			0.411***			0.177***		
		(0.036)			(0.056)			(0.038)		
対数所得 ×	低学年		0.363***	0.352***		0.376***	0.437***		0.102*	0.106
			(0.070)	(0.079)		(0.092)	(0.110)		(0.052)	(0.067)
	高学年		0.379***	0.397***		0.474***	0.553***		0.128**	0.143**
			(0.057)	(0.066)		(0.093)	(0.109)		(0.053)	(0.065)
	中学生		0.308***	0.229***		0.373***	0.380***		0.289***	0.144*
			(0.062)	(0.072)		(0.105)	(0.128)		(0.080)	(0.075)
父親：大卒以上ダミー				0.102***			0.045			0.034
				(0.036)			(0.057)			(0.033)
母親：大卒以上ダミー				0.134***			0.137*			0.049
				(0.046)			(0.071)			(0.044)
自由度調整済み決定係数		0.147	0.147	0.226	0.080	0.079	0.124	0.109	0.111	0.220
観測数		1698	1698	1546	1723	1723	1587	2121	2121	1927

（注）　***，**，*はそれぞれ1％，5％，10％水準で有意であることを示している。カッコ内は不均一分散に頑健な標準誤差を示している。対数所得×第X学年とは，対数所得と学年ダミーの交差項の係数を示す。(1)，(2)，(4)，(5)，(7)，(8)列は学年ダミー，政令指定都市ダミー，居住地域10区分，調査年ダミー，定数項をコントロールした。その他の列にはさらに，女子ダミー，早生まれダミー，第一子ダミー，父親大卒以上ダミー，母親大卒以上ダミー，きょうだい数，私立通学，父有業ダミー，母有業ダミーをコントロールした。

表 8-4 所得分位と教育費

	子どもへの教育費支出額合計				子どもの課外活動費				子どもの学費			
	全学年	低学年	高学年	中学生	全学年	低学年	高学年	中学生	全学年	低学年	高学年	中学生
	(1)	(2)	(3)	(4)	(5)	(6)	(7)	(8)	(9)	(10)	(11)	(12)
第2所得四分位	0.139***	0.124	0.093	0.214**	0.167**	0.123	0.141	0.209	0.066	0.133**	−0.025	0.075
	(0.047)	(0.078)	(0.079)	(0.091)	(0.075)	(0.113)	(0.121)	(0.159)	(0.043)	(0.065)	(0.064)	(0.099)
第3所得四分位	0.157***	0.156*	0.156**	0.170*	0.166**	0.118	0.258**	0.085	0.068	0.101	−0.012	0.114
	(0.046)	(0.082)	(0.074)	(0.089)	(0.073)	(0.114)	(0.114)	(0.165)	(0.042)	(0.065)	(0.068)	(0.089)
第4所得四分位	0.326***	0.312***	0.346***	0.310***	0.438***	0.367***	0.543***	0.321**	0.109**	0.109	−0.008	0.138
	(0.048)	(0.084)	(0.081)	(0.086)	(0.078)	(0.129)	(0.122)	(0.155)	(0.046)	(0.072)	(0.074)	(0.091)
自由度調整済み決定係数	0.224	0.138	0.138	0.185	0.115	0.092	0.123	0.183	0.221	0.083	0.056	0.266
観測数	1546	478	563	505	1587	536	586	465	1927	662	685	580

（注）　***，**，*はそれぞれ1％，5％，10％水準で有意であることを示している。カッコ内は不均一分散に頑健な標準誤差を示している。説明変数として，学年ダミー，政令指定都市ダミー，居住地域10区分，調査年ダミー，女子ダミー，早生まれダミー，第一子ダミー，父親大卒以上ダミー，母親大卒以上ダミー，きょうだい数，私立通学，父有業ダミー，母有業ダミー，定数項をコントロールした。

の推計を行った結果が(2)～(4)列である。一貫して，第4所得四分位と第1所得四分位の差は観察される。

　教育費支出を課外活動と学費に分けた場合を検討した結果を検討してみよう。課外活動に関する結果は(5)～(8)列であるが，全体をプールすると，第1所得四分位と他のグループには統計的に有意な差が観察されるが，学年グループに分けると第4所得四分位，高学年の第3所得四分位以外に関しては，明確な差が観察されない。学費に関する結果は(9)～(12)列であるが，全学年をプールした場合の第4所得四分位，低学年のときの第2所得四分位を除くと，所得グループ間で差が観察されない。これらの結果より，教育費支出の変動は課外活動への支出の変動であり，所得上位層と下位層では支出に差があることが確認された。

4　動態的な分析

　本節では，子どもに関するパネルデータであるJCPSの特徴を生かし，以下の2つの観点から，教育費支出と家庭背景に関する動態的な傾向を確認する。1点目は，同一個人内での変動を学年ごとに集計することで「擬似的な」パネルデータとみなし，小学1年生から中学2年生に至る動態的な傾向を，所得下位層と上位層，両親の学歴の点から確認する。2点目は，子ども本人の過去の学力と教育投資の関係を，調査時点の差を利用することで確認する。なお，分析サンプルは，2回の調査両方で，学力かつ教育費の設問に回答している個人となるため，静学的な分析のときよりも少なくなることに留意が必要である。

4-1　教育費支出の同一個人内での推移

　同一個人内での変動を学年ごとに集計することで，動態的な傾向を確認しよう。具体的には，基準年における小学1，2年生の教育費支出を集計し，同一個人に関して2年後の2回目調査における小学3，4年生の教育費支出を集計することで，彼らの2時点での教育費の推移が確認できる。この作業を同様に基準年時点で小学3，4年生，小学5，6年生について行い，これらのデータ

図 8-1 調査時点の第 1 所得四分位と第 4 所得四分位ごとの標準化教育費支出の推移

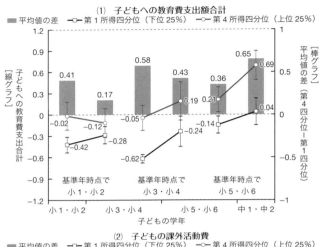

(1) 子どもへの教育費支出額合計

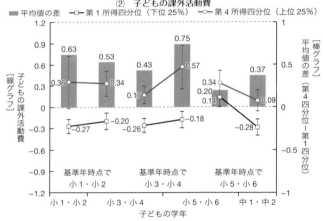

(2) 子どもの課外活動費

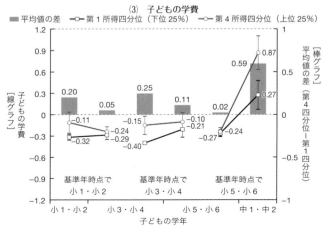

(3) 子どもの学費

をつなげることで,「擬似的な」パネルデータとみなし,小学1年生から中学2年生に至る動態的な傾向を観察できる。この方法は,本書の他章やCarneiro and Heckman (2004) との比較を念頭に置いたものでもある。集計を,所得四分位グループ,両親の学歴ごとに行い,グループごとに差が生じるかどうかを確認する。

図8-1は,調査時点の所得で四分位に分け,下位である第1所得四分位と上位である第4所得四分位での,教育費支出の動態的な推移を示したものである。なお,線グラフの数値は各調査時点での平均と標準偏差を利用して標準化された教育費の平均値であり,エラーバーはそれぞれ1標準偏差を示す。図8-1(1)は教育費支出合計の推移を示しているが,すべての学年において,所得上位層の支出額が下位層の支出額を上回っていることが確認できる。所得上位層と下位層での教育費への支出は,小学1,2年生時点ですでに差があるが,2年後にはその差は縮小している。一方,基準年時点で小学5,6年生であったものは調査2時点目である中学生では教育費支出の差が拡大している。

教育費を課外活動費と学費に分けて検討してみよう。図8-1(2)は課外活動費の推移だが,すべての学年において,所得上位層の支出が下位層のそれを上回っている。一方で,学費の推移に関する図8-1(3)によると,多くの学年において所得上位層の支出が下位層のそれを上回っているが,その差は大きくはない。一方で,基準年時点で小学5,6年生であった場合には,その2年後において学費に差が確認された。これらの結果より,所得水準により,課外活動への支出が左右されるが,その差は年少の段階から生じていることが確認された。

調査票による世帯所得は,調査時点の所得を把握できているものの,所得自体は親の年齢等により変動する。すなわち,1時点の所得の多寡がそのまま生涯所得の多寡につながる保証はない。そこで,パネルデータといえども生涯所得を推計することは困難であるため,その代理変数として学歴水準を利用する。図8-2は,両親がともに大学卒以上である「両親大卒以上グループ」と,両親ともに非大学卒である「両親非大卒グループ」における,教育費の差の推移を比較したものである。図8-2(1)の教育費支出額合計を見ると,多くの学年で両親大卒以上グループが,両親非大卒グループを上回るものの,基準年時点での小学1,2年生,小学3,4年生では両グループに統計的に有意な差は観察されない。ただし,両グループの差は2年後には拡大しているように見える。

図 8-2 親の学歴と標準化教育費支出の推移

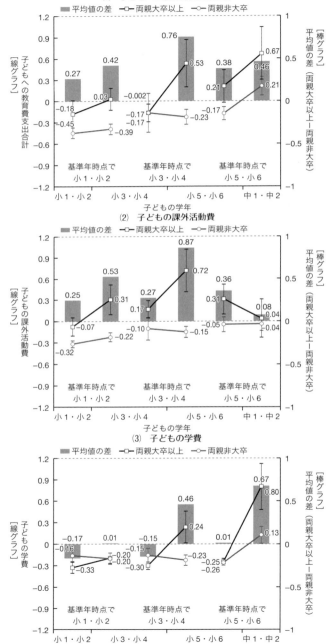

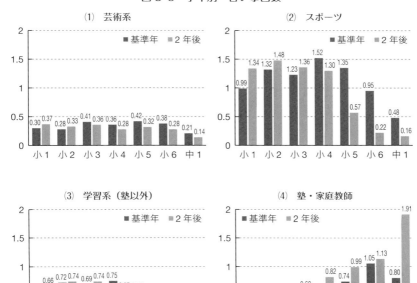

図 8-3 学年別・習い事回数

(注) 単位は週当たりの習い事の回数である。横軸は基準年の調査対象者の学年を示し、各項目の左方のバーは基準年の値、右方のバーは次調査年（2 年後）の値を示している。

図 8-2(2)は課外活動への支出の推移だが、全体的に両親大卒以上グループが両親非大卒グループよりも、支出が多いことがわかる。ただし、必ずしも学年進行に伴って支出差が生じるとはいえず、むしろ基準年時点に小学 5, 6 年生であった子どもの、調査 2 年目の中学 1, 2 年生時における支出は、両グループで統計的な差は観察されない。図 8-2(3)は学費についての推移を示したものだが、多くの学年で両グループでの差は観察されないが、基準年時点に小学 3, 4 年生、小学 5, 6 年生であった子どもについては調査 2 年目で両グループの間に差が観察される。

さてここまでの分析で、教育費支出の差は、課外活動への支出の差が主であることがわかった。それでは次に、どのような項目に対して支出しているかを確認する。調査票によると、課外活動は各種習い事からなり、それぞれ芸術、スポーツ、学習系（調査票によると塾以外のそろばん、習字などを想定している）、

図 8-4 属性別，週当たり塾回数の推移

(1) 調査時点の所得四分位別

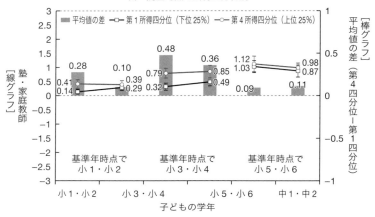

(2) 両親の学歴別

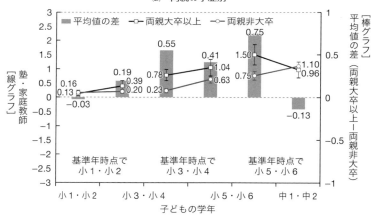

塾・家庭教師，その他からなる。調査票の設計上，各習い事への支出額は2時点通して観察できないため，観察可能な週当たりの回数から検討してみよう。図8-3はそれぞれ基準年の学年を g としたとき，2年後の学年 $g+2$ にかけての習い事頻度の推移を示したものである。おおまかな傾向として，スポーツやそろばんなどの学習系の習い事は小学校低学年から小学校中学年にかけて増加するが，小学校高学年から中学生にかけては低下する。一方，学習塾や家庭教

師の頻度は中学生で増加傾向にある。すなわち，学校外の教育投資として学年が低い時にはスポーツや塾以外の習い事，学年が上がると塾・家庭教師へスイッチする傾向が確認できる。

しばしば経済格差と教育格差について議論される，学習塾・家庭教師といった学校外教育の利用について，家庭背景で差が生じているかを検討してみよう。図8-4(1)は所得上位層と下位層での塾利用の差の時系列推移を示したものであるが，全体的に所得上位層の週当たりの塾利用回数が多いが，ほとんどの学年で統計的に有意な差は確認されない。ただし，基準時点で小学3，4年生の所得上位層は下位層と比べ塾利用頻度は高い。図8-4(2)は両親の学歴グループごとの差の時系列推移を示したものである。所得のときと同様に，多くの学年で，両親大卒以上グループの塾利用頻度が高いものの，基準年時点で小学3，4年生，小学5，6年生では，学歴グループに統計的に有意な差が観察されるが，それ以外では，グループ間の差は観察されない。

これらの結果はどのように解釈可能だろうか。小学1，2年生では両親大卒以上グループと両親非大卒グループで塾回数に差はないが，小学3，4年生では両親大卒以上グループは両親非大卒グループと比べ塾回数を増やし，その傾向は小学5，6年生の初年度まで継続するが，2年後には差が観察されない。すなわち両親大卒以上グループは子どもが中学校に上がった段階で塾回数が減るのだが，それは両親大卒以上グループの中学受験に対する意識の差を反映している可能性がある。JCPSの調査票で得られる中学受験に関する設問によると，両親大卒以上グループは子どもが小学1，2，3，4年生の場合に約20%が中学受験予定と回答したのに対し，両親非大卒グループではその割合が2〜7%であった。また，小学5，6年生では両親大卒以上グループの中学受験予定割合は約40%に対し，両親非大卒グループでは約7%であり，この差には教育に対する熱意の差が反映されていると考えられる。この熱意の差を反映して，両親大卒以上グループは小学3，4年生段階から塾投資を増加させ，受験期直前の小学5，6年生まで塾投資を増やすが，中学1，2年生では元の水準に戻していく。一方，両親非大卒グループでは子どもの成長に合わせて徐々に塾投資を増やしていく。この結果は，両親の教育に対する熱意の違いが，教育投資のタイミングを変えていることを示していると考えられる。

4-2 過去の学力と現在の教育投資の関係

　教育投資は，家計属性だけではなく，投資される子ども本人の属性にも影響を受ける。とりわけ，子ども本人の学力は，親の教育投資の意思決定に重要な影響を及ぼす。本項では，子どもの学力と教育投資の関係を検討する。

　推計モデルとして，3-1 項で言及したベンチマークモデルの説明変数に，基準年度での子どもの学力を示す変数を導入し，過去の子どもの学力と調査2時点目での教育費支出の関係を検討する[9]。もし学力の係数が正であれば家計は高い学力を持つ子どもに対してより教育投資を追加する傾向にあり，もし係数が負であれば家計はより補習的な教育投資を行う傾向にある。加えて過去の学力を制御した場合の所得が教育費支出に与える影響がどのように変化するかも確認する。

　過去の学力水準と現在の教育費支出の関係を検討したものが表 8-5 である。この分析では，サンプルを JCPS に 2 回とも参加したサンプルに限定しているため，第 2 回時点での学年が小学 3 年生から中学 3 年生であるサンプルのみを分析に用いている。さらに，被説明変数は第 2 回調査時点での教育費支出となっている。また，表 8-5 (1) では国語の，表 8-5 (2) では算数／数学の，図 8-5 (3) では国語と算数／数学の両方の 2 年前の学力テストの結果を示すテストスコアが説明変数として加えられている。

　国語のテスト得点を考慮した表 8-5 (1) の結果から確認すると，所得が支出に与える効果はプラスで統計的に有意である。前回調査時点のテストスコアは，総額，課外活動に関しては，所得を制御した場合としない場合両方とも，プラスで統計的に有意である。一方，学費に関しては所得を制御した場合，テストスコアは統計的に有意ではない。すべてのケースにおいて，両親の学歴などさまざまな個人属性を制御すると，テストスコアが支出に与える正の効果は統計的に有意ではなくなる。算数／数学の得点に関する結果についても国語と同様の結果が得られている（表 8-5 (2)）。国語と算数／数学の得点を両方考慮した場合（表 8-5 (3)），テストスコアの係数自体は正であるものの，統計的に有意

---

[9] ここでの学力は，第 2 章で示された因子得点を用いている。他章と異なり因子得点自体の標準化は行っていない。

表 8-5　過去の学力と現在の教育費支出の関係

(1) 国語の学力を考慮した場合

	子どもへの教育費支出額合計					子どもの課外活動費				子どもの学費		
	(1)	(2)	(3)	(4)	(5)	(6)	(7)	(8)	(9)	(10)	(11)	(12)
対数所得	0.477***		0.441***	0.334***	0.535***		0.503***	0.481***	0.367***		0.338***	0.291***
	(0.069)		(0.072)	(0.078)	(0.115)		(0.120)	(0.117)	(0.086)		(0.088)	(0.086)
前回調査時点のテストスコア 国語		0.180***	0.108**	0.029		0.184***	0.121*	0.064		0.144***	0.089	0.027
		(0.051)	(0.052)	(0.052)		(0.066)	(0.070)	(0.073)		(0.056)	(0.056)	(0.053)
父親大卒以上				0.188***				−0.040				0.024
				(0.066)				(0.087)				(0.066)
母親大卒以上				0.064				0.126				0.107
				(0.082)				(0.102)				(0.088)
自由度調整済み決定係数	0.075	0.024	0.081	0.153	0.108	0.065	0.112	0.148	0.045	0.017	0.047	0.197
観測数	543	543	543	543	449	449	449	449	520	520	520	520
個人属性				yes				yes				yes

(2) 算数/数学の学力を考慮した場合

	子どもへの教育費支出額合計					子どもの課外活動費				子どもの学費		
	(1)	(2)	(3)	(4)	(5)	(6)	(7)	(8)	(9)	(10)	(11)	(12)
対数所得	0.477***		0.449***	0.333***	0.535***		0.513***	0.485***	0.367***		0.345***	0.291***
	(0.069)		(0.070)	(0.078)	(0.115)		(0.117)	(0.115)	(0.086)		(0.086)	(0.086)
前回調査時点のテストスコア 算数/数学		0.165***	0.103**	0.038		0.156**	0.104	0.053		0.132**	0.085	0.034
		(0.051)	(0.051)	(0.049)		(0.067)	(0.068)	(0.070)		(0.056)	(0.055)	(0.054)
父親大卒以上				0.187***				−0.036				0.024
				(0.066)				(0.086)				(0.066)
母親大卒以上				0.063				0.128				0.106
				(0.082)				(0.102)				(0.089)
自由度調整済み決定係数	0.075	0.020	0.080	0.153	0.108	0.061	0.111	0.148	0.045	0.015	0.047	0.197
観測数	543	543	543	543	449	449	449	449	520	520	520	520
個人属性				yes				yes				yes

(3) 国語と算数/数学の学力を考慮した場合

	子どもへの教育費支出額合計					子どもの課外活動費				子どもの学費		
	(1)	(2)	(3)	(4)	(5)	(6)	(7)	(8)	(9)	(10)	(11)	(12)
対数所得	0.477***		0.441***	0.334***	0.535***		0.503***	0.481***	0.367***		0.333***	0.291***
	(0.069)		(0.072)	(0.078)	(0.115)		(0.120)	(0.117)	(0.086)		(0.088)	(0.086)
前回調査時点のテストスコア 国語		0.141	0.072	−0.003		0.175	0.110	0.062		0.113	0.059	−0.001
		(0.092)	(0.091)	(0.090)		(0.120)	(0.122)	(0.123)		(0.096)	(0.095)	(0.088)
算数/数学		0.049	0.044	0.040		0.011	0.014	0.003		0.039	0.037	0.035
		(0.092)	(0.089)	(0.085)		(0.120)	(0.117)	(0.117)		(0.096)	(0.094)	(0.091)
父親大卒以上				0.188***				−0.040				0.024
				(0.066)				(0.087)				(0.066)
母親大卒以上				0.063				0.125				0.107
				(0.082)				(0.102)				(0.089)
自由度調整済み決定係数	0.075	0.023	0.079	0.152	0.108	0.063	0.110	0.146	0.045	0.016	0.046	0.195
観測数	543	543	543	543	449	449	449	449	520	520	520	520
個人属性				yes				yes				yes

(注)　***，**，*はそれぞれ1%，5%，10%水準で有意であることを示している。カッコ内は不均一分散に頑健な標準誤差を示している。前回調査時点のテストスコアとは調査対象者が2年前に受験した際のテスト得点をカテゴリカル因子得点に変換したものである。この変数を考慮したため，分析に用いているサンプルはJCPSに2回協力し，かつ第2回目の調査時点の学年が小学3年生~中学3年生である者に限定されている。説明変数として，学年ダミー，政令指定都市ダミー，居住地域10区分，調査年ダミー，女子ダミー，早生まれダミー，第一子ダミー，父親大卒以上ダミー，母親大卒以上ダミー，きょうだい数，私立通学，父有業ダミー，母有業ダミー，定数項をコントロールした。

な結果ではない。これらの結果より，家計は高い学力を持つ子どもに対して，さらに教育投資を追加する傾向にあることが示唆される。

5 おわりに

　本章では静学的な分析に加えて，子どものパネルデータを用い，動態的な関係，世帯所得，学年，過去の学力に焦点を当てて教育投資に関する基本的な傾向を確認した。本章で得られた結果は以下の通りである。既存研究と同様に，所得により教育投資の水準が異なることが観察されるが，その影響は世帯所得の1％の増加に対し，各子どもに対する教育投資は約0.3％の増加である。学年ごとに所得が教育投資に与える影響は確認できるものの，その傾向は一様ではない。教育費を課外活動費と学費に分けて分析したところ，所得が教育投資に与える影響は，課外活動費でより観察された。動態的な傾向として，高所得層および両親が大学卒以上である家計は年少の頃より教育投資が高いが，その差は中学校では消失する。学年が上がるごとに，習い事から塾へのスイッチが観察される。また，両親ともに大学卒以上である家計は他と比べ，子どもが低学年の時から教育投資や塾・家庭教師への支出を増やす。過去の学力が高い子どもに対して現在の教育投資をより行う傾向が確認できるが，家計属性を制御していくとその関係は観察されなくなる。

　以上からどのような含意が得られるであろうか。まず，既存研究同様に世帯所得は教育投資に対しプラスの関係を持つことは確認できるものの，家計属性・子どもの成長段階によりその関係の程度に違いがあることがわかる。とくに子どもが小学校高学年から中学1年生の時には，増えた世帯所得が追加的な教育投資に向けられている。その一方で中学2，3年生では所得の増加が教育投資に向けられることはないが，それはこの時期の子どもへの投資が重要でないことを意味するのではなく，家計が限界まで子どもに教育投資していることを示唆している。事実，中学2，3年生の子どもにかける1カ月の教育費支出の合計はそれぞれ約3.2万円，4.2万円となっている（中学1年生は約2.8万円）。動態的な関係から得られた結果を考慮すると，教育投資のタイミングが親の属性により変わりうることが考えられ，両親の教育に対する熱意の差が投資の差

を生む可能性が示唆される。

▼ 参考文献

阿部彩（2008）『子どもの貧困――日本の不公平を考える』岩波書店。
阿部彩（2014）『子どもの貧困II――解決策を考える』岩波書店。
卯月由佳（2012）「小中学生の学校外活動費の支出と世帯所得の関連」文部科学省『平成22年度 子どもの学習費調査報告書』：96-112頁。
四方理人（2007）「子供の教育格差――教育費と高等教育への進学」樋口美雄・瀬古美喜／慶應義塾大学経商連携21世紀COE編（2007）『経済格差変動の実態・要因・影響（日本の家計行動のダイナミズム3）』慶應義塾大学出版会：223-238頁。
出島敬久（2011）「教育費・保育費支出と家計の経済状況, 母親の就業の関係」『上智経済論集』56（1・2）：65-80頁。
戸田淳仁（2010）「子どもの数・出生順位と教育費との関係」『季刊家計経済研究』88：28-40頁。
永瀬伸子・長町理恵子（2002）「教育コストの変化と家計構造」『社會科學研究』53（5）：179-193頁。
平尾桂子・永井暁子・坂本和靖（2007）「家計における教育関連費支出に関する分析」御船美智子・家計経済研究所編『家計研究へのアプローチ』ミネルヴァ書房：231-245頁。
山田哲也（2014）「社会経済的背景と子どもの学力（1）家庭の社会経済的背景による学力格差――教科別・問題別・学校段階別の分析」国立大学法人お茶の水女子大学『平成25年度 全国学力・学習状況調査（きめ細かい調査）の結果を活用した学力に影響を与える要因分析に関する調査研究』：57-70頁。
Carneiro, P., and J. J. Heckman (2004) "Human Capital Policy," in J. J. Heckman, A. B. Krueger, and B. M. Friedman, eds., *Inequality in America: What Role for Human Capital Policies?* MIT Press.
Cunha, F., J. J. Heckman, L. Lochner, and D. V. Masterov (2006) "Interpreting the Evidence on Life Cycle Skill Formation," in E. A. Hanushek, and F. Welch, eds., *Handbook of the Economics of Education*, Vol. 1, Elsevier: 697-812.
Hashimoto, K., and J. A. Heath (1995) "Income Elasticities of Educational Expenditure by Income Class: The Case of Japanese Households, *Economics of Education Review*, 14 (1): 63-71.
Kaushal, N., K. Magnuson, and J. Waldfogel (2011) "How is Family Income Related to Investments in Children's Learning", in G. J. Duncan, and R. J. Murnane, eds., *Whither Opportunity?: Rising Inequality, Schools, and Children's Life Chances*, Russell Sage: 187-206.
Oshio, T., S. Sano, and M. Kobayashi (2010) "Child poverty as a determinant of life outcomes: Evidence from Nationwide Surveys in Japan," *Social Indicators Research*, 99 (1): 81-99.

第9章

親の学校参加と子どもの学力
ソーシャル・キャピタルは学力形成に
どのような影響を与えるか？

山下絢・中村亮介

> **Overview**
> ☐ 親の学校参加は，ソーシャル・キャピタルの1つの形態として捉えることが可能であり，子どもの学力への寄与が議論される一方で，実証研究の蓄積は多くない。
> ☐ 本章では，親の学校参加が子どもの学力に及ぼす影響を定量的に明らかにした。
> ☐ クロスセクションデータ分析からは，親の学校参加が子どもの学力に及ぼす効果は，国語よりも算数／数学において確認されるとともに，小学校低学年よりも高学年，中学生において確認された。パネルデータ分析からも，高学年において，国語，算数／数学ともに，親の学校参加による子どもの学力へのプラスの効果が観察された。
> ☐ 少人数学級の効果と比較した場合，親の学校参加が及ぼす効果の程度は小さいものではなく，子どもの学力形成に有効なものであるといえる。

1 はじめに

　本章では，親の学校参加が子どもの学力に及ぼす影響を定量的に明らかにする。

　近年，子どもの学力をめぐる議論が盛んに行われているが，その特徴は，学力低下と学力格差の2つの観点を中心として問題設定がなされていることである。前者の学力低下議論は，子どもの平均的な学力水準が，過去あるいは他国と比較して低下していることが問題として設定されている。その一方で後者の学力格差議論は，親の社会経済的地位を背景として生み出される子どもの学力格差が論点になっている（苅谷・志水 2004；志水 2007；小川 2010）。

　そのような状況下で，近年，ソーシャル・キャピタル（Social Capital：社会関係資本）が子どもの学力形成に及ぼす影響についての理論的，実証的関心が高まっている（**Column** ⑥；218 頁）。教育におけるソーシャル・キャピタルのサーベイを行った露口（2011）によれば，ソーシャル・キャピタルの形態を，(1)家庭内社会関係資本（子どもに対する教育期待，家庭での宿題の確認など），(2)クラス社会関係資本（対話時間，友人の数など），(3)学校社会関係資本（校長と教師間のネットワーク，PTAのネットワークなど），(4)地域社会関係資本（地域のスポーツ・文化活動への参加，ボランティア活動への参加など），の4つに整理している。この整理に基づけば，親の学校参加は，学校を基盤とするソーシャル・キャピタルとして，位置づけることが可能である。

　実際のソーシャル・キャピタルが教育に及ぼす効果をめぐる実証研究，とくに，学校を基盤として醸成されるソーシャル・キャピタルについては，パットナムの論考が代表的である。パットナムは，PTAへの参加度を教育分野におけるソーシャル・キャピタルとして着目し，議論を展開している。PTAがソーシャル・キャピタルの一形態となりうる理由として，「PTAは20世紀のアメリカにおいて，とりわけ重要な市民的積極参加の場であった。なぜなら，親たちの教育過程への関与は，ソーシャル・キャピタルの生産にとくに適した参加形態と考えられるからである」（Putnam 1995，訳書62頁）と説明している。そしてPTAへの所属の効果については，「PTAに所属することによって，親たちは市民的スキルを繰り返し教えられることはほとんど確実である。［中略］

さらに，学校職員や教員，生徒児童の側のコミットメントと成果の規範を作り出し，強化することに PTA は寄与する。また，家庭と教育者の間の対人的結束と，『われわれ意識』を深めることを可能とする。より個人的な側面においては，PTA の会合は親たちの間に，互酬性と相互に気遣うという規範を確立しあるいは強化することとなろう」(Putnam 2000，訳書 355 頁) と指摘している。

 また親の学校参加の効用については，保護者が PTA の会議や学校のボランティア活動に参加していることが，子どものリーディングや数学のテストスコアにプラスに影響を及ぼすことが実証されている (Fryer and Levitt 2004)。子どもの家庭状況をより考慮したうえで親の学校参加の効果を分析する研究としては，Pong (1998) がある。この研究では，親が PTA の会議や学校のボランティア活動に参加していることが子どものテストスコアへ及ぼすプラスの効果を確認している。中でも，他の保護者との関係やネットワークが強固であれば，ひとり親である場合に子どもの学力が低くなる影響が相殺される状況が検証されており，ソーシャル・キャピタルの1つの効果として議論されている。国内の実証研究では Matsuoka (2014) が挙げられ，この論考では国際学力調査の1つである，TIMSS (Trends in International Mathematics and Science Study：国際数学・理科教育動向調査) をもとに，親の学校参加と社会経済的地位が関係していることを明らかにし，親の学校参加が子どもの学力にプラスの効果をもたらすことを実証している。

 このような研究動向をふまえて，本章では，ソーシャル・キャピタルの1つの形態である親の学校参加に着目し，親の学校参加が子どもの学力形成に及ぼす影響を実証的に検討する。以下ではまず，分析方法について説明し，その後，図表を用いて視覚的に，親の学校参加形態と子どもの学力の変動の状況を確認する。次に，クロスセクションデータ分析ならびにパネルデータ分析によって，親の学校参加が子どもの学力形成に及ぼす影響を確認する。最後に，本章で得られた知見のまとめと残された課題について確認する。

2 分析方法

2-1 分析課題

 以下では，まず基準年（1年目）と2年後の調査において，親の学校参加と子どもの学力がどのように変動するのかについて，後掲する図9-1（213頁）をもとに視覚的に確認する（グラフによる概観）。なお親の学校参加の形態としては，基準年・2年後で見た場合には，(1)基準年，2年後ともに参加，(2)基準年は参加，2年後は不参加，(3)基準年は不参加，2年後は参加，(4)基準年，2年後ともに不参加の4種類が考えられる（表9-1参照）。ただし以下では議論を簡便にするために，基準年，2年後ともに，参加，あるいは，不参加の形態のみを確認する。

 次に，親の学校参加が子どもの学力に与える影響を，以下の方法によって確認する。第1は，親の学校参加の度合いと子どもの平均的な学力の違いを検討する。具体的には，(1)統制変数を設定せずに，親の学校参加の度合いと子どもの学力の違いの検討（単回帰分析），(2)統制変数を設定して，親の学校参加の度合いと子どもの平均的な学力の違いの検討（重回帰分析）を行う。そして，(3)固定効果モデルと変量効果モデルによって，観察されない要因の影響を取り除いたうえで，親の学校参加が子どもの学力に及ぼす効果を検証する（分析モデルについての詳細は巻末補論を参照；235頁以下）。

 重回帰分析によって，単回帰分析では考慮することができない観測可能な統制変数を設定することが可能になる。しかし，親の教育熱心さや子どもの生まれ持った特性など，子どもの学力に影響を及ぼすと想定されるが，必ずしも観察されない要因の影響は除外することができない。

 その一方で，(3)のパネルデータ分析では，親の教育熱心さや子どもの性格など，時間とともに変化しないと考えられる要因を固定効果として捉え，この効果の影響を取り除いたうえで，親の学校参加が子どもの学力に与える影響を分析することが可能になる。本章において固定効果分析を行うことにより，親の学校参加の状況の変化（たとえば，親の学校参加の形態が不参加から参加，参加から不参加）の影響を，観測不可能な属性が親の学校参加に与える影響は，固定効

表 9-1　学校参加の推移状況

		2 年後		
		不参加	参加	合計
基準年	不参加	164 68%	76 32%	240 100%
	参加	105 32%	228 68%	333 100%
	合計	269 47%	304 53%	573 100%

果モデルによりすべて取り除かれるという仮定のもとで、親の学校参加から子どもの学力に対する因果的影響として捉えることができる。ただし固定効果モデルでは、時間の経過とともに変化しない説明変数の影響は推定ができないため、親の学校参加の状況が2時点とも参加、あるいは、不参加であるサンプルを対象とする場合には推定することができないという短所がある。本章の場合には、表9-1に示されているように、学校参加の状態が変動しているサンプルが少なく、固定効果モデルでは推計結果が不安定になるという限界もあるが、重回帰分析による推計結果との比較という観点から分析を行う。その一方で変量効果モデルでは、固定効果を確率変数として捉え、観察された各々の変数との相関がないという前提のもとで、固定効果モデルでは分析から除外されてしまう、時間の経過とともに変化しない説明変数の影響も考慮した推定が可能になる（山口 2004；中澤 2012；三輪 2013）。本章における親の学校参加の形態としては、基準年も2年後も参加あるいは不参加といったように時点を比較しても変動しないケースもあり、こうしたケースも考慮した分析を行うために、変量効果モデルを用いた推定を行う。

2-2　データ

本章では、「日本子どもパネル調査（JCPS）」のうち、JCPS2010、JCPS2011、JCPS2012、JCPS2013をプールしたものをデータセットとして用いる。なお以下の分析では、公立学校に通学する児童生徒を分析対象としている。

JCPSを用いた分析を行うことによって親の学校参加と子どもの学力の関係

を検討することの利点としては，大きく2点が挙げられる。第1は，分析対象の拡大である。日本における親の学校参加と子どもの学力の関係を検証したものとしては Matsuoka (2014) がある。この論考は，データセットとして IEA (International Association for the Evaluation of Educational Achievement) が実施した TIMSS を用いており，データセットの特徴から，中学2年生の分析に限定されている。この分析対象の限定性を，JCPS を用いることによって拡張し，ある特定の学年の分析に限定するのではなく，すべての義務教育の学年を分析対象とすることを可能にする。

第2は，パネルデータを用いることで，親の学校参加が子どもの学力に及ぼす影響を推定する際に，観察されない変数の影響を除去できる点である。通常の回帰分析において，ある変数の効果を測定する際には，観察されない変数の影響を除去する必要があるが，その影響の除去は一般的に容易なことではない。前項で言及したが，本章では，統制変数を設定した重回帰分析と，データセットがパネルデータであることの特性を生かし，固定効果モデルと変量効果モデルによるパネルデータ分析を行うことによって，観察されない要因の影響の除去を試みる。

2-3 変　数

(1) 学力の指標

各章と同様に子どもの学力の指標としては，国語および算数／数学の平均50，標準偏差10の偏差値化された因子得点（カテゴリカル因子分析によって算出）を用いる（詳細は第2章を参照；34頁）。

(2) 親の学校参加の指標

親の学校参加の指標として用いる設問項目としては，「A さんの学校行事や PTA に，どの程度参加されていますか。（あなた自身が参加されていない場合でも，ご両親のいずれかが参加されている場合には，参加しているものとしてお答えください）」を用いる。なお回答は，「1　ほとんどすべて参加している」「2　最低限必要なときだけ参加している」「3　あまり参加していない」の3件法によって設定している。JCPS データ全体でこの設問に回答した 2296 人のうち，「1

ほとんどすべて参加している」人の割合は約 52%（1192 人），「2　最低限必要なときだけ参加している」人の割合は約 41%（949 人），「3　あまり参加していない」人の割合は約 7%（155 人）であった。そこで，実際の親の学校参加の指標作成に際しては，「2　最低限必要なときだけ参加している」および「3　あまり参加していない」を 0，「1　ほとんどすべて参加している」を 1 とする学校行事・PTA 活動等参加ダミーを作成した。

(3) 統制変数

本章では子どもの学力を規定する要因として学校行事や PTA 活動等への親の参加度合いを検討するが，先行研究で指摘されているように，学力に影響を及ぼす要因としては，子どもの属性や，親の社会経済的地位もある。これらの要因を一定にした状況のもとで，学校行事や PTA 活動等への親の参加度合いの影響を考慮するために，子どもの属性や，親の社会経済的地位に関する変数を統制変数として設定する。具体的には，子どもの属性として，性別（女子であれば 1，そうでなければ 0 をとる女子ダミー），生まれ月（1～3 月生まれであれば 1，そうでなければ 0 をとる早生まれダミー）を統制した。加えて，世帯の社会経済的要因として，父親・母親の学歴（高卒を基準に，中卒ダミー，短大・高専卒ダミー，大卒以上ダミー），世帯所得（対数値），父親・母親の就業状況（有業であれば 1，そうでなければ 0 をとる有業ダミー），高校生までのきょうだい数を統制した。また，子どもの学年ダミー，三大都市圏ダミー，調査年ダミーも設定している（変数の定義の詳細については，第 2 章を参照）。

表 9-2 では本章で用いる変数の記述統計量を示している[1]。表 9-2 から，偏差値については平均が約 50，標準偏差が約 10 であることが確認される。また説明変数に関する記述統計量を確認すると，学校行事や PTA 活動等に参加している親の割合は全体で 52.8% であった。なお，表には掲載されていないが，学年別に学校行事や PTA 活動等に参加している割合を確認すると，低学年で 56.2%，高学年で 57.0%，中学生では 43.8% となっており，学年が上がるに

---

[1] 記述統計の算出，および推定の際にはサンプルを公立学校在学者であり，学校行事や PTA 活動等に参加しており，かつ表 9-3 での分析に用いたものに限定しているため，JCPS データ全体を用いて算出される数値とは異なっている。なお，本章では表記の単純化のために小学生の算数についても「数学」と表記している場合がある。

表 9-2　記述統計量

	平均	標準偏差	観測数
偏差値化された因子得点（国語）	49.927	9.885	2133
偏差値化された因子得点（数学）	49.938	9.874	2133
学校行事・PTA活動等参加ダミー	0.528	0.499	2116
女子ダミー	0.485	0.500	2133
早生まれダミー	0.238	0.426	2133
父親：大卒以上ダミー	0.456	0.498	1930
母親：大卒以上ダミー	0.180	0.384	1927
高校生までのきょうだい数	2.223	0.789	2133
世帯所得（対数値）	6.435	0.468	2030
父親：有業ダミー	0.983	0.129	2063
母親：有業ダミー	0.666	0.472	2115

（注）両親の学歴変数については大卒以上ダミーの結果のみを掲載している。

したがって，参加割合が低くなっていることが確認される。また，父親の学歴は大学卒以上が全体で45.6％，母親の学歴は大学卒以上が18.0％となっている。

3　親の学校参加と子どもの学力の関係

3-1　グラフによる概観

まず，学校行事やPTA活動などへの親の参加状況と子どもの学力の変動がどのような関係にあるのかを，図9-1を用いて視覚的に確認する。大きく以下の2点が確認される。第1は，平均的な学力の違いに着目してみると，親が学校参加を行っている場合と行っていない場合を比較した場合，学年および時点に関わらず，平均的な学力は親が学校参加を行っている場合の方が高いことが確認される。第2は，学力の変動の観点から見た場合には，どちらの教科，どの学年段階で見ても親のPTA活動などへの参加状況による子どもの学力の差は2年後になると縮小している。このことは，PTA活動に2時点とも不参加であった子どもの学力が2時点とも参加であった子どもの学力よりも向上していることに起因していることが考えられる。

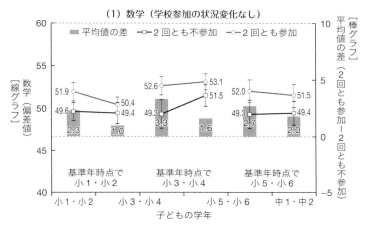

図 9-1 親の学校参加と子どもの学力

(1) 数学（学校参加の状況変化なし）

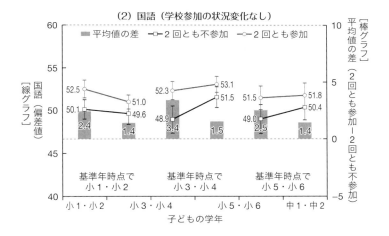

(2) 国語（学校参加の状況変化なし）

3-2 クロスセクションデータとパネルデータによる分析

以下では親の学校参加が子どもの学力に与える影響の効果について説明する。推定結果は表9-3であり，全学年をプールした場合，学年を小学校低学年（調査年における学年が小学1〜3年生），小学校高学年（調査年における学年が小学4〜6年生），中学校と分けた場合の結果が各科目別に示されている。なお，カッコ内の数値は，不均一分散に頑健な標準誤差を示している。また，分析では被説

表 9-3 クロスセクションデータ分析による学校行事・PTA 活動等参加が子どもの学力に与える影響の推定結果

国語（偏差値）	全学年		低学年		高学年		中学生	
	(1)	(2)	(3)	(4)	(5)	(6)	(7)	(8)
学校行事・PTA 活動等参加ダミー	1.577***	0.512	0.568	−0.075	2.440***	1.061	1.452*	0.072
	(0.430)	(0.474)	(0.742)	(0.848)	(0.720)	(0.817)	(0.788)	(0.821)
自由度調整済み決定係数	0.006	0.091	−0.001	0.078	0.014	0.071	0.004	0.166
観測数	2116	1663	730	573	756	586	630	504
数学（偏差値）	(9)	(10)	(11)	(12)	(13)	(14)	(15)	(16)
学校行事・PTA 活動等参加ダミー	2.068***	1.116**	1.077	0.276	2.567***	1.506*	2.340***	1.270
	(0.429)	(0.470)	(0.737)	(0.848)	(0.720)	(0.813)	(0.774)	(0.801)
自由度調整済み決定係数	0.010	0.082	0.002	0.061	0.015	0.059	0.012	0.167
観測数	2116	1663	730	573	756	586	630	504
説明変数追加		yes		yes		yes		yes

（注）　カッコ内は不均一分散に頑健な標準誤差である。***，**，*はそれぞれ，1％，5％，10％水準で有意であることを示す。
　　　「説明変数追加」の推定では，PTA 参加ダミーに加えて女子ダミー，早生まれダミー，父親・母親の学歴（高卒を基準に，中卒ダミー，短大・高専卒ダミー，大卒以上ダミー），世帯所得（対数値），父親・母親の就業状況（有業であれば1，そうでなければ0をとる有業ダミー），高校生までのきょうだい数，学年ダミー，三大都市圏ダミー，調査年ダミー，定数項を説明変数として加えた。

明変数，説明変数すべてに欠損値がないサンプルを使用している。

(1) 単回帰によるクロスセクションデータ分析

まず，親が学校行事・PTA 活動等に参加することと子どもの学力との単純な相関関係を確認する。この結果は表 9-3 の奇数列に示されており，説明変数には学校行事・PTA 活動等参加ダミーと定数項のみを用いている。全学年をプールして推定を行った結果，教科の別を問わず，有意に正の相関関係があることが確認できた。また，国語よりも数学の方がより PTA 活動等への参加による学力へのプラスの効果が大きいことも明らかになった。ただし，親の学校参加と子どもの学力との有意な正の相関関係は低学年では確認できず，高学年，中学生以上の国語・数学で観察される傾向がある。

(2) 重回帰によるクロスセクションデータ分析

単回帰分析による親の学校参加の効果の推定においては，PTA 活動等への参加自体が世帯の社会経済的属性と相関している可能性が否定できず，PTA

活動等への参加と子どもの学力の純粋な相関関係を示しているとは必ずしも言えない。そこで、子どもの属性、世帯の社会経済的属性を考慮した重回帰分析を行った（表9-3の偶数列）。全学年をプールした場合に観察されていたPTA活動等への参加と学力の有意な正の相関関係は、子どもの数学の学力に対してのみ観察されるようになり、その相関は弱くなっていることが確認できる。ただし、子どもが高学年の場合には、単回帰分析の結果と同様、PTA活動等への参加と子どもの数学の学力の間に有意な正の相関関係があることが確認できる。

(3) クロスセクションデータに基づく推定結果の頑健性の検討

本項において示した結果は、親の学校参加が子どもの学力に与える効果を観測できる変数を統制した上での推定結果である。しかし、PTA活動等への参加が世帯や親の観測されない属性の代理変数となっている可能性は否定できない。たとえばPTA活動等への参加と関連し、子どもの学力にも影響を与えるような親の観測されない変数として、親の子どもの教育への熱心さがあると考えられる。この変数自体には子どもの学力が高いため、より教育に熱心になりPTA活動等へ積極的に参加するという逆の因果を引き起こす可能性がある。そのため、主な分析には含めなかったが、このような変数を導入した場合のPTA活動等への参加の効果の変化を把握することで、PTA活動等への参加が子どもの学力にどのような経路で影響を及ぼしているか確認することが可能になる。

本章では親の子どもの教育への熱心さを測る指標として、世帯の教育費支出割合を用いた。具体的には、各子どもの課外活動費、学費、おこづかいの1カ月の合計金額（単位：円）を、世帯全体の1カ月の支出総額（単位：円）によって除した値を100倍した値を用いる[2]。これまで用いた個人属性などを表す説明変数に、この変数を加えた推定結果は表9-4に示されている。国語においては、教育費支出割合の算出における欠損値の扱い方によらず、学校参加が学力に与える影響は確認されなかった。数学については、全学年、中学生においてはプラスに有意な結果が得られた。また、高学年については教育費支出割合

---

[2] 各子どもの教育費支出については欠損値を除いたケース（表9-4の偶数列）と教育費支出が欠損値である場合に0と置いたケース（表9-4の奇数列）を掲載している。

表 9-4 クロスセクションデータ分析による学校行事・PTA活動等参加が子どもの学力に与える影響の推定結果（各子どもへの教育費支出割合を考慮した場合）

国語（偏差値）	全学年		低学年		高学年		中学生	
	(1)	(2)	(3)	(4)	(5)	(6)	(7)	(8)
学校行事・PTA活動等参加ダミー	0.552	0.539	−0.063	−0.238	1.224	1.037	0.080	0.511
	(0.479)	(0.535)	(0.865)	(1.007)	(0.822)	(0.909)	(0.828)	(0.900)
自由度調整済み決定係数	0.093	0.101	0.077	0.099	0.078	0.071	0.171	0.195
観測数	1631	1312	560	413	574	472	497	427
数学（偏差値）	(9)	(10)	(11)	(12)	(13)	(14)	(15)	(16)
学校行事・PTA活動等参加ダミー	1.180**	1.012*	0.236	0.343	1.669**	0.981	1.357*	1.493*
	(0.475)	(0.533)	(0.871)	(1.015)	(0.822)	(0.909)	(0.811)	(0.897)
自由度調整済み決定係数	0.085	0.089	0.059	0.063	0.073	0.070	0.174	0.172
観測数	1631	1312	560	413	574	472	497	427
説明変数追加	yes	yes	yes	yes	yes	yes	yes	yes

（注）カッコ内は不均一分散に頑健な標準誤差である。***，**，*はそれぞれ，1％，5％，10％水準で有意であることを示す。
　1カ月の支出に占める各子どもの教育費支出については，各子どもへの教育費支出が欠損値の場合を除いたケース（表の偶数列）と教育費支出が欠損値である場合に0と置いたケース（表の奇数列）を掲載している。また，「説明変数追加」の推定では，PTA参加ダミーに加えて女子ダミー，早生まれダミー，父親・母親の学歴（高卒を基準に，中卒ダミー，短大・高専卒ダミー，大卒以上ダミー），世帯所得（対数値），父親・母親の就業状況（有業であれば1，そうでなければ0をとる有業ダミー），高校生までのきょうだい数，学年ダミー，三大都市圏ダミー，調査年ダミー，定数項を説明変数として加えた。

の算出における欠損値の扱い方によって有意性が異なるが符号は正であった。

(4) パネルデータ分析

以下のパネルデータ分析では，世帯所得（対数値），父親・母親有業ダミーを説明変数として設定した（表9-5）。まず国語においては，全学年の変量効果モデルおよび高学年の変量効果モデル，固定効果モデルにおいて，親の学校参加ダミーの有意差が確認された。ただし，高学年の変量効果モデルが，モデル選択についての検定でも支持される有意な結果であった。次に数学においては，国語の場合とほぼ同様に，全学年と高学年の変量効果モデル分析において，親の学校参加ダミーの有意差が確認された。ただし，高学年の変量効果モデルのみが，モデル選択についての検定で支持される有意な結果であった。したがって，今回のパネルデータ分析の結果からは，高学年において，国語，数学ともに，親の学校参加の程度の違いによって子どもの学力の違いが観察された。

表9-5 パネルデータ分析による学校行事・PTA活動等参加が
子どもの学力に与える影響の推定結果

	全学年		低学年		高学年		中学生	
	RE	FE	RE	FE	RE	FE	RE	FE
国語（偏差値）	(1)	(2)	(3)	(4)	(5)	(6)	(7)	(8)
学校行事・PTA活動等	0.815**	−0.193	0.641	−0.805	1.646**	2.627*	0.292	−0.921
参加ダミー	(0.412)	(0.625)	(0.738)	(1.659)	(0.691)	(1.369)	(0.738)	(1.205)
観測数	1939	1939	679	679	692	692	568	568
モデルの選択	FE		RE		RE		FE	
数学（偏差値）	(9)	(10)	(11)	(12)	(13)	(14)	(15)	(16)
学校行事・PTA活動等	1.355***	0.595	0.871	−1.420	1.502**	1.019	1.032	−0.144
参加ダミー	(0.418)	(0.672)	(0.738)	(1.589)	(0.695)	(1.449)	(0.733)	(1.314)
観測数	1939	1939	679	679	692	692	568	568
モデルの選択	FE		RE		RE		FE	

(注) カッコ内は不均一分散に頑健な標準誤差である。***, **, *はそれぞれ，1%，5%，10%水準で有意であることを示す。
RE, FEはそれぞれ，変量効果モデル，固定効果モデルによる推定結果を示す。推定の際には学校行事・PTA活動等参加ダミーの他，世帯所得（対数値），父親・母親の就業状況（有業であれば1，そうでなければ0をとる有業ダミー），定数項を説明変数として加えた。またモデルの選択の際にはSargan Hansen統計量を用いた。

(5) 親の学校参加の効果

今回の分析結果で得られた親の学校参加の効果はどの程度のものだろうか。ここでは少人数学級の効果と比較することで検討する。少人数学級の効果検証に関する論考として評価の高い Nye, Hedges, and Konstantopoulos (1999)[3] では，数学と科学については，0.13 SD（標準偏差）から 0.22 SD の範囲で効果が観測され，リーディングについては，0.11 SD から 0.17 SD の範囲で効果が観測されている。また日本の「全国学力・学習状況調査」を用いて個人の正答率を測定単位として学級規模の効果を検証した妹尾ほか（2014）では，学級規模縮小が小学6年生の国語Aの正答率を0.026点分有意に向上させる効果を確認している（0.026/18.775 ＝ 0.001 SD）[4]。これらの効果の大きさを，本章で使用している，偏差値[5]の観点から考慮した場合には1.1から2.2の上昇（日本の場合は0.01点分の上昇）が見込まれることになる。親の学校参加については，

---

[3] 米国における学級規模の効果をめぐる議論については山下（2008）を参照。

[4] また Akabayashi and Nakamura（2014）は学校を測定単位として学級規模の効果を検証している。その結果，学級規模の縮小が小学6年生の国語において，0.001SD上昇させることを示している。

Column ⑥ ソーシャル・キャピタル

ソーシャル・キャピタル（Social Capital）は，社会関係資本あるいは社会的資本と訳され，社会科学分野を中心として，その理論的，実証的研究が蓄積されている。ソーシャル・キャピタルは経済学の分野では，古くは奴隷制の社会的遺産の分析（G. Loury）において，ソーシャル・キャピタルが検討されている（Putnam 2000）。教育における応用研究の分野では，社会学者のブルデュー（P. Bourdieu）とコールマン（J. Coleman），そして政治学者のパットナム（R. Putnam）が引用されることが多い（志水 2007；木村 2008；露口 2011）。

ブルデューは，階級の文化的再生産のメカニズムの1つとして，ソーシャル・キャピタルが補完的役割を果たすことを指摘し（三隅 2015），「社会資本とは，相互認識（知りあい）と相互承認（認めあい）とからなる，多少なりとも制度化されたもろもろの持続的な関係ネットワークを所有していることと密接にむすびついている，現実的ないしは潜在的資力の総体である」（Bourdieu 1980，訳書 31 頁）としている。ブルデューの議論では，ソーシャル・キャピタルを個人が所有するものとして捉えているが，個人の所有ではなく，個人間での所有（行為者間の関係の構造に内在）にあるとしたのが，コールマンによるソーシャル・キャピタルの議論である（Coleman 1988；志水 2007；木村 2008；三隅 2015）。

コールマンは，ソーシャル・キャピタルの形態を，「恩義と期待」「情報チャネル」「社会規範」として捉えている。また特徴として，他の資本形態との共通点としては，完全な代替性を備えておらず，特定の活動に特化しており，ある行為を促進するうえでは価値のある形態であっても，他の行為の促進においては必ずしも有効ではないことを指摘している（Coleman 1988）。また財の観点からは，大部分のソーシャル・キャピタルが公共財としての性格を持つと指摘し，外部効果の存在を指摘し，市場によるメカニズムではなく，非市場によるメカニズムによって供給が依存されていることを指摘している（宮川・大守 2004）。コールマンのソーシャル・キャピタルの議論は「結束型（bonding）」（同質性を媒介にして，集団内の信頼や互酬性を促進することで結束を強化するもの）として位置づけられることがあるが，他のタイプとしては，「橋渡し型（bridging）」（異質性を媒介にして，多様なメンバーを結びつける外交的な性質を持つもの）として捉えられているものがある。その代表が，パットナムの議論である（木村 2008）。

たとえば，高学年の数学において，偏差値にして 1.5（表 9-5 列 13）の上昇が見込まれることから，少人数学級の効果と比較した場合に，親の学校参加の効

---

5) 偏差値は，平均は 50，標準偏差は 10 に設定されており，50 ＋ 10 ×（(得点 − 平均点)／標準偏差）によって算出される。

パットナムは，ソーシャル・キャピタルを「相互利益のために調整と協力を容易にする，ネットワーク，規範，社会的信頼のような社会的組織の特徴を表す概念である」（Putnam 2000，訳書58頁）として捉えている。パットナムがソーシャル・キャピタルの構成要素としての信頼を議論するようになって以降，ソーシャル・キャピタルの枠組みに基づいた信頼の醸成環境やその効果を検討する研究蓄積が増加している（三隅2015）。教育学において信頼を分析対象とした代表的な研究は，国内では露口（2012）が挙げられ，米国では，Bryk and Schneider（2003）が挙げられる。

▼ 参 考 文 献

木村和美（2008）「マイノリティによるネットワーク形成と社会関係資本——被差別部落A地区における保護者組織を事例に」『教育社会学研究』83：65-83頁。
佐藤誠（2003）「社会資本とソーシャル・キャピタル」『立命館国際研究』16(1)：1-30頁。
志水宏吉（2007）「教育資本について」『教育文化学年報』（大阪大学大学院人間科学研究科教育文化学研究室）2：3-20頁。
露口健司（2011）「教育」稲葉陽二ほか編『ソーシャル・キャピタルのフロンティア——その到達点と可能性』ミネルヴァ書房：173-196頁。
露口健司（2012）『学校組織の信頼』大学教育出版。
三隅一人（2015）「テーマ別研究動向（ソーシャルキャピタル）」『社会学評論』66(1)：134-144頁。
宮川公男・大守隆編（2004）『ソーシャル・キャピタル——現代経済社会のガバナンスの基礎』東洋経済新報社。
Bourdieu, P. (1980) "Le capital social," *Actes de la recherche en sciences sociales*, 31: 2-3.（福井憲彦訳「『社会資本』とは何か：暫定的ノート」『actes』1：30-36頁，1986年）
Bryk, A. S., and B. Schneider (2003) *Trust in Schools: A Core Resource for Improvement*, Russell Sage.
Coleman, J. S. (1988) "Social Capital in the Creation of Human Capital," *American Journal of Sociology*, 94: 95-120.（金光淳訳「人的資本の形成における社会関係資本」野沢慎司編・監訳『リーディングス　ネットワーク論——家族・コミュニティ・社会関係資本』勁草書房，2006年）
Putnam, R. D. (2000) *Bowling Alone: The Collapse and Revival of American Community*, Simon & Schuster.（柴内康文訳『孤独なボウリング——米国コミュニティの崩壊と再生』柏書房，2006年）

【山下絢】

果は，必ずしも小さいものではないといえる。

4 おわりに

　以上本章では，親の学校参加が子どもの学力に及ぼす影響について焦点を当て，JCPS のデータを活用して，定量的に検証を行った。その結果，以下のことが明らかになった。まずクロスセクションデータ分析の結果からは，親の学校参加が子どもの学力に及ぼす影響は数学において確認され，国語においては確認されなかった。また，低学年よりも高学年において，親の学校参加が子どもの学力に及ぼす影響は確認された。そしてパネルデータ分析の結果からは，高学年において，国語，数学ともに，親の学校参加による子どもの学力向上の効果が確認された。また，少人数学級の導入の効果と比較した場合，親の学校参加が及ぼす効果の程度は，小さいものではなく，親の学校参加は，子どもの学力向上に寄与するものであるといえる。

　最後に，今後の課題について述べる。本章では，家計に関する情報は多く用いることができたが，学校レベルの情報（たとえば，学級規模や学校規模など）に関しては分析モデルに含めることができておらず，これらをふまえて分析することが今後の課題として残されている。また，ソーシャル・キャピタルの文脈からは，本章では，学校を基盤として醸成されるソーシャル・キャピタルに着目しているが，その他の形態のソーシャル・キャピタルについて考慮することができておらず，その検討は今後の課題である。

▼ 参 考 文 献

小川正人（2010）『現代の教育改革と教育行政』放送大学教育振興会。
苅谷剛彦・志水宏吉編（2004）『学力の社会学──調査が示す学力の変化と学習の課題』岩波書店。
志水宏吉（2007）「教育資本について」『教育文化学年報』（大阪大学大学院人間科学研究科教育文化研究室）2：3-20 頁。
妹尾渉・北條雅一・篠崎武久・佐野晋平（2014）「回帰分断デザインによる学級規模効果の推定──全国の公立小中学校を対象にした分析」『国立教育政策研究所紀要』143：89-101 頁。
露口健司（2011）「教育」稲葉陽二・大守隆・近藤克則・宮田加久子・矢野聡・吉野諒三・編『ソーシャル・キャピタルのフロンティア──その到達点と可能性』ミネル

ヴァ書房：173-196 頁。
中澤渉（2012）「なぜパネル・データを分析するのが必要なのか——パネル・データ分析の特性の紹介」『理論と方法』27（1）：23-40 頁。
三輪哲（2013）「パネルデータ分析の基礎と応用」『理論と方法』28（2）：355-366 頁。
山口一男（2004）「パネルデータの長所とその分析方法——常識の誤りについて」『季刊家計経済研究』62：50-58 頁。
山下絢（2008）「米国における学級規模縮小の効果に関する研究動向」『教育學研究』75（1）：13-23 頁。
Akabayashi, H., and R. Nakamura (2014) "Can Small Class Policy Close the Gap? An Empirical Analysis of Class Size Effects in Japan," *The Japanese Economic Review,* 65 (3): 253-281.
Fryer, R. G., Jr, and S. D. Levitt (2004) "Understanding the Black-White Test Score Gap in the First Two Years of School,"*Review of Economics and Statistics*, 86(2): 447-464.
Matsuoka, R. (2014) "An Empirical Investigation of Relationships between Junior High School Students' Family Socioeconomic Status, Parental Involvement, and Academic Performance in Japan,"『理論と方法』29(1)：147-165 頁.
Nye, B., L. V. Hedges, and S. Konstantopoulos (1999) "The Long-Term Effects of Small Classes: A Five-Year Follow-Up of the Tennessee Class Size Experiment," *Educational Evaluation and Policy Analysis*, 21(2): 127-142.
Pong, S. -l. (1998) "The School Compositional Effect of Single Parenthood on 10th-Grade Achievement," *Sociology of Education*, 71(1): 23-43.
Putnam, R. D. (1992) *Making Democracy Work: Civic Traditions in Modern Italy*, Princeton University. Press.（河田潤一訳『哲学する民主主義——伝統と改革の市民的構造』NTT 出版，2001 年）
Putnam, R. D. (1995) "Bowling Alone: America's Declining Social Capital," *Journal of Democracy*, 6(1): 65-78（坂本治也・山内富美訳「ひとりでボウリングをする——アメリカにおけるソーシャル・キャピタルの減退」宮川公男・大守隆編『ソーシャル・キャピタル——現代経済社会のガバナンスの基礎』東洋経済新報社，2004 年：55-76 頁）
Putnam, R. D. (2000) *Bowling Alone: The Collapse and Revival of American Community*, Simon & Schuster.（柴内康文訳『孤独なボウリング——米国コミュニティの崩壊と再生』柏書房，2006 年）

補論
回帰分析とパネルデータの基礎

直井道生・中村亮介・野崎華世

Overview
□ 本書の各章における分析では，回帰分析の枠組みを用いて，子どもの認知・非認知能力の規定要因，なかでも世帯の経済状況の影響を明らかにすることを試みている。

□ こうした分析枠組みの利点は，観察可能な子ども・親・家計の属性をコントロールしたうえで，興味の対象となる特定の変数の影響を抽出できる点にある。

□ 本補論では，回帰分析の手法になじみのない読者を想定し，その直観的な考え方と意義，結果の解釈の仕方などについて解説する。

□ これに加え，本書の特徴の1つでもあるパネルデータ分析について，とくにクロスセクションデータを用いた分析と対比させながら，その利点と限界についても解説する。

1 回帰分析の考え方

本書の第3章や第6章の分析では，子どもの学力と家計の経済状況の関係に着目した分析が行われている。これらの分析は，世帯所得の上昇が子どもの学力を向上させるのか否かを，統計的に明らかにすることを目的としている。この関係を検証するために，最も簡単に思いつくのは，所得の高い世帯の子どものテストスコアの平均値と所得の低い世帯の子どものテストスコアの平均値を比べることである。実際に，第3章でも，所得階層ごとのテストスコアの平均値を比較している。

平均値の比較は，学力格差の現状を把握するための重要な第一歩ではあるものの，こうした比較のみで，世帯所得が子どもの学力に与える影響を判断することは難しい。たとえば，高所得の世帯には，教育熱心な親が多く，それが子どもの学力水準を向上させる効果を持っているかもしれない。あるいは，学歴が高く，高所得の親のもとに生まれた子どもは，生まれつき高い認知能力を備えているかもしれない。これらは理論的な可能性に過ぎないが，重要なのは，単純なテストスコアの平均値の比較からは，世帯所得の上昇がもたらす真の影響と，世帯所得と関連を持つかもしれないその他の要因がもたらす影響とを区別できないという点にある。上記の例でいえば，仮に高所得の世帯の子どもたちの平均点が，そうでない子どもたちの平均点と比べて高かったとしても，それは世帯所得の高さによるものなのか，親の教育方針や子どもの遺伝的資質の違いによるものなのか，区別ができないことになる。

上記の例から明らかなように，子どもの学力と家計の経済状況の関係を明らかにするためには，学力に影響を与えうるその他のさまざまな要因を一定に保ったうえで，その影響を統計的に検証することが必要となる。回帰分析は，こうした目的を達成するための統計的な手法の1つである[1]。

いま，子どもの学力（y）と世帯所得（x）に関する何らかのデータが利用可能であり，両者の間に

$$y_i = \alpha + \beta x_i + \varepsilon_i \tag{1}$$

という関係が想定されるものとしよう。一般に，(1)式のような関係式のこと

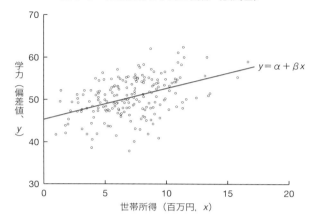

図 S-1　世帯所得と学力の関係（模式図）

を**回帰モデル**と呼び，y_i を被説明変数，x_i を説明変数，ε_i を誤差項と呼ぶ[2]。ここで，添え字の i は個人を表しており，y_i は個人 i の学力，x_i は個人 i の世帯所得を示す。また，誤差項 ε_i は，説明変数 x では説明できない被説明変数 y の変動を表している。具体的には，学力に影響を及ぼす世帯所得以外の要因や，テストスコアに関する測定誤差などの要因が誤差項に含まれる。

回帰モデルの**推定**とは，所与のデータをもとに，(1) 式の α および β の値を統計的に推測するプロセスのことをいう。**最小 2 乗法**（Ordinary Least Squares: OLS）は，このような推定を行うための手法の 1 つである。図 S-1 は，そのために必要となるデータを模式的に示したものであり，縦軸に学力（偏差値）(y) を，横軸に世帯所得 (x) をとった散布図である[3]。いま，(1) 式における誤差項 ε の平均がゼロで，かつ説明変数 x と相関しないのであれば，子どもの学力と世帯所得の真の関係は，図 S-1 の実線のようになるはずである。すなわち，実際に観察される y の値は，実線の上下に偏りなく散らばっており，かつその散らばりは世帯所得 x の水準に依存しない。

---

1) 以降の説明は，豊田ほか (2007) や浅野・中村 (2009) を参考にしている。詳しい計算方法などは，これらの文献を参照されたい。
2) y_i は従属変数，x_i は独立変数ないしはコントロール変数と呼ばれることもある。また，ε_i は撹乱項と呼ばれることもある。
3) 便宜上，世帯所得の平均と分散については，JCPS で観察される値を用いた。

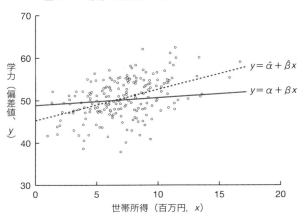

図 S-2 最小2乗法がうまくいかないケース

　いま，最小2乗法による α と β の推定値を，$\hat{\alpha}$ および $\hat{\beta}$ で表すことにしよう。さらに，被説明変数の観測値 y_i と，最小2乗法による予測値 $\hat{y}_i = \hat{\alpha} + \hat{\beta} x_i$ との差を残差と呼び，$\hat{\varepsilon}_i \equiv y_i - \hat{y}_i$ と定義する。最小2乗法は，残差の合計をできるだけ小さくするような $\hat{\alpha}$ と $\hat{\beta}$ を選ぶという方法である。ただし，残差は正負いずれの値もとりうるため，単純な合計を考えるのには問題がある。そのため，実際には残差の2乗和を最小とするような $\hat{\alpha}$ と $\hat{\beta}$ を算出するというのが，最小2乗法の考え方である。いま，残差2乗和の最小化は，与えられたデータに最も当てはまりの良い直線を求めるプロセスになっている。そのため，最小2乗法によって求められた回帰直線は，平均的には図 S-1 の実線と一致することになる。すなわち，最小2乗法は，前述の誤差項に関する仮定（ε は平均ゼロかつ x と無相関）のもとで，平均的には（1）式における真の α および β を偏りなく推定する。

　上記の議論をふまえると，最小2乗法が誤った統計的推測を導くケースについても考えることができる。いま，前に挙げた例のように，高所得の世帯には，教育熱心な親が多く，それが子どもの学力水準を向上させる効果を持っているとしよう。このとき，（1）式の回帰モデル（図 S-2 の実線）と観察データの関係は，図 S-2 のように示されることになる。すなわち，高所得の世帯（図の右側）では，親が教育熱心であることで，実際の観測データは実線より上に位置する傾向がある一方，低所得の世帯（図の左側）では，観測データは実線より

下に位置する傾向がある。別の言い方をすれば，図 S-2 の例は，回帰モデルの誤差項 ε が説明変数 x と正の相関を持つケースということになる。この場合，最小 2 乗法による結果（図の点線）は，世帯所得の効果を過大に推計する。一般に，誤差項と相関を持つ説明変数のことを**内生変数**と呼び，こうした説明変数の存在は，最小 2 乗法の推定にバイアスをもたらす。

ここまでは，説明変数に世帯所得という単一の変数のみを考慮した回帰分析（単回帰モデル）の例を考えてきたが，実際には子どもの性別や両親の就業状態など，さまざまな要因が子どもの学力に影響を及ぼしうる。複数の説明変数を同時に考慮したモデルのことを**重回帰モデル**と呼び，たとえば $y_i = \alpha + \beta_1 x_{1i} + \beta_2 x_{2i} + \varepsilon_i$ のような形で示される。この場合にも，計算は若干複雑になるが，最小 2 乗法は残差 2 乗和を最小化するように各係数の値を推定する。

いま，重回帰モデルにおける第 k 番目の説明変数 x_k に対応する係数 β_k は，他の説明変数を一定に保った状況下で，当該変数 x_k が 1 単位増加したときの y の変化分を示す。たとえば，追加的な説明変数として子どもの性別と両親の就業状態を考慮した重回帰分析では，これらの要因を一定に保ったうえで，世帯所得が学力に与える影響を検証することが可能となる。

2 分析結果の解釈と回帰モデルの特定化

本節では，推定された係数に関する統計的な仮説検定と回帰モデルの評価に関して，基本的な事項を解説したうえで，代表的な回帰モデルの特定化とその推定結果の解釈，回帰分析の限界などについて，若干の補足を行う[4]。

2-1 推定値の統計的有意性と推定式の評価

重回帰モデル $y_i = \alpha + \beta_1 x_{1i} + \cdots + \beta_K x_{Ki} + \varepsilon_i$ の分析結果は，しばしば各係数の推定値 $(\hat{\alpha}, \hat{\beta}_1, \cdots, \hat{\beta}_K)$ を抜き出す形で表にとりまとめられる。これに加

---

[4] 本節における説明の多くは，浅野・中村（2009）や Wooldridge（2006）に拠っている。計量経済学的手法についてのさらに詳しい説明については，これらの文献を参照されたい。

え，各推定値の統計的な誤差を示す**標準誤差**が合わせて報告されることが多い。よく知られるように，誤差項の分散が不均一である場合，最小2乗法による標準誤差の推定値には問題がある。そのため，本書における多くの分析では，誤差項の分散不均一性に対して頑健な標準誤差が報告されている[5]。

各係数を，それに対応する標準誤差で除したものは **t 値** と呼ばれ，推定値の統計的有意性を判断するために用いられる。ここで，推定値の有意性は，係数がゼロであるという帰無仮説に対する統計的な仮説検定によって判断される。一般に，ある係数の値が有意であるとは，設定した（t 値に関する）臨界値のもとで，帰無仮説が棄却されることを意味しており，当該変数が被説明変数に対してゼロとは異なる何らかの影響を持つことの根拠となる。通常，臨界値としては，約 1.64，1.96，2.58 などの値が用いられ，推定された t 値の絶対値がこれらを超えるとき，それぞれ 10％，5％，1％ 水準で統計的に有意であるという。

回帰モデルのデータへの当てはまりのよさに関しては，**自由度修正済み決定係数**という指標が用いられることが多く，本書の多くの分析でもこの値が報告される。この値は1に近いほどデータへの推定式の当てはまりがよいことを示している。

2-2 回帰モデルの特定化

回帰モデルの特定化として，ある変数の水準値を用いる代わりに，対数をとった値を用いる場合がある。たとえば，第3章では被説明変数に学力テストの偏差値（水準）を，説明変数に世帯所得の対数値を用いた回帰モデルの推定結果が紹介されている。いま，偏差値の水準を y，世帯所得を x で表すことにすれば，この回帰モデルの推定式は $y_i = \alpha + \beta \log(x_i) + \varepsilon_i$ で表される。この式から得られる β は，世帯所得が1％上昇したとき，偏差値の水準が $\beta/100$ だけ変化することを示しているものと解釈される[6]。

また，第8章では被説明変数に子どもへの教育費支出の対数値を，説明変数

---

[5] 誤差項の分散不均一性の問題とその対処法については，前述の豊田ほか（2007）や浅野・中村（2009）などを参照されたい。

に世帯所得の対数値を用いた回帰モデルの推定結果が紹介されている。いま，教育に対する支出額を y，世帯所得を x で表すことにすれば，この回帰モデルの推定式は $\log(y_i) = \alpha + \beta \log(x_i) + \varepsilon_i$ で表される。この式から得られる β は，世帯所得が 1% 上昇したとき，子どもへの教育費支出が β % 変化することを示す，弾力性の値として解釈される[7]。

説明変数の特定化としては，**ダミー変数**と呼ばれる形式が用いられる場合もある。ダミー変数とは，ある特定の条件を満たす場合には 1，そうでなければゼロをとるような変数である。たとえば，世帯所得を四分位に分けて所得四分位ダミーをつくるとき，世帯所得が第 1 所得四分位に属するならば，第 1 所得四分位ダミーは 1，そうでなければゼロとなる変数が作成される。そして，これを第 2，第 3，第 4 所得四分位について繰り返すことで所得四分位ダミーが完成する。実際の分析においてはこれらのダミー変数のうち，どれか 1 つを基準として推計から除外し分析を行うことになる。第 1 所得四分位ダミーを基準とするならば，第 2 所得四分位ダミーにかかる係数の意味は第 1 所得四分位に属する子どもと第 2 所得四分位に属する子どもの間にどれだけ学力差があるかを示す数値となる。

2-3 標準的な回帰モデルの問題点

本書における分析の多くは，世帯所得が学力に与える効果を識別することを目的としている。回帰分析によってこの効果を識別するためには，前述の通り，誤差項が世帯所得とは相関していないという条件が必要である。標準的な回帰

---

6) 説明変数に関してのみ対数をとった回帰モデルを $y = \alpha + \beta \log(x) + \varepsilon$ とすると，x と y に関して全微分することで，$\beta = dy/(dx/x)$ を得る。この式の左辺は推計された係数，右辺は x の変化率 (dx/x) 当たりで見た y の変化の大きさである。いま，x の変化を % 単位に直すと，$\beta/100 = dy/((dx/x) \times 100)$ となるから，係数を 100 で除したものは，（対数をとる前の）変数 x が 1% 変化した場合の，被説明変数の（水準で見た）変化の大きさを示すことになる。

7) 被説明変数と説明変数の双方について対数をとった回帰モデルを，$\log(y) = \alpha + \beta \log(x) + \varepsilon$ とすると，x と y に関して全微分することで，$\beta = (dy/y)/(dx/x)$ を得る。この式の左辺は推計された係数，右辺は x の変化率 (dx/x) 当たりで見た y の変化率 (dy/y) である。これは，y の x に対する弾力性と解釈され，変数 x が 1% 変化した場合の，被説明変数の（% 単位で見た）変化の大きさを示すことになる。

分析を実施する場合，世帯所得と学力の双方に関連するさまざまな要因を説明変数に加えることで，誤差項と世帯所得の相関をできる限り取り除くことが望ましい。しかしながら，観察可能な要因をできる限りコントロール変数として考慮したとしても，いくつかの理由から，世帯所得は誤差項と相関する可能性がある。

第1に，子どもの能力，親の能力，親の教育への熱意といった，データでは観察できない要因が存在する場合が考えられる。こうした要因は，そもそも定量化が難しく，調査データとして利用することは難しい。さらに，こうした要因は世帯所得と子どもの学力の双方に関連する可能性があるため，世帯所得と誤差項の相関をもたらす可能性を否定できない。たとえば，親の潜在的な稼得能力が世帯所得と相関し，同時に（遺伝的な影響などを介して）子どもの学力とも相関すると考えられる場合，標準的な回帰モデルに基づいて世帯所得が学力に与える効果を識別することは難しくなる。その結果，第1節で見たような標準的な回帰分析によって識別される世帯所得の効果は偏ったものとなり，真に世帯所得が学力に与える影響とは異なったものになるかもしれない。このような可能性に対処するための方法としては，さまざまなアプローチが考えられるが，その代表的なものの1つが，本書の特徴の1つであるパネルデータを用いた分析手法の応用である。パネルデータを用いた分析手法については，次節以降でさらに解説を行う。

第2に，世帯所得の**測定誤差**の問題が考えられる。測定誤差とは，文字通りある変数が誤差を伴って計測されている状況を示しており，世帯所得の例でいえば，調査対象者の記憶違いや記入ミス，データ入力の誤りなどにより，実際の世帯所得と，調査で報告されている値に乖離が生じるケースが考えられる。最も単純なケースとして，観察される世帯所得の値 $\tilde{x}$ と真の値 x の間に，$\tilde{x} = x + u$ という関係を想定し，x と u は無相関であるような状況を考えよう（古典的測定誤差と呼ばれる）。

いま，世帯所得の真の値 x と被説明変数 y の間の関係が，(1) 式の回帰モデル（単回帰モデル）によって与えられるとすると，古典的測定誤差の存在は，推定値 β をゼロ方向に偏らせることが知られている（減衰バイアス）[8]。このこ

---

[8] 以下では，誤差項 ε は x と無相関であることを前提とする。

とは，次のように確認できる。上記の測定誤差に関する関係式から，世帯所得の真の値は，$x = \tilde{x} - u$ と表せる。これを (1) 式に代入することで，分析者にとって推定可能な回帰モデルは，

$$y_i = \alpha + \beta(\tilde{x}_i - u_i) + \varepsilon_i = \alpha + \beta\tilde{x}_i + \eta_i \tag{2}$$

となる。ただし，$\eta_i \equiv \varepsilon_i - \beta u_i$ である。ここで，(2) 式を（観察される世帯所得を説明変数として）推定することを考える。いま，$\beta > 0$ を前提とすると，定義上 $\tilde{x}$ は u と正の相関を持つから，観察される世帯所得は η と負の相関を持つことになる[9]。前節の議論から，説明変数と誤差項（この場合は η）との相関は最小 2 乗法の推定にバイアスをもたらすが，この場合はとくに β の過小推計（ゼロ方向へのバイアス）をもたらすことがわかる[10]。

3 クロスセクションデータとパネルデータ

社会科学における実証分析では，分析の目的に応じてさまざまな統計データが用いられる。本節では，クロスセクションデータや時系列データなどの他の統計データとの比較を行ったうえで，パネルデータの特徴とその分析上の利点・欠点を概観する。

クロスセクション（横断面）データとは，ある特定の時点における，複数の個体に関する情報を記録したデータセットのことをいう。たとえば，2007 年から実施されている「全国学力・学習状況調査」は，調査時点で小学 6 年生と中学 3 年生の子どもたちを対象としたクロスセクションデータである。通常，クロスセクションデータが対象とする「個体」は，家計や個人，企業などの個別主体であるが，地域や国などのグループを含むこともある。一方で，マクロ経済分析などでは，**時系列（タイムシリーズ）データ**が分析に用いられることもあ

---

[9] $\beta < 0$ のケースでは，$\tilde{x}$ は η と正の相関を持つことになり，最小 2 乗法による推定値は，やはりゼロ方向にバイアスを持つことが確認できる。

[10] 世帯所得の測定誤差の問題は，パネルデータを用いた分析に対しても深刻な影響をもたらす可能性がある。こうした可能性については，第 4 節の脚注 **14)**（237 頁）を参照されたい。

図 S-3　パネルデータのイメージ

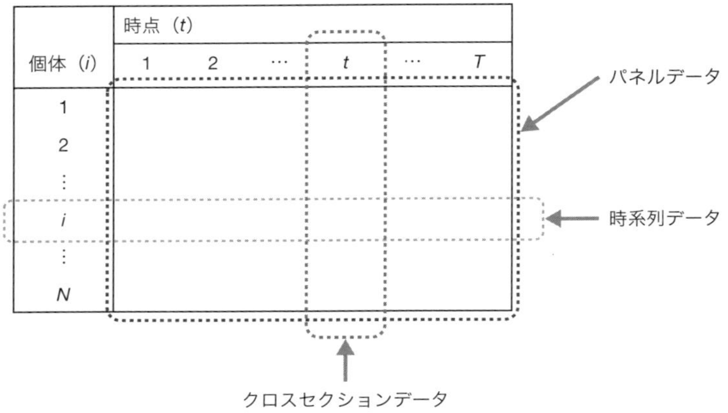

る。クロスセクションデータとは対照的に，時系列データは，ある特定の個体について，複数の時点における情報を記録したデータセットのことをいう。たとえば，日本の GDP の推移に関するデータは，時系列データの一種である。

　上記の通り，クロスセクションデータと時系列データは，対象となる個体や調査時点について，どちらか一方を固定したデータセットということになる。**パネル（縦断面）データ**は，クロスセクションデータと時系列データの特徴を兼ね備えたデータセットであり，複数の個体について，複数の時点の情報を記録したデータセットである。図 S-3 は，個体と時点という 2 つの側面に着目して，パネルデータのイメージを示したものである。クロスセクションデータでは時点 (t) を，時系列データでは個体 (i) を固定して情報が収集されるのに対し，パネルデータでは複数の個体の異なる時点における情報が，単一のデータセットの中に含まれる。本書で用いられる日本子どもパネル調査（JCPS）は，小学 1 年生から中学 3 年生の子どもを対象に，2010 年以降，2 年に一度繰り返し追跡調査を行ったパネルデータである。

　図 S-3 からもわかるように，パネルデータの情報量は，クロスセクションデータや時系列データと比べて格段に多くなる。このような特徴は，分析上さまざまなメリットをもたらすが，以下では代表的なものについて解説を行う（より詳しくは，樋口・太田・新保 2006）。

　第 1 に，パネルデータを用いることで，**動態的な分析**が可能になるという利

点がある。動態的な分析の重要性に関する事例として、学力格差の問題を考えてみよう。ある時点での学力格差の水準は、クロスセクションデータによって明らかにすることができる。しかしながら、個人レベルで見た学力の動態を解明することなしには、格差の実態を適切に評価することは困難である。ある時点における低学力層が、その後も同様の状態にとどまり続けるような学力の固定化が進んだ状況と、キャッチアップが可能でその後の学力向上が見込めるような流動性が高い状況とでは、仮にクロスセクションで見た学力格差の水準が同一であったとしても、とるべき政策的対応は大きく異なるはずである。本書第3章などで議論する、子どもの学力水準の変化を階層間移動の形で示したものは、こうした分析の一例である。

クロスセクションデータに時系列的な要素を取り込んだものとしては、**繰り返しクロスセクション**（repeated cross-section）**データ**と呼ばれるものもある。これは、複数の時点で収集されたクロスセクションデータをプールしたものであるが、パネルデータとは異なり、各時点で調査対象となる個体は同一でない。そのため、同一個人の動態を追う上記のような分析は、原則として繰り返しクロスセクションデータでは行うことができない。

第2に、上記と関連するパネルデータの利点として、時間的な前後関係を利用した因果関係の識別が可能になるという点もある。通常、ある2つの要因AとBの間で観察される相関関係が、AからBへの因果関係であることを示すには、AがBに先立って生じていることが必要とされる。パネルデータでは、同一個人が追跡されているため、このような仮説の検証が可能であることが多い。また、学力のように、過去の学習や経験の蓄積によって規定される要因を分析する場合、ある時点での学力に影響を与えるであろう、過去の情報が利用できることの利点は大きい。

第3に、パネルデータを用いることで、個体レベルで見た**観察できない異質性**を考慮することが可能になるという利点がある。図S-4は、観察できない異質性の存在が、統計的な推測を歪める例を模式的に示したものである。いま、グラフの縦軸は子どもの学力水準、横軸は学習時間であり、個人1と2のそれぞれについて、異なる時点の観測値（各々4時点）が利用可能であるとする。ここで、個人の学力水準は学習時間によって変化するが、同時に、背後に観測できない個人差があるものとしよう。計量経済学では、このような個人差のこ

図 S-4 観察できない異質性とパネルデータ

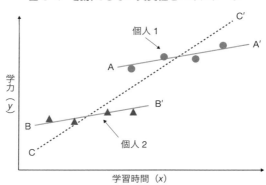

とを観察できない異質性と呼び，分析者にとって観測不可能な個人の潜在的能力や家庭環境などが考えられる。このとき，観察できない異質性が時間を通じて不変であり，かつ学習時間の効果が個人間で同一であれば，学習時間が学力水準に与える限界的な効果は，線分 AA′（もしくは BB′）の傾きで示されることになる。また，学力の（観察できない）個人差は，線分 AA′ と BB′ の乖離で示される。

　一方で，パネルデータとしての特徴を無視し，このデータに対して単純な最小 2 乗法を適用した場合，学習時間の限界的な効果は線分 CC′ の傾きとなり，真の効果を過大に推定してしまうことになる。重要な点は，線分 AA′（もしくは BB′）の傾きを推定するためには，同一個人についての時系列的な情報が必要不可欠であり，クロスセクションデータしか利用できないとすれば，観察できない個人差の影響を除去することはできないという点にある。観察できない異質性の影響と，パネルデータを用いた対処法については次節でより詳しく議論する。

　上述の通り，パネルデータにはさまざまな利点があるが，同時に調査実施上の問題点も存在する。中でも，同一個人の追跡にかかるコストの高さは，パネルデータの収集に当たっての大きな障害となる。これは，調査実施にかかる金銭的な費用だけでなく，対象者の長期にわたる回答負担も含む。こうした点をふまえ，調査によっては，対象者に過去の情報を振り返って回答してもらうことで，疑似的にパネルデータに近い情報を収集することもある。こうした情報

に基づいて構成されたデータは，**回顧（振り返り）パネルデータ**と呼ばれる。この調査手法は，仮にある1時点でのみ実施されるクロスセクション調査であっても適用可能であるため，追跡のためのコストを増やすことなく，パネルデータ分析が可能になるという利点がある。一方で，過去の情報に関する回答はしばしば不正確であったり，必要な情報すべてを過去に遡って収集することはできないため，分析結果の信頼性や，分析モデルの選択という点で問題が残る。

また，仮に金銭的な費用面での問題がないとしても，すべての調査対象者が継続して調査に協力することは考えづらく，継続調査において回収不能となる**サンプル脱落**の問題が生じる。サンプル脱落の傾向がランダムでない場合には，統計的な分析にバイアスを生じさせる可能性がある。

4 パネルデータ分析の基本的な考え方

前節で見た通り，クロスセクションデータと比べて，パネルデータは同一個人についての時系列的な情報を含むため，分析上のメリットが大きい。本節では，そのような分析上のメリットの中でも，とくに**観察できない異質性**のコントロールという点に焦点を当てて，パネル回帰分析の手法を解説する。

議論を具体的に進めるために，学校外での学習時間 (x_{it}) と学力水準 (y_{it}) の関係について見ていくことにしよう。典型的なパネルデータにおいては，同一個人について複数時点での観測値が利用可能であるため，変数の一般的な表記は x_{it} のようになる。ここで，i は個人，t は観測時点を表す添え字になっており，x_{it} は，第 i 個人の時点 t における観測値を表す。

いま，学力水準の決定に関する真の関係式が，次のような形で与えられるものとする。

$$y_{it} = \beta x_{it} + \delta_i + \varepsilon_{it} \tag{3}$$

ここで，δ_i は個人ごとに異なる観察されない異質性，ε_{it} は誤差項を表す[11]。δ_i は，同一個人については時間を通じて一定の値をとることが仮定されており，しばしば「固定効果」もしくは「個人効果」とも呼ばれる。具体的には，個人の潜在的な能力や学習意欲などの，分析者には観察できない要因が δ_i の内容

として考えられる。なお，ここでは単純化のために学校外での学習時間以外の学力に影響を与える要因（教育投資，所得水準，学級規模など）は捨象しているが，他の要因を考慮に入れた場合にも，以降の議論の多くは本質的には変わらない。

ここでの目的は，学習時間が学力に与える影響 β を正確に推計することにある[12]。パネルデータ特有の推計手法を議論する前に，(3) 式を通常の最小 2 乗法で推計した場合（プールド OLS とも呼ばれる）の問題点を検討する。いま，$u_{it} \equiv \delta_i + \varepsilon_{it}$ とすると，プールド OLS による推定値 $\hat{\beta}_{OLS}$ は次のようになる。

$$\hat{\beta}_{OLS} = \frac{\mathrm{Cov}(x_{it}, y_{it})}{\mathrm{Var}(x_{it})} = \frac{\mathrm{Cov}(x_{it}, \beta x_{it} + u_{it})}{\mathrm{Var}(x_{it})} = \beta + \frac{\mathrm{Cov}(x_{it}, \delta_i)}{\mathrm{Var}(x_{it})} \quad (4)$$

ここで，$\mathrm{Var}(x)$ は x の分散を，$\mathrm{Cov}(x, y)$ は x と y の共分散を表す。

(4) 式から明らかな通り，$\hat{\beta}_{OLS}$ は学習時間が観察できない異質性と無相関のケース（$\mathrm{Cov}(x_{it}, \delta_i) = 0$）を除いては，$\beta$ の正しい推定量にはなっていない（バイアスを持つ）ことがわかる。$\hat{\beta}_{OLS}$ がバイアスを持つケースとして，δ_i が潜在的な学習意欲を表している例を考える。いま，勉強に対する意欲が高い個人ほど，（学校外での学習時間を一定として）学力が高く，同時に学習時間も長いことが予想されるので，x_{it} は δ_i（したがって u_{it}）と正の相関を持つことになる（$\mathrm{Cov}(x_{it}, u_{it}) > 0$）。そのため，学習時間の真の効果がプラス（$\beta > 0$）である場合，プールド OLS による推定は真の効果を過大に推計することになる。これは，δ_i を考慮に入れないプールド OLS による推計では，x_{it} の大きさは学習時間の純粋な効果だけでなく，同時に個人の学習意欲の高さを反映していることに起因する。

このような観察できない異質性の影響を考慮するために，パネルデータ分析ではしばしば**固定効果モデル**（Fixed Effects model: FE）と呼ばれる手法が用いられる。いま，同一個人について，(3) 式に基づいて前期との差分を考えると，

---

11) 以下の議論では，誤差項 ε_{it} は標準的な回帰モデルの仮定（x_{it} との相関がなく，かつ独立同一分布に従う確率変数）を満たすものとする。また，学習時間の増加が学力水準に与える限界的な効果は，個人によらず同一であると仮定される（β は個人によらず一定の値をとる）。

12) ここでの「β の正確な推計」とは，より一般的には漸近的一致性（もしくは単に一致性）を持つ推定量のことを指す。これは，観測数（N）が十分に大きければ，データを用いて得られる β の推定値（の期待値）が真の値に収束することを意味している。

$$\Delta y_{it} = \beta \Delta x_{it} + \Delta \varepsilon_{it} \tag{5}$$

が得られる。ここで，Δ は前期との差分を示す演算子であり，たとえば $\Delta y_{it} \equiv y_{it} - y_{i,t-1}$ である。いま，観察されない異質性は時間を通じて一定の値をとるものと仮定されていたので，同一個人について差分をとることで，その影響は除去できることになる[13]。こうして変換されたモデルは，通常の最小 2 乗法によって推定可能であり，これによって β の推定値を得ることができる[14]。

上記の例は，x_{it} と u_{it} が正の相関を持っているために，プールド OLS がバイアスを持つケースであったが，両者が無相関であればそのような問題は生じない。この場合，プールド OLS による学習時間の効果は，真の効果と平均的には一致する。

ところが，このようなケースであっても，プールド OLS の適用には，推定値の精度という点で問題が残る[15]。いま，プールド OLS の（δ_i を含む）誤差項を $u_{it} \equiv \delta_i + \varepsilon_{it}$ と定義すると，同一個人については，異なる 2 時点の誤差項が相関することになる（$\mathrm{Cov}(u_{it}, u_{is}) \neq 0, \forall t \neq s$）。そのため，仮に x_{it} と u_{it} が無相関であっても，(3) 式のモデルは古典的回帰モデルの仮定を満たさない[16]。

この問題に対処するために，**変量効果モデル**（Random Effects model: RE）が用いられることがある。変量効果モデルは，観察されない異質性 δ_i を確率変数として扱い，誤差項の共分散構造を仮定することで，推定の精度を改善することを目的としている[17]。ただし，変量効果モデルであっても，x_{it} と δ_t に相関

---

13) (5) 式のような変換を行ったモデルは，一階差分推定量（First-Difference estimator: FD）などと呼ばれる。他にも固定効果モデルには，個人レベルでの平均からの乖離をとる方法（within estimator）や，個人についてのダミー変数を説明変数に加えたモデル（Least-Squares Dummy Variable estimator: LSDV）などがある。これらは，本質的には同一な変換を行っているが，詳細については北村（2005）などを参照されたい。
14) x に関して古典的測定誤差が存在する場合に，(5) 式を OLS で推定することを考える。このとき，世帯所得の真の値の時系列的な変動が，測定誤差の時系列的な変動と比べて小さくなるほど，減衰バイアスの問題が深刻になることが知られている（Wooldridge 2010）。通常，世帯所得は時系列的な相関が強いため，その時系列的な変動は小さくなりがちであり，結果として (5) 式の推定では（クロスセクションデータによる推計と比べて）測定誤差の問題がより深刻になる可能性がある。
15) ここでいう推定値の「精度」とは，推定量の漸近的効率性を意味する。
16) 古典的回帰モデルの仮定については，浅野・中村（2009）などを参照のこと。

がある場合，推定結果はバイアスを持つという点に注意する必要がある。

　上記をまとめると，観察できない異質性が存在する場合，もしそれが観察可能な他の説明変数と相関するならば，固定効果モデルによる推定が必要となる。一方，仮に異質性が存在したとしても，それが他の説明変数と無相関であるならば，プールド OLS もしくは変量効果モデルによって（もちろん固定効果モデルによっても），正しい推定値を得ることが可能である。ただし，推定値の精度という意味では，変量効果モデルの選択が望ましい。

　このように，パネルデータ分析に当たっては，分析者は背後のデータ生成過程の性質に応じて，適切な分析手法を選択する必要がある。なかでも固定効果モデルと変量効果モデルの選択に関しては，**ハウスマン検定**（Hausman test）と呼ばれる統計的な仮説検定の手法がよく知られている。いま，観察できない異質性が，他の説明変数と相関するならば，変量効果モデルによる推定結果はバイアスを持つ。一方で，もし両者が無相関であるならば，変量効果モデルと固定効果モデルは類似の推定結果をもたらすはずである。ハウスマン検定は，この考え方を一般化することで，変量効果モデルと固定効果モデルの間でのモデル選択の問題に答えるものである。帰無仮説は，観察できない異質性が説明変数と相関を持たないというもので，これが棄却された場合，固定効果モデルを選択することになる。

▼ 参 考 文 献

浅野晢・中村二朗（2009）『計量経済学（第 2 版）』有斐閣。
北村行伸（2005）『パネルデータ分析』（一橋大学経済研究叢書 53）岩波書店。
豊田利久・大谷一博・小川一夫・長谷川光・谷崎久志（2010）『基本統計学（第 3 版）』東洋経済新報社。
樋口美雄・太田清・新保一成（2006）『入門 パネルデータによる経済分析』日本評論社。
Wooldridge, J. M. (2006) *Introductory Econometrics: A Modern Approach*, 3rd ed., Thomson South-Western.
Wooldridge, J. M. (2010) *Econometric Analysis of Cross Section and Panel Data*, 2nd ed., MIT Press.

17） 変量効果モデルの推定は，一般化最小 2 乗法や最尤法などを用いて行われる。推計手法の詳細については，北村（2005）などを参照のこと。

■■■　あ と が き　■■■

　第1章で述べたように，経済格差と教育格差の関係を論じた書籍はすでに数多い。その中において，本書にいくばくかの価値があるとすれば，以下の点だと考えている。

　第1に，子どもの成長と家庭の影響が動態的な過程であるという当たり前のことに，同一の親子の追跡調査である「日本子どもパネル調査（JCPS）」の収集と分析という形で，正面から向き合い，研究に取り入れたことである。従来の研究でも，調査対象者に過去の教育経験や家庭の状況を尋ねるなど，家庭や教育の時間的影響を考慮することはあった。しかしながら，諸外国では同一の親子を長期間追跡調査したデータを用いた研究が主流となっている事実をふまえ，本研究では調査設計段階から同一の親子の追跡データ構築を目標としてきた。

　第2に，子どものアウトカムを多面的に分析する努力をしたことである。2000年前後の学力低下論争と「全国学力・学習状況調査」の実施以来，わが国では学力の地域差・階層間格差のみがクローズアップされてきたきらいがある。本書では，子どもの社会性やQOLなどの心理的側面の計測と分析についても正面から取り組んでいる。

　第3に，国際比較研究への発展を最初から念頭に置いていることである。本書で説明したとおり，諸外国では，親子の全国サンプルの継続的調査を通じて，機会の不平等と世代間の格差の固定化に関する研究の蓄積が進んでいる。異なる学力テストの比較可能性に一定の留保はあるものの，本書の分析結果は，今後JCPSを利用することで，グレート・ギャッツビー曲線（Great Gatsby Curve）の発生メカニズムの国際比較に，日本も参加できることを示している。

　最後に，本書の限界にも触れておきたい。第1に，各章で述べたように，本書の分析が依拠したデータは4年分あるとはいえ，同一の子どもに対しては2回分の観測しかできておらず，詳細な分析を行うには一層のデータの蓄積が必要である。そのため，本書では，パネルデータを直感的な理解を助けるという位置づけで活用することとし，計量分析にあたっては，標準的かつ単純な手法

のみを用いている。その結果，パネルデータを用いた分析においても，家庭環境と子どもの学力・心理との間の厳密な因果関係の確立には，いくつかの留保条件が残っている。

　第2に，日本社会における格差の固定化の問題に切り込むためには，学力や心理状態が家庭の状況にどのように影響されるかを分析するだけでは不十分である。学力や心理状態の差が，子どもが成人したときの社会経済状態にどれだけ影響してくるのか，より長期的な視点での解明がなされなければ，最終的な結論を提示することはできない。それらの課題については，もし幸運にも，JCPS が今後も長期に継続実施可能となり，現在学校に通っている子どもたちが大人になったときにどのようになっているのか，調査データが得られてはじめて一定の回答を与えることができるだろう。

　第3に，家計を対象とした調査という設計上の制約から，子どもの通う学校の情報が限られているという点がある。子どもの学力や心理に対する学校の影響の分析や個別教育政策の評価には，学校の詳細な情報が不可欠である。そのため本書では，学校の影響や個別教育政策の評価に関してはあえて問題設定から外し，日本における子どもの教育の動態の中でも，家庭が関わる要素に注目することとした。JCPS 実施の過程で，子どもの通う学校や園の詳細な情報をどのように組み込んでいくかは，今後の調査設計上の課題と考えている。

　第4に，現在のJCPS では，就学前の子どもに関する情報は必ずしも詳細に得られていない。本書が明らかにしたように，家庭の経済状態と子どもの学力・心理には，小学校低学年の段階で相関が発生している。その相関がどのようなメカニズムでいつごろ発生しているか，より詳細な分析を行うためには，就学前の時点から情報を集める必要がある。この点の克服のために，現在編者らをはじめとする研究グループで就学前の子どもについても調査の実施を開始したところである。

　いずれにしても，本書は，教育を通じた世代間格差の固定化の問題を解明するために，今後，息長く続けていかなければならない事実解明の道のりの，第一歩だと考えていただければ幸いである。

　本書が用いているデータは，期間の決まっている競争的研究資金に基づいて収集されている。さらに，昨今の個人情報保護に対する意識の高まりから，研究目的とはいえ，子どもの情報を継続的に蓄積することへの理解を得ることは

容易なことではない。そのような困難の中で，本書の発行により，親子の追跡調査と分析の意義と可能性が広く社会に理解され，これまでJCPSに関わっていただいた親子の皆さんのみならず，今後も必要となるさまざまな調査へのご協力に幅広いご理解とご支援をいただけるきっかけとなれば望外の喜びである。そして，次のステップとして，今後のデータの蓄積と分析を通じ，子どもと教育，そして家庭との関連について，より幅広い角度からの長期にわたる事実が発見され，世代間格差の固定化を防ぐための具体的な政策提案に生かされるよう一層の努力をしなければならないと考えている。

　2016年3月

赤林英夫・直井道生・敷島千鶴

付録

調査票
日本子どもパネル調査

・お子様に関する特別調査票
・中学2年生　学びについてのPDRC調査

◎ お子様に関する特別調査票 ◎
（KHPS調査）

ご記入にあたってのお願い

- この調査票は、２０１３年２月時点で、小中学生のお子様がいらっしゃる方にお願いしております。
- お答えは、あてはまる回答についている数字を○でかこんでいただく場合と、マスの中に数字を記入する場合があります。「その他」にあてはまる時は、数字を○でかこみ、（　　　）内に具体的な内容を記入してください。（　　　）内に書ききれない場合は、欄外にご記入ください。
- 質問番号順にお答えください。質問の中には、一部の方にだけお尋ねするものがありますが、その場合は指示に従ってください。
- お子様の通われている学校やクラスについての質問は、２０１３年３月までの学年についてお尋ねします。その他に、特定の時点や期間のことについて、お尋ねしている質問もあります。
- あなた様ご自身やお子様のことなどについて少し立ち入ったこともお尋ねしますが、統計的に分析することが目的ですので、ありのままをお答えいただきますようお願いします。
- お子様のことについてお尋ねしている質問では、あなた様ご自身がわからないことがありましたら、ご家族やお子様ご自身に聞いてご記入ください。

以下のアンケートは、**小中学生のお子様一人ひとりについて**お尋ねするものです。お子様の学年によって、お尋ねする内容が異なりますので、お間違えのないようお願いいたします。

以下の質問では、お宅の**現在（３月まで）**　　　学校　　　年生のお子様を指して、**Aさん**というように書いています。

問１． あなた（ご回答者）ご自身の、Aさんからみた続柄をお知らせください。

　　　　　１　お父様　　　２　お母様　　　３　その他の間柄（具体的に　　　　　　　　　　）

問２． Aさんのお生まれは何年何月何日ですか。

　　　　　平成　□□　年　□□　月　□□　日生まれ

問３． Aさんのクラスの人数について教えてください。

　　　　　２０１３年３月までのクラスは、男の子　□□　人　女の子　□□　人

問４． Aさんは、学校まで片道にどのくらいかけて通学されていましたか。鉄道やバスの時間も含めてお答えください。

　　　　　片道　□□　時間　□□　分

　　　　　　　　　　　　　　　　　　　　　　　　　調査企画：慶應義塾大学
　　　　　　　　　　　　　　　　　　　　　　　　　調査実施：一般社団法人中央調査社
　　　　　　　　　　　　　　　　　　　　　　　　　　　　　　２０１３年

3月までの学年についてお答えください。

Aさんが小学生の場合

問5．Aさんが通われている小学校は、次のようにわけるとどれにあたりますか。

　　1　国立　　2　公立　　3　私立

問6．Aさんは小学校を受験されたことはありますか。また、中学校を受験される予定はありますか。それぞれ該当する数字をお選びください。

(1) 小学校

　　1　受験した　　　2　受験していない

(2) 中学校

　　1　受験予定あり　2　受験予定なし
　　　（受験した）　　（受験していない）
　　　　　　↓
　　（問9にお進みください）

Aさんが中学生の場合

問7．Aさんが通われている（いた）小学校・中学校は、次のようにわけるとどれにあたりますか。

(1) 小学校

　　1　国立　　2　公立　　3　私立

(2) 中学校

　　1　国立　2　公立　3　私立　4　公立（中高一貫校）

問8．Aさんは小・中学校を受験されたことはありますか。それぞれ該当する数字をお選びください。

(1) 小学校

　　1　受験した　　2　受験していない

(2) 中学校

　　1　受験した　　2　受験していない
　　　　　　↓
　　（問10にお進みください）

【問9はAさんが3月まで小学校1～3年生の場合にお尋ねします。小学校4年生以上の場合は問10にお進みください】

問9．<u>昨年11月頃</u>の、学校がある日（月曜日～金曜日）どのように放課後を過ごしていたかをお尋ねします。以下のことについて、当てはまる数字に○をつけてください。（塾や習い事、クラブ活動のない日のことをお答えください。）

	しない	30分ぐらい	1時間ぐらい	2時間ぐらい	3時間以上
一人でテレビ(DVD)を見る →	1	2	3	4	5
一人でゲーム機で遊ぶ →	1	2	3	4	5
友達と話す・遊ぶ →	1	2	3	4	5
児童館・学童クラブに行く →	1	2	3	4	5
家の手伝いをする →	1	2	3	4	5
スポーツをする →	1	2	3	4	5
（好きな）本を読む →	1	2	3	4	5
インターネットを見る →	1	2	3	4	5
宿題をする →	1	2	3	4	5

【問10以降は全員の方にお尋ねします】

問10．<u>昨年11月頃</u>、Aさんの学校行事やPTAに、どの程度参加されていましたか。（あなた自身が参加されていなかった場合でも、ご両親のいずれかが参加されていた場合には、参加していたものとしてお答えください。）

　　1　ほとんどすべて参加していた
　　2　最低限必要なときだけ参加していた
　　3　あまり参加していなかった

問11. Aさんの3月までの学年の国語・算数（数学）・英語の成績は、学校の中で次のうちのどこに位置していたと思いますか。（英語については現在中学1年生以上のお子様についてのみお答えください。） （○は1つずつ）

	上位	やや上位	中位	やや下位	下位
国語 →	1	2	3	4	5
算数（数学）→	1	2	3	4	5
英語 →	1	2	3	4	5

問12. Aさんは、**昨年11月頃**の、ふだん（テストの直前などはのぞく）の日に、学校から帰ってからどれぐらい勉強していましたか。塾や予備校、家庭教師などの勉強時間も含みます。

1　ほとんどしない　　4　2時間ぐらい　　7　5時間以上
2　30分ぐらい　　　5　3時間ぐらい　　8　わからない
3　1時間ぐらい　　　6　4時間ぐらい

問13. **昨年11月頃**、Aさんの学校の宿題は、週に何回くらい出ていましたか。

1　毎日　　2　週に3～4回　　3　週に1～2回　　4　ほとんど出ていなかった　　5　わからない

問14. **昨年11月頃**のAさんの放課後の活動について教えてください。
(1) 学童クラブ・学校内でのクラブ活動は、週何日行っていましたか。行っていなかった場合には「× 行っていなかった」に○をつけてください。

学校内でのクラブ活動 ……………………→ 週 ☐ 回　　× 行っていなかった

学童クラブ（小学生の場合のみお答えください）…→ 週 ☐ 回　　× 行っていなかった

(2) 以下にあげる<u>学校外</u>での習い事などを、**昨年11月頃**に、Aさんがそれぞれ（平均で）週何日ぐらい利用していたか、また（平均）いくらぐらい支出したかについて、お答えください。利用していないものについては、それぞれ週「0」回、「0」円とご記入ください。習い事を全く利用していなかった場合には、「× 習い事をしていなかった」に○をつけてください。

芸術（昨年11月頃の1か月の平均）……………→ 週 ☐ 回　月 ☐☐☐☐☐ 円
（音楽、絵画、バレエ、お花など）

スポーツ（昨年11月頃の1か月の平均）………→ 週 ☐ 回　月 ☐☐☐☐☐ 円
（水泳、サッカー、体操など）

学習系（昨年11月頃の1か月の平均）…………→ 週 ☐ 回　月 ☐☐☐☐☐ 円
（塾・家庭教師を除く）（そろばん、習字、英語など）

塾・家庭教師（昨年11月頃の1か月の平均）→ 週 ☐ 回　月 ☐☐☐☐☐ 円

その他（昨年11月頃の1か月の平均）→ 週 ☐ 回　月 ☐☐☐☐☐ 円
（具体的に：　　　　　　　　　　　）

× 習い事をしていなかった

問15. Aさん専用の部屋や学習机、携帯電話はありますか。

部屋　……→	1　専用のものがある	2　共用（兄弟・姉妹と一緒）はある	3　ない
学習机　…→	1　専用のものがある	2　共用（兄弟・姉妹と一緒）はある	3　ない
携帯電話→	1　専用のものがある	2　共用（兄弟・姉妹と一緒）はある	3　ない

問16. 過去1年間のAさんのための支出についてお尋ねします。支出されていない場合には、それぞれ「0」円とご記入ください。

Aさんの学費（昨年11月頃の1か月の平均）　………→　月　□□□□□　円
（授業料・給食費・教材費等を含む）

Aさんのお小遣い（昨年11月頃の1か月の平均）　……→　月　□□□□□　円
（お年玉は除いてお答えください）

その他（お年玉など）（1年当たり）　………………→　年　□□□□□　円

問17. Aさんの夕食にファーストフード、コンビニエンスフード、その他外食などを利用する頻度をお答えください。

　　1　ほぼ毎日　　2　2～3日に一度　　3　週に一度　　4　ほとんど利用しない

【問18、問19はAさんが3月まで小学校1～2年生の場合、もしくは、小学校3年生以上の場合で、今回初めて子ども調査にご回答いただく方にお尋ねします。2011年の調査でご回答いただいたお子様の場合は問20にお進みください】

問18. Aさんが小学校入学前に原則毎日通われていたのは、以下のどれになりますか。当てはまるものの全てに○をつけてください。また、設置者および期間についてもご記入ください。

1　保育園
　　設置者は　…………→　1　公立　　2　私立（認可）　　3　私立（無認可・認可外）
　　通っていた期間は　□□　歳の　□□　月から　□　年間

2　幼稚園
　　設置者は　…………→　1　公立　　2　私立（認可）　　3　私立（無認可・認可外）
　　通っていた期間は　□□　歳の　□□　月から　□　年間

3　認定子ども園
　　設置者は　…………→　1　公立　　2　私立
　　通っていた期間は　□□　歳の　□□　月から　□　年間

4　毎日通ったところはない

問19. Aさんが小学校入学前、お店などで「おもちゃがほしい」「おかしを食べたい」などとぐずって まわりの人々に迷惑をかけたときには、どのようにしましたか。下記の中で当てはまるものす べてに○をつけてください。

1 なぜ、してはいけないか話をする　6 テレビ・ゲームなどの楽しみを取り上げる
2 厳しくしかる　　　　　　　　　　7 家の外に出す
3 お尻などをたたく　　　　　　　　8 ぐずったことはほとんどない
4 子どもに家の手伝いをさせる　　　　9 その他（具体的に　　　　　　　）
5 しばらくほっておく

【問20以降は全員の方にお尋ねします】

問20. Aさんが、努力をして学業やスポーツなどで良い成績をとったときにはどのようにしましたか。 当てはまるものすべてに○をつけてください。

1 言葉でほめる　　　　　　　　　　5 テレビやゲームなどの楽しみの時間を増やす
2 頭をなでたり抱きしめたりする　　　6 特に何もしない
3 お小遣いをあげる　　　　　　　　7 その他（具体的に　　　　　　　）
4 特別な食事・プレゼントをする

問21. **Aさんのここ半年くらいの行動**についてお伺いいたします。以下のそれぞれの質問項目について、「あてはまらない」、「まああてはまる」、「あてはまる」、のいずれかを選んで、その数字に○をつけてください。答えに自信がなくても、あるいは、その質問がばからしいと思えたとしても、**全部の質問に答えてください。**（それぞれ○は1つずつ）

		あてはまらない	まああてはまる	あてはまる
a)	他人の気持ちをよく気づかう	1	2	3
b)	おちつきがなく、長い間じっとしていられない	1	2	3
c)	頭がいたい、お腹がいたい、気持ちが悪いなどと、よくうったえる	1	2	3
d)	他の子どもたちと、よく分け合う（おやつ・おもちゃ・鉛筆など）	1	2	3
e)	カッとなったり、かんしゃくをおこしたりすることがよくある	1	2	3
f)	一人でいるのが好きで、一人で遊ぶことが多い	1	2	3
g)	素直で、だいたいは大人のいうことをよくきく	1	2	3
h)	心配ごとが多く、いつも不安なようだ	1	2	3
i)	誰かが心をいためていたり、落ち込んでいたり、嫌な思いをしているときなど、すすんで助ける	1	2	3
j)	いつもそわそわしたり、もじもじしている	1	2	3
k)	仲の良い友だちが少なくとも一人はいる	1	2	3
l)	よく他の子とけんかをしたり、いじめたりする	1	2	3
m)	おちこんでしずんでいたり、涙ぐんでいたりすることがよくある	1	2	3
n)	他の子どもたちから、だいたいは好かれているようだ	1	2	3
o)	すぐに気が散りやすく、注意を集中できない	1	2	3
p)	目新しい場面に直面すると不安ですがりついたり、すぐに自信をなくす	1	2	3
q)	年下の子どもたちに対してやさしい	1	2	3
r)	よくうそをついたり、ごまかしたりする	1	2	3
s)	他の子から、いじめの対象にされたり、からかわれたりする	1	2	3
t)	自分からすすんでよく他人を手伝う（親・先生・子どもたちなど）	1	2	3
u)	よく考えてから行動する	1	2	3
v)	家や学校、その他から物を盗んだりする	1	2	3
w)	他の子どもたちより、大人といる方がうまくいくようだ	1	2	3
x)	こわがりで、すぐにおびえたりする	1	2	3
y)	ものごとを最後までやりとげ、集中力もある	1	2	3

問22. Aさんの現在の身長、体重についてお答えください。

(1)身長　(百)(十)(一).□ cm　(2)体重　(百)(十)(一).□ kg

【問23は今回初めて子ども調査にご回答いただく方にお尋ねします。2011年の調査でご回答いただいたお子様の場合は調査終了です】

問23. 母子健康手帳などを参考に、Aさんの出生時の身長、体重、在胎週数(出産予定日)についてお答えください。わからない場合には「✕　わからない」に○をつけてください。

(1) 身長　(十)(一).□ cm　✕　わからない

(2) 体重　(千)(百)(十)(一) g　✕　わからない

(3) Aさんは妊娠何週で生まれましたか。
　□週　　✕　わからない
　　　　　　↓
((4)は(3)で「✕　わからない」と答えた方のみお答えください)
(4) Aさんの出産予定日はいつでしたか。
　□月　□日　　✕　わからない

調査にご協力いただきましてありがとうございます。
お子様の調査票と合わせて、返信用封筒(切手不要)に封入し、ご返送をお願いいたします。

＊お渡ししたすべての調査票(他の学年のお子様の分も)を1つの返信用封筒に入れてご返送願います。

中学2年生

平成10年4月2日から平成11年4月1日生まれ　まで

学びについての PDRC調査

● 始める前に ●

★ 6ページまでがテストです。20分間、自分で時間を計ってやってください。テストの後、学校やふだんの生活についての質問に答えてください。

♥ テストには、学校で習っていない難しい問題もあります。分からなくても全く心配ありません。

♠ 他の人と相談したり、答えを調べたりすると、テストの意味がなくなってしまいます。一人で、何も見ずに答えてください。

◆ 最後まで解答したら、誰にも見せずに、点線の所にシールを貼り、この冊子に封をしてから、ご家族の人に渡してください。

♣ あなたが学校やふだんの生活について答えたことは、誰にもどこにも知らされません。

◆ あなたの性別（どちらかに○を付けてください）　　男　　女

◆ あなたが生まれた年と月を教えてください　　平成　　年　　月　生まれ

2013

P2からP6を削除

|0| 今日の日付(ひづけ)を書きましょう。　　月　　日
|1|　　数学
|2|　　数学
|3|　　数学
|4|　　数学
|5|　　国語
|6|　　国語
|7|　　国語
|8|　　国語
|9|　　国語
|10|　　推論

あなたのふだんの勉強の様子などについて教えてください。

(1) 学校がある日（月曜日から金曜日まで）は、家に帰ったあと、何をして過ごしていますか。下の表を見て、当てはまる数字に〇をつけてください。（塾や習い事、クラブ活動のない日の過ごし方を書いてください）（〇は1つずつ）

	しない	30分ぐらい	1時間ぐらい	2時間ぐらい	3時間以上
(例) ① 一人でテレビ(DVD)を見る	1	2	③	4	5

	しない	30分ぐらい	1時間ぐらい	2時間ぐらい	3時間以上
① 一人でテレビ(DVD)を見る	1	2	3	4	5
② 一人でゲームをして遊ぶ	1	2	3	4	5
（ゲームというのは、プレイステーション、Wii、ニンテンドーDS、Xboxなどのことです）					
③ 友だちと話す・遊ぶ	1	2	3	4	5
④ 児童館に行く	1	2	3	4	5
⑤ 家のお手伝いをする	1	2	3	4	5
⑥ スポーツをする	1	2	3	4	5
⑦ (好きな)本を読む	1	2	3	4	5
⑧ インターネットを見る	1	2	3	4	5
⑨ 宿題をする	1	2	3	4	5

(2) あなたはふだん、学校から帰ってからどれぐらい勉強をしていますか。（塾や家庭教師などの勉強時間も入れてください）（〇は1つ）

1. ほとんどしない　2. 30分ぐらい　3. 1時間ぐらい　4. 2時間ぐらい
5. 3時間ぐらい　6. 4時間ぐらい　7. 5時間以上

(3) 家には自分だけで使える部屋や勉強用の机はありますか。(○は1つずつ)

　　① 部屋　　　　　1. ある　　2. お兄さん・お姉さん・弟・妹のだれかといっしょ　　3. ない
　　②勉強用の机　　 1. ある　　2. お兄さん・お姉さん・弟・妹のだれかといっしょ　　3. ない

(4) 下にあげる教科について、当てはまるところに○をつけてください。(○は1つずつ)

　　①国語　　　1. 大好き　　2. 好き　　3. ふつう　　4. きらい　　5. 大きらい
　　②数学　　　1. 大好き　　2. 好き　　3. ふつう　　4. きらい　　5. 大きらい

(5) けいたい電話(ケータイ)は持っていますか。(○は1つ)

　　1. 持っている　　　　　　2. 持っていない

┌─────────────────────────────────┐
│　　　　あなたの学校について教えてください。　　　　│
└─────────────────────────────────┘

(6) 当てはまるところに○をつけてください。(○は1つずつ)

　　①今の学校は好きですか。
　　　1. 大好き　　2. 好き　　3. ふつう　　4. きらい　　5. 大きらい
　　②今の担任の先生は好きですか。
　　　1. 大好き　　2. 好き　　3. ふつう　　4. きらい　　5. 大きらい

(7) 学校の宿題は、週に何回くらい出ますか。(○は1つ)

　　1. 毎日　　2. 週に3〜4回　　3. 週に1〜2回　　4. ほとんど出ない

┌─────────────────────────────────┐
│　　　　今回のテストについて教えてください。　　　　│
└─────────────────────────────────┘

(8) テストに真剣にとり組むことができましたか。(○は1つ)

　　1. はい　　　　　　2. いいえ

(9) テストは時間内に最後まで解答することができましたか。(○は1つ)

　　1. はい　　　　　　2. いいえ

> あなたの健康や生活などについて教えてください。

1項目ずつよく読んで、<u>この一週間ぐらいのこと</u>を思いだして、あなたが、自分に一番当てはまると思うところをえらんで、<u>その数字を○でかこんでください。</u>これには、正しい答えやまちがった答えはありません。相談しないで、あなた自身の考えで答えてください。（それぞれ○は1つずつ）

	ぜんぜんない	ほとんどない	ときどき	たいてい	いつも
(例) ①私は アイスクリームを 食べたいと 思った	1	②	3	4	5
②私は 音楽を 聞きたいなと 思った	1	2	③	4	5

---

(10) あなたの 身体のことについて 聞かせてください。

この一週間…

	ぜんぜんない	ほとんどない	ときどき	たいてい	いつも
①私は 病気だと 思った	1	2	3	4	5
②私は 痛いところが あった	1	2	3	4	5
③私は 疲れて ぐったり した	1	2	3	4	5
④私は 元気 いっぱいのように 感じた	1	2	3	4	5

(11) あなたは どのような気持ちで 過ごしましたか。

この一週間…

	ぜんぜんない	ほとんどない	ときどき	たいてい	いつも
①私は 楽しかったし、たくさん 笑った	1	2	3	4	5
②私は つまらなく 感じた	1	2	3	4	5
③私は 孤独（ひとりぼっち）のような 気が した	1	2	3	4	5
④私は 何もないのに こわくなったり、不安に思った	1	2	3	4	5

(12) あなたは 自分のことを どのように 感じていましたか。

この一週間…

	ぜんぜんない	ほとんどない	ときどき	たいてい	いつも
①私は 自分に 自信が あった	1	2	3	4	5
②私は いろいろなことが できる感じが した	1	2	3	4	5
③私は 自分に 満足していた	1	2	3	4	5
④私は いいことを たくさん 思いついた	1	2	3	4	5

(13) あなたと あなたの 家族について 聞かせてください。

| | ぜんぜんない | ほとんどない | ときどき | たいてい | いつも |

この一週間…

① 私は 親（父または母）と うまく やっていた …………… 1 … 2 … 3 … 4 … 5

② 私は 家で 気持ちよく 過ごした ………………………… 1 … 2 … 3 … 4 … 5

③ 私たちは 家で けんかを した ……………………………… 1 … 2 … 3 … 4 … 5

④ 私は 親（父または母）に やりたいことを
　 させてもらえないと 感じた ………………………………… 1 … 2 … 3 … 4 … 5

(14) あなたと 友だちとの ようすを 聞かせてください。

この一週間…

① 私は 友だちと いっしょに いろいろなことを した …… 1 … 2 … 3 … 4 … 5

② 私は 友だちに 受け入れられていた
　 （きらわれていなかった）……………………………………… 1 … 2 … 3 … 4 … 5

③ 私は 友だちと うまく やっていた ………………………… 1 … 2 … 3 … 4 … 5

④ 私は 自分が ほかの人たちと くらべて
　 変わっているような 気が した ……………………………… 1 … 2 … 3 … 4 … 5

(15) 学校での ようすを 聞かせてください。

この一週間…

① 学校での 勉強は かんたんだった（よくわかった）……… 1 … 2 … 3 … 4 … 5

② 私は 学校は おもしろい（楽しい）と 思った …………… 1 … 2 … 3 … 4 … 5

③ 私は 自分の 将来（これから先のこと）について
　 心配した ………………………………………………………… 1 … 2 … 3 … 4 … 5

④ 私は（学校で）悪い 成績をとらないか 心配だった …… 1 … 2 … 3 … 4 … 5

あなたのふだんの考えを教えてください。

(16) あなたが、自分に一番当てはまると思うところをえらんで、その数字を○でかこんでください。 あなた自身の考えで答えてください。（○は1つずつ）

| | あてはまらない | どちらかといえばあてはまらない | どちらかといえばあてはまる | あてはまる |

① 政治や社会問題について知ることは、自分にとって重要だ …… 1 ……… 2 ……… 3 ……… 4

② 成人したら、選挙のたびに、欠かさず投票に行こうと思う …… 1 ……… 2 ……… 3 ……… 4

:::
あなたの進学について教えてください。
:::

(17) あなたはどこまで進学したいと思っていますか。**いまのあなた自身の気持ちから1つをえらんで、その数字に〇をつけてください。**（〇は1つ）

1. 中学まで　　 2. 高校まで　　 3. 短大・高専まで　　 4. 大学まで
5. 大学院まで　 6. その他　　 7. 何も考えていない　　 8. わからない

これで終わりです。

ご協力ありがとうございました。

最後まで解答したら、誰にも見せずに、点線の所にシールを貼り、この冊子に封をしてから、ご家族の人に渡してください。

慶應義塾大学　パネル調査共同研究拠点

■■■ 索　引 ■■■

▼アルファベット

BPI　136
CFI　33
CNLSY　9, 14, 61, 108, 132, 136
ECLS-B　134
ECLS-K　84, 134
FE　→固定効果モデル
HSB　133
JCPS　→日本子どもパネル調査
JELS　→青少年期から成人期への移行についての追跡的研究
JHPS　→日本家計パネル調査
KHPS　→慶應義塾家計パネル調査
KINDL^R　41, 99, 112, 164
LBW　→低体重出生児
LSAC　134
MCS　134
NLSY79　132, 135
NLSYC　134
OLS　→最小2乗法
PIAT　136
PISA　4
PTA への参加度　206
QOL（生活の質）　39, 41, 99, 107
RE　→変量効果モデル
RMSEA　33
SDQ　→子どもの強さと困難さアンケート
SES　→社会経済的地位
TIMSS　4, 207, 210
t 値　228
VFR　→分散関数回帰

▼あ　行

アファーマティブアクション　6
因子負荷量　36
因子分析　36
　　カテゴリカル──　32
横断面データ　→クロスセクションデータ

▼か　行

回帰分析　224
回帰モデル　225
　　──の推定　225
　　──の特定化　228
　　対数値を用いた──　228
階層の固定化　69, 70, 121
階層のモビリティ　69, 70, 121
確認的因子分析　32, 38
学力の所得階層間格差　85
学力の所得階層内格差　85
カテゴリカル因子分析　32
カーネル密度関数　92
観察できない異質性　233
　　──のコントロール　235
機会の平等　2, 6
教育投資の限界収益率の逓減　16
教育の収益率　16
教育費支出の所得弾力性　180
共通因子　36
グレート・ギャツビー曲線　2
クロスセクションデータ　8, 231
　　繰り返し──　233
クロンバックの α 係数　34
慶應義塾家計パネル調査（KHPS）　28
結果の平等　3, 6
健康状態　163
減衰バイアス　230
5 因子モデル（ビッグ・ファイブ理論）　38
向社会性　39
行動遺伝学　56, 126
国民生活基礎調査　184
誤差項　225
　　──の分散不均一性　228
個人効果　236
固定効果　236
固定効果モデル（FE）　78, 209, 236, 238

子ども教育費調査　181
子どもの強さと困難さアンケート（SDQ）
　　39, 98, 112, 164
子どもの貧困　180, 184
子供の貧困対策に関する大綱　3, 186
子どもの貧困対策の推進に関する法律
　　3, 184
コールマン（Coleman, J.）　6, 218
コールマン報告　6

▼さ　行

最小2乗法（OLS）　74, 225, 226
残　差　226
サンプル脱落　235
時系列データ　231
ジニ係数　2, 7
社会関係資本　→ソーシャル・キャピタル
社会経済的地位（SES）　107, 133, 160
重回帰モデル　227
縦断面データ　→パネルデータ
自由度修正済み決定係数　228
主成分分析　36
出生時体重　163, 164
消費生活に関するパネル調査　181
人口動態調査　160, 165
人的資本理論　16, 106
信頼性　32
性格研究　38
生活の質　→QOL
青少年期から成人期への移行についての追跡
　　的研究（JELS）　13, 61
世代間の所得弾力性　2
説明変数　225
全国学力・学習状況調査　4, 60, 182, 231
全国消費実態調査　180
層化2段無作為抽出法　28
相対的貧困　184
測定誤差　79, 230
　　古典的――　230
ソーシャル・キャピタル　206, 218

▼た　行

タイムシリーズデータ　→時系列データ
　　231

妥当性　32
ダミー変数　229
単回帰モデル　227
探索的因子分析　38
低体重出生児（LBW）　160
テトラコリック相関係数　38
天井効果　32, 63
独自因子　36

▼な　行

内生変数　227
内的一貫性　32
21世紀出生児縦断調査　160, 162, 165
日本家計パネル調査（JHPS）　28
日本子どもパネル調査（JCPS）　11, 12, 14,
　　19, 28, 56, 62, 86, 107, 162, 182, 209, 232
　　――における親の属性　44
　　――における「学力」　34, 63
　　――における「学力の伸び」　34, 63
　　――におけるきょうだいの構成　46
　　――における子どもの属性　46
　　――における子どもへの支出　47
　　――における世帯の属性　43
　　――の親票　29
　　――の回収率　48
　　――の継続率　50
　　――の子ども票　28
　　――の特徴　15
　　――変数一覧　30
認知能力　11, 55, 106

▼は　行

ハウスマン検定　238
パーソナリティ研究　→性格研究
パットナム（Putnam, R. D.）　206, 219
パネルデータ　8, 78, 232
　　回顧――　234
被説明変数　225
ビッグ・ファイブ理論　→5因子モデル
非認知能力　11, 39, 55, 106, 126, 162, 228
標準誤差　228
　　誤差項の分散不均一性に頑健な――
　　228
評定バイアス　110

ブルデュー（Bourdieu, P.）　218
プールド OLS　236, 238
分位点回帰　96
分散関数回帰（VFR）　87
ヘックマン（Heckman, J. J.）　6, 14, 55, 106
ヘッドスタート　6
変量効果モデル（RE）　209, 237, 238
ポスト近代型能力　107

▼ま　行

問題行動　39, 99, 107
　——の日独英比較　113, 114

▼や，ら行

幼児教育政策　7
ローレンツ曲線　7

■ 編著者紹介

赤林　英夫（あかばやし・ひでお）
　　慶應義塾大学経済学部教授

直井　道生（なおい・みちお）
　　慶應義塾大学経済学部准教授

敷島　千鶴（しきしま・ちづる）
　　帝京大学文学部心理学科教授

学力・心理・家庭環境の経済分析
全国小中学生の追跡調査から見えてきたもの

An Economic Analysis of Academic Ability, Non-Cognitive Ability, and Family Background:
Primary Findings from a Panel Survey of Japanese School-Age Children

2016 年 6 月 20 日　初版第 1 刷発行
2016 年 10 月 30 日　初版第 2 刷発行

編著者	赤林　英夫 直井　道生 敷島　千鶴
発行者	江草　貞治
発行所	株式会社 有　斐　閣

郵便番号 101-0051
東京都千代田区神田神保町 2-17
電話 (03) 3264-1315 〔編集〕
　　 (03) 3265-6811 〔営業〕
http://www.yuhikaku.co.jp/

印刷・大日本法令印刷株式会社／製本・牧製本印刷株式会社
© 2016, Hideo Akabayashi, Michio Naoi, Chizuru Shikishima. Printed in Japan
落丁・乱丁本はお取替えいたします。

★定価はカバーに表示してあります。

ISBN 978-4-641-16473-4

[JCOPY] 本書の無断複写（コピー）は、著作権法上での例外を除き、禁じられています。複写される場合は、そのつど事前に、(社)出版者著作権管理機構（電話03-3513-6969, FAX03-3513-6979, e-mail:info@jcopy.or.jp）の許諾を得てください。

本書のコピー，スキャン，デジタル化等の無断複製は著作権法上での例外を除き禁じられています。本書を代行業者等の第三者に依頼してスキャンやデジタル化することは，たとえ個人や家庭内での利用でも著作権法違反です。